L'Opéra pour les Nuls

David Pogue
Scott Speck

Claire Delamarche
pour l'adaptation française

FIRST Editions

L'Opéra pour les Nuls

Titre de l'édition américaine : *Opera for Dummies*

Éditions First-Gründ
60, rue Mazarine
75006 Paris – France
E-mail : firstinfo@efirst.com
Internet : www.pourlesnuls.fr

ISBN : 978-2-7540-2972-8
Dépôt légal : juin 2011
Imprimé en France

Directrice éditoriale Marie-Anne Jost-Kotik
Secrétariat d'édition : Raphaël Dupuy
Traduction : Michel Dreyfus
Production : Emmanuelle Clément
Mise en page et couverture : Stéphane Angot

Sommaire

Troisième partie : Guide des opéras les plus connus 133

Introduction

Vous y voilà ! Vous avez décidé d'effectuer une plongée dans ce monde effrayant, mystérieux, surnaturel, rempli de barbus en toge et de grosses dames avec des cornes. Où de singuliers monstres mythiques caracolent sur la scène. Où d'étranges mélodies se mêlent à de frais gazouillis pour s'élever jusque dans la stratosphère, avec des mots si étranges que même vous, vous auriez besoin de sous-titres pour en pénétrer le sens.

En réalité, il y a plein de snobs qui sont parfaitement heureux que vous n'y compreniez goutte. Ils portent l'opéra au pinacle et s'emploient à en faire un club très fermé, un corps d'élite, un ordre sacré. Leur plaisir est de vous en exclure et c'est pour cela qu'ils en font l'une des formes d'art les plus obscures.

Mais n'ayez pas peur. Que vous vous en rendiez compte ou non, vous vivez au milieu de l'opéra. Avez-vous entendu parler des Trois Ténors ? Et la Castafiore, cette plantureuse cantatrice qui fait de multiples apparitions dans les albums de Tintin, ça vous dit quelque chose ? D'une façon plus générale, vous est-il arrivé d'écouter la bande sonore d'un film ? de regarder une pub à la télé ? ou tout simplement d'écouter la radio ? Si tel est votre cas, alors, vous avez sûrement déjà entendu de l'opéra.

Toutefois, attention : pour de nombreuses personnes, l'opéra, c'est une drogue, une passion qui va s'emparer de leur vie. Exprimer une émotion humaine élémentaire en la chantant sur une envolée de trois octaves avec le soutien d'un grand orchestre de cent musiciens à pleine puissance est une forme artistique qui laisse toutes les autres loin derrière elle.

Ce livre a été écrit dans le but de vous conduire à faire l'expérience de ce qui constitue l'un des sommets d'une existence humaine : la joie indescriptible, profonde et charismatique produite par le contact avec l'opéra, plaisir à nul autre pareil.

Pourquoi ce livre est fait pour vous ?

Pour commencer, vous êtes quelqu'un d'intelligent. Nous nous en rendons bien compte et nous ne nous trompons jamais là-dessus. Vous en voulez une preuve ? Vous avez acheté ce livre.

Dans ce vaste et complexe monde, l'opéra n'est finalement qu'un seul parmi les autres sujets qui sollicitent votre attention et que vous connaissez mal.

Mais cela ne vous a pas empêché d'en percevoir la puissance. Vous avez bien senti la manière dont il pouvait susciter l'enthousiasme et combien il avait de fans. Vous avez découvert sa faculté à exacerber les passions les plus primitives, de pénétrer jusqu'au plus profond de l'esprit humain et d'amener une forme d'extase sans mélange.

Et maintenant, vous voulez en savoir davantage…

Comment lire (et écouter) ce livre

Ce livre est organisé en six parties :

- La première partie vous présente le monde de l'opéra, ceux qui le chantent et la façon d'assister à vos premiers opéras.
- La deuxième partie est une histoire concise de l'opéra dans laquelle vous trouverez racontée la vie des compositeurs qui se sont illustrés dans cet art.
- La troisième partie vous présente le résumé de l'action des opéras les plus connus et vous guide dans la découverte des morceaux du CD d'accompagnement.
- Les quatrième et cinquième parties vous emmènent au plus profond de l'opéra et vous aident à mieux en profiter.

Vous aurez remarqué qu'un CD était encarté dans le livre. Il ne s'agit pas d'un CD-Rom comme ceux que vous trouvez dans les ouvrages consacrés à l'informatique, mais d'un CD audio que vous pouvez placer dans le lecteur connecté à votre chaîne hi-fi. Ce CD, c'est la clé qui va vous ouvrir la porte du monde de l'opéra, vous permettre de faire connaissance avec les plus grands compositeurs qui s'y sont illustrés, les styles et les époques. Lorsque nous décrirons quelques-uns de ces chefs-d'œuvre, vous pourrez ainsi en écouter des extraits. C'est ce qui rend ce livre réellement différent des autres traitant du même sujet. Voici la liste des œuvres qui se trouvent sur ce CD avec les interprètes des extraits présentés :

1. **Mozart** : Ouverture des *Noces de Figaro* (Philharmonia Orchestra dirigé par Carlo Maria Giulini).
2. **Mozart** : *Don Giovanni* : Acte I : Air du Catalogue. Leporello : Samuel Ramey. Orchestre philharmonique de Vienne dirigé par Riccardo Muti.
3. **Mozart** : *Don Giovanni* : Acte II : Finale (Scène du dîner). Le Commandeur : Jan-Hendrik Rootering ; Don Giovanni : William Shimell ; Leporello : Samuel Ramey. Konzertvereinigung Wiener Staatsopernchor et Orchestre philharmonique de Vienne dirigés par Riccardo Muti.
4. **Rossini** : *Le Barbier de Séville* : Acte I : Duo Rosina-Figaro. Rosina : Maria Callas ; Figaro : Tito Gobbi. Philharmonia Orchestra dirigé par Alceo Galliera.
5. **Verdi** : *Un ballo in maschera* : Acte III : Air de Renato. Renato : Tito Gobbi. Orchestre del Teatro alla Scala di Milano dirigé par Antonino Votto.
6. **Verdi** : *Nabucco* : Chœur des esclaves hébreux. Ambrosian Opera Chorus et Philharmonia Orchestra dirigés par Riccardo Muti.
7. **Puccini** : *La Bohème* : Acte I : Air de Rodolfo. Rodolfo : Nicolai Gedda. Orchestre de l'Opéra de Rome dirigé par Thomas Schippers.
8. **Puccini** : *Tosca* : Acte III : Finale. Tosca : Renata Scotto ; Sciarrone : Paul Hudson ; Spoletta : Andrea Velis. Ambrosian Opera Chorus et Orchestre Philharmonia dirigés par James Levine.
9. **Wagner** : *Tristan und Isolde* : Liebestod. Isolde : Helga Dernesch. Orchestre philharmonique de Berlin dirigé par Herbert von Karajan.
10. **Wagner** : *Die Meistersinger von Nürnberg* : Scène finale. Hans Sachs : Ferdinand Frantz. Chœur de la Deutsche Oper et de la Staatsoper de Berlin, Chœur de la cathédrale Sainte-Edwige et Orchestre philharmonique de Berlin dirigés par Rudolf Kempe.

11. **Richard Strauss**: *Arabella*: Duo Arabella-Zdenka. Arabella: Elisabeth Schwarzkopf ; Zdenka: Anny Felbermayer. Orchestre Philharmonia dirigé par Lovro von Matacic.
12. **Bizet**: *Carmen*: Acte I: Habanera. Carmen: Victoria de Los Angeles. Chœur et Orchestre national de la Radiodiffusion française dirigés par Sir Thomas Beecham.
13. **Gershwin**: *Porgy and Bess*: Acte II: « It ain't necessarily so ». Sportin' Life: Damon Evans ; Serena: Cynthia Clarey ; Maria: Marietta Simpson. Chœur de Glyndebourne Orchestre philharmonique de Londres dirigés par Simon Rattle.

Maintenant, nous devons formuler un avertissement. Bien que nous ne supposions pas que vous ayez une quelconque expérience préalable de ce qu'est l'opéra, nous présumons que vous avez une *certaine* sensibilité musicale et que vous connaissez quelques-unes des expressions courantes dans ce domaine.

De toute façon, pas de panique, cher lecteur, car nous avons pensé à tout. Aussi, en cas de besoin, n'hésitez pas à consulter le glossaire qui se trouve à la fin du livre, à l'Annexe A.

Les icônes utilisées dans ce livre

De-ci, de-là, vous trouverez sur votre chemin quelques pictogrammes destinés à attirer votre attention sur tel ou tel point. En voici la description:

Astuce, raccourci ou explication qui facilitera votre assimilation du monde de l'opéra.

Afin de ne pas vous prendre par surprise, nous avons signalé de cette façon les passages concernant des sujets particuliers ou utilisant une terminologie particulière.

Bien qu'il y ait dans ce livre suffisamment d'explications pour bien saisir ce qu'est l'opéra, rien ne vaut une écoute réelle. Cette icône vous donne des pistes d'écoute.

Sur le CD qui est encarté dans ce livre, se trouvent 13 extraits musicaux d'œuvres que nous considérons comme particulièrement représentatives. Lorsque nous en parlerons, cette icône vous rappellera que vous pouvez vous mettre à l'écoute.

Ici, nous allons vous présenter un fait ou un commentaire qui appartient au monde des snobs de l'opéra. Ne dites pas, après, qu'on ne vous avait pas prévenu !

L'opéra, il faut bien l'admettre, est un genre un peu à part. Pouvoir citer quelques anecdotes amusantes ou colporter des potins piquants vous classera d'emblée parmi les connaisseurs et vous gagnera le respect (réel ou simulé) de votre entourage. Cette icône signale quelques citations qui peuvent être employées à cet usage.

L'opéra existe depuis longtemps. Depuis plus longtemps, même, que certains pays. Cette icône vous signale quelques-uns des faits concernant les débuts de l'opéra, de ses modes et de ses rituels qui continuent à être pratiqués de nos jours.

Il peut arriver que les choses prennent une tournure étrange, mystérieuse, voire inquiétante. Vous voilà prévenu !

Conventions d'écriture

Doit-on citer le titre des opéras sous la forme que leur a donnée leur auteur (le plus souvent dans sa langue nationale) ou les traduire en français ? À cette question, il n'existe pas de réponse absolue. Si *Le Barbier de Séville* s'est imposé en France de préférence à *Il barbiere di Siviglia*, si on parle de *L'Enlèvement au sérail* en évitant soigneusement *Die Entführung aus dem Serail*, il ne viendrait à personne l'idée de franciser *Così fan tutte* (« Ainsi font-elles toutes »). Aussi ne vous étonnez pas s'il vous semble régner un certain désordre… Nous avons fait ce qui nous semblait le plus commode, cas par cas. De toute manière, pour chaque ouvrage (sauf ceux dans des langues slaves), vous verrez apparaître au moins une fois et la V.O., et la V.F.…

Bien sûr, pour les œuvres dont le titre est un nom propre (*Rigoletto, Aida, Falstaff...*), le problème ne se pose généralement pas. Sauf si l'orthographe nationale est différente de celle adoptée dans le pays du compositeur : *Otello* s'écrit chez nous *Othello*, par exemple, mais on a l'habitude de conserver l'orthographe italienne pour l'opéra de Verdi, l'orthographe franco-anglaise renvoyant plutôt à la pièce de Shakespeare. Vous suivez ?

Moins vous en savez, plus vous allez apprécier

Nous sommes absolument convaincus que vous avez un grand avantage sur la plupart des fanas d'opéra : vous n'avez pas d'idées préconçues, ce qui vous met dans les meilleures dispositions pour une fructueuse découverte de ce monde nouveau pour vous. Les grands compositeurs d'opéra savaient bien ce qu'ils faisaient en composant leur musique : ils voulaient atteindre directement la sensibilité de leurs auditeurs.

Trop de passionnés d'opéra ont tendance à oublier que le plaisir intellectuel doit céder le pas à l'émotion. Bien plus qu'avec d'autres formes artistiques, l'opéra fait appel directement aux sens. Aussi allons-nous vous montrer comment réveiller ces sens.

Réjouissez-vous donc de cette innocence dans l'art de l'opéra. Préparez-vous à savourer vos découvertes. Tout ce qu'il vous faut pour apprécier un opéra, ce sont vos yeux, vos oreilles et une âme.

Première partie

Plus vaste que la vie

« C'est bien la dernière fois que nous invitons une soprano lyrique chanter au congrès des souffleurs de verre! »

Dans cette partie...

Une des raisons qui rendent l'opéra si fascinant (et peut-être aussi tellement intimidant), c'est que tout ce qu'on y rencontre a une dimension supérieure à la vie elle-même : l'environnement, la musique, la personnalité des chanteurs et même les lieux où se représentent les opéras.

Dans cette première partie, nous allons explorer les éléments qui rendent cet art si monumental. Voici donc votre entrée sans complexe dans le monde de l'opéra.

Chapitre 1

Lever de rideau

Dans ce chapitre :

- Votre premier rendez-vous avec l'opéra.
- L'opéra, c'est la pop music du XIXe siècle.
- Les sept coutumes des opéras marquants.

Nous sommes les premiers à le reconnaître : l'opéra est un monde étrange, sauvage et inquiétant.

Tout le monde y est déguisé. Tout le monde y chante tout le temps. Et même si les chanteurs parlent votre langue – ce qui est rare – vous ne comprenez généralement pas un mot de ce qu'ils disent. Le travestissement y est de règle, les femmes chantant des rôles d'hommes et inversement. Qui plus est, des quadragénaires (pour ne pas dire plus) y jouent les jeunes premiers ou les vierges effarouchées, ou l'inverse. Les principaux personnages semblent le plus souvent voués à périr de mort violente. Et quand ça leur arrive, il leur faut une bonne dizaine de minutes pour expirer tout en chantant leur agonie.

Fichtre ! Voilà bien le plus grand divertissement qui soit !

Toute cette mise en scène intimide bien des gens, y compris – pourquoi ne pas l'avouer – nous-mêmes quand nous étions jeunes. Comme dans d'autres activités (le ski, la danse ou l'achat d'une voiture), les gens ont une tendance naturelle à éviter tout ce qui leur semble porteur d'insécurité. Au plus profond d'eux-mêmes, une petite voix les avertit que s'ils viennent à l'opéra sans aucune préparation, ils vont immédiatement être repérés par des snobs qui ne manqueront pas de se gausser d'eux à l'intérieur de la salle de spectacle.

Voici le grand petit secret sur l'opéra : *Personne* ne sait ce qui va se passer sans un minimum d'aide. Pas même les snobs !

Vous voulez de l'aide ? Eh bien, en voici !

Définition de l'opéra

Un opéra est une pièce de théâtre tout comme une comédie ou plutôt une tragédie. Mais au lieu de *parler*, les personnages *chantent*. Au point qu'on peut dire que des comédies musicales comme *Showboat*, *West Side Story*, *My Fair Lady* ou – plus près de nous – *Hair* ou *Notre-Dame de Paris* sont de véritables opéras.

Les opéras ont été inventés pour associer le meilleur de tous les mondes possibles : un chant impressionnant, un orchestre au grand complet, un drame fascinant, des costumes somptueux, des éclairages grandioses, des effets mystérieux et surnaturels et une mise en scène pleine d'émotion et de surprises. En mélangeant ces ingrédients, les pères fondateurs de l'opéra ont réussi à créer une forme d'art supérieure à chacune de ses composantes.

Au cours des siècles, l'opéra a évolué pour devenir de plus en plus fascinant pour les raisons suivantes :

- Nous connaissons tout ce qu'il faut savoir de l'existence – parfois choquante, toujours passionnante – de tous les grands compositeurs. (Voir la deuxième partie.)
- Le simple fait d'aller à l'opéra est devenu de nos jours un symbole d'activité socioculturelle. (Voir le chapitre 3.)
- La mystique de la diva est devenue un spectacle à part entière. (Voir le chapitre 2.)
- Tant d'opéras se sont accumulés au cours des siècles ! (Voir le chapitre 9.)

Mythe populaire et mythe classique

En dehors de considérations d'insécurité, des gens évitent l'opéra parce qu'ils considèrent cette forme d'art comme vieillotte et réservée aux intellos et aux snobs en smoking et robe du soir. Alors, ils préfèrent aller au cinéma.

Le plus drôle dans cette manière de penser, c'est que jusqu'à tout récemment (tout au moins à l'échelle géologique), aller à l'opéra, c'était comme aller au cinéma de nos jours. On allait à l'opéra comme vous allez à un concert de rock : pour se distraire et s'amuser. De la même façon, on allait voir ses vedettes favorites et entendre leurs airs habituels. On portait des vêtements de tous les jours, on apportait même de la nourriture et des boissons. Qui plus est, on poussait des clameurs d'enthousiasme ou bien on sifflait, on huait et on lançait des fleurs ou des tomates au cours du spectacle selon son humeur. La musique classique, c'était la pop music d'alors.

En fait, lorsque Verdi écrivit *Otello*, il y eut un tel déchaînement d'enthousiasme à la première représentation qu'il fut longuement rappelé et finalement reconduit à son domicile porté en triomphe sur les épaules de ses admirateurs, lesquels lui donnèrent ensuite une sérénade sous son balcon. Même nos stars actuelles ne connaissent pas une telle marque de ferveur.

L'opéra est toujours aussi distrayant qu'alors mais, de nos jours, il nous est devenu moins familier. Un point, c'est tout. Lorsque cette forme d'art vous sera devenue familière, vous serez étonné de constater le plaisir que vous en tirez.

Vous en savez davantage que vous ne croyez

Sans doute allez-vous être étonné d'apprendre que vous connaissez déjà pas mal d'opéras. Les pubs de la télé américaine où l'on voit une soprano s'époumoner dans sa luxueuse limousine, c'est de l'opéra. Chez nous, ce serait plutôt les pubs relatives à la cuisine italienne qui font entendre des airs d'opéra mais sans toutefois qu'on y voie la chanteuse ou le chanteur. Seule la musique est présente en fond sonore, histoire de donner une touche d'authenticité. Et tout de même, récemment, cette publicité pour des pâtes italiennes où l'on voyait l'illustrissime ténor Luciano Pavarotti jouant le rôle titre d'*Otello* se dépêcher d'aller étrangler Desdémone pour pouvoir déguster ses pâtes…

De cette façon, beaucoup d'airs d'opéra trottent déjà dans votre tête sans que vous vous en doutiez. Pour vous sentir vraiment à l'aise dans cet étrange univers, vous devez l'explorer plus à fond : connaître son histoire, savoir quelles sont ses conventions et apprendre la trame de quelques-uns des opéras les plus célèbres. C'est ici que va intervenir ce livre.

Comment savoir si je vais aimer ça ?

Tous les opéras ne vont pas vous plaire et c'est très bien comme ça.

Certains opéras sont – comme le dit un euphémisme courant dans le show-biz classique – plus « accessibles » que d'autres. Ce sont ceux qui ont de « grands airs », de suaves mélodies que vous pouvez immédiatement fredonner. D'autres, au contraire, vous paraissent plus hermétiques et ce que vous entendez vous paraît plus proche du miaulement d'un chat qui se serait coincé la queue dans une porte.

En outre, de la même façon que vous pouvez être un fan de Johnny, de Michel Sardou ou de Lara Fabian, vous pouvez très bien avoir « vos têtes » parmi les compositeurs d'opéra. Un style peut, de prime abord, vous convenir mieux qu'un autre.

Essayez de voir tout de suite ce qui vous plaît le plus au moyen du CD encarté dans ce livre. Écoutez les premières minutes de chaque plage. Sur chacune d'elles, vous trouverez un extrait d'opéra célèbre caractéristique d'un style musical particulier, correspondant à des époques différentes et à des compositeurs italiens, français, allemands et autrichiens et même américains. Il n'y en a pas de mauvais ni de meilleurs car tous les opéras sont supposés être agréables à entendre.

Est-ce que l'un de ces extraits vous plaît plus qu'un autre ? Si c'est le cas, commencez votre exploration du monde de l'opéra en vous plongeant dans l'époque où a été composé cet extrait pour découvrir d'autres œuvres du même style, du même compositeur ou d'un de ses contemporains.

Et puis, si vous les aimez tous, c'est encore mieux ! Notre travail n'en sera que plus aisé.

Les sept caractéristiques des opéras marquants

En dépit de l'incroyable variété de styles qui coexistent dans le monde de la musique, certaines qualités se retrouvent constamment dans les opéras marquants. Des 25 000 œuvres figurant dans l'inventaire de la Library of Congress[1], il n'y en a pas une centaine qui soient régulièrement représentées de nos jours. Voici les sept raisons qui expliquent cette ségrégation.

Ils viennent tout droit du cœur du compositeur

C'est dans les meilleurs opéras que les compositeurs ont mis le meilleur d'eux-mêmes car ils ont choisi un sujet qu'ils ressentaient particulièrement bien.

Le *Fidelio* de Beethoven illustre le combat de l'individu contre le joug de la tyrannie et de l'oppression, de la même façon que Beethoven a dû vaincre l'incompréhension et souvent le refus de ses contemporains. *La Chauve-Souris* est l'opérette la plus populaire de Johann Strauss (vous savez, l'auteur du *Beau Danube bleu*) sans doute parce qu'elle est parsemée de valses et de polkas étincelantes et entraînantes, comme celles qui ont assuré la popularité universelle de leur auteur. Giacomo Puccini a passé des années à manger de la vache enragée jusqu'à ce qu'il écrive *La Bohème*, qui assura immédiatement sa renommée… et sa prospérité.

SUR LE CD

Giuseppe Verdi, l'un des plus grands compositeurs d'opéras de tous les temps, se considérait lui-même comme quelqu'un de très ordinaire. Mais il avait certainement des affinités particulières pour les histoires dont les héros étaient des gens comme vous et moi auxquels arrivaient des histoires pas possibles. Avec *La traviata*, il fit représenter le premier opéra de tous les temps situé à l'époque contemporaine. D'ailleurs, cela lui fut amèrement reproché. Mais quelques mois après sa création calamiteuse, l'opéra rencontra le succès qui ne l'a plus quitté. Comme quoi Verdi avait du nez. Il était également très sensible à la situation politique en Italie. Ainsi, d'autres compositeurs avaient dédaigné

1. Un peu l'équivalent de notre TGB (Très Grande Bibliothèque) nationale (N.D.T.).

le livret de *Nabucco* alors que lui fut captivé par cette histoire d'esclaves hébreux assoiffés de liberté. Ce fut là son premier grand succès. (Écoutez le célèbre *Chœur des Hébreux exilés* – alias *Chœur des esclaves* – à la plage 6 du CD.)

Ils traduisent des émotions humaines primitives

Tous les bons opéras – comme tous les bons films – expriment des sentiments humains profonds.

Nous ne parlons pas ici des émotions que vous pouvez ressentir quotidiennement : rater votre bus ou trouver une mouche dans votre pizza. Non, nous voulons parler des passions véritables comme l'amour, la colère, l'orgueil ou la jalousie. Dans les meilleurs opéras, ce sont eux qui gouvernent le déroulement de l'action.

La raison en est simple : ces émotions sont universelles. Quelle que soit la trame dramatique, quels que soient les décors et l'époque où se déroule l'action, elles sont constantes.

Et c'est pour cela que les gens *chantent* dans les opéras. Mettre leurs émotions en musique leur donne une portée accrue par rapport à la vie courante, les gravant pour ainsi dire dans la pierre.

Et à propos de gravure dans la pierre, lorsque les deux héros malheureux d'*Aida* chantent *O terra, addio* dans la scène finale de l'opéra, si vous pleurez, ce n'est pas parce que ces deux personnages sont enterrés vivants dans une pyramide, mais parce qu'il s'agit de deux amants sympathiques qui souffrent à cause de leur amour.

Ils racontent une histoire assez extraordinaire

Les bons opéras racontent de bonnes histoires. Nous allons sans plus tarder vous révéler un petit secret : on trouve beaucoup de sexe et de violence dans la plupart des trames d'opéras.

Mais du sexe et de la violence à jet contenu, ça peut devenir ennuyeux, comme nous le savons par notre expérience personnelle. Les auteurs d'opéras compétents (et leurs *librettistes*, ceux qui écrivent les paroles) varient les plaisirs pour retenir votre attention. Si le librettiste inclut quelques scènes amusantes pour créer un effet de soulagement comique, la tragédie finale n'en sera que plus bouleversante par effet de contraste. De la même façon, si le compositeur apporte de la variété dans ses thèmes musicaux, sa dynamique (alternance de passages forts et de passages doux), ses mélodies et son harmonisation, il a de plus grandes chances de garder votre oreille en alerte.

Dans un opéra comme dans un film, le paroxysme de la violence sera encore plus saisissant s'il se produit après une accalmie. Un bon compositeur sait très bien comment utiliser ce type d'effet. Sa musique contribue à créer un climat de suspense à l'approche de ce paroxysme. Aucune scène n'est inutile. Aucun air n'est trop long. L'action progresse insensiblement mais résolument vers le dénouement tragique inévitable.

On y trouve des décors exotiques, des costumes et une mise en scène soignés

Depuis toujours, presque tous les opéras s'ingénient à transporter l'auditeur en des lieux différents, en d'autres temps.

L'*Orfeo* de Gluck se déroule à la fois *sur* terre et *sous* terre (aux Enfers). L'action des *Troyens*, de Berlioz, prend place dans la ville antique de Troie. Et le *Ring* de Wagner a pour décor l'eau du Rhin, les profondeurs de la forêt primitive et même le ciel.

Le mot clef de tout cela est *exotisme*. Plus le spectateur sera dépaysé et plus les passions développées par l'ouvrage prendront une portée universelle. Sans compter le caractère attractif de costumes, de décors et d'effets spéciaux transportant dans un univers totalement étranger. *Aida* de Verdi est l'un des opéras les plus joués, sans doute en raison de la qualité de sa musique mais aussi par l'endroit (l'ancienne

Égypte) et l'époque où il se déroule. Rien n'empêche le metteur en scène d'utiliser des éléphants (pourvu que le plateau en supporte le poids) et de simuler le Nil par une piscine, sans qu'il soit nécessaire, pour autant, de représenter cet opéra à Bercy.

Leur style est original

On vous a dit et redit que presque tous les grands compositeurs ont été des incompris de leur temps, leur musique étant considérée comme trop « moderne ». C'est arrivé à de nombreux opéras, et pas des moindres. Pouvez-vous imaginer, aujourd'hui, que *Carmen* a été totalement incompris à sa création ?

La raison de tels échecs, c'est le manque de familiarité du public avec le style de l'ouvrage. Il était trop nouveau pour son époque. Et maintenant, c'est précisément cela qui assure la popularité de telles œuvres car elles sont marquées par une réelle personnalité.

Avez-vous vu le film *Amadeus* ? On y voit le compositeur Salieri dépeint comme l'un des auteurs les plus renommés de son époque. Il était contemporain de Mozart et jouissait alors d'une notoriété et d'une reconnaissance officielle bien plus grandes. Mais, par la suite, Mozart l'a complètement éclipsé. Ce n'est pas que Salieri ait été un mauvais compositeur. Non, c'était même sans doute l'un des meilleurs. Mais son défaut, c'était de ne pas avoir de réelle personnalité et c'est pourquoi il ne compte pas aujourd'hui parmi les grands. Ses œuvres ressemblaient trop à ce que tout le monde était capable d'écrire à cette époque. Tout le monde, sauf Mozart !

On y trouve des « grands airs »

Dans la musique de variété, on parle d'une *accroche* pour désigner un thème facile à retenir et qui revient tout au long d'une chanson. La musique des Beatles est facile à retenir parce qu'on y retrouve presque toujours de telles accroches. Souvenez-vous de *Help !*, *A Hard Day's Night* ou *She Loves You* (« Yeah, Yeah, Yeah ! »). La qualité d'une accroche ne se mesure pas scientifiquement mais vous la reconnaissez lorsque vous l'entendez.

Pour l'opéra, c'est pareil. Une accroche vous permet d'identifier un air, un ensemble, un chœur particulier et de le mémoriser. Les opéras de Mozart, de Rossini, de Verdi, de Puccini ou de Johann Strauss en sont remplis. Et c'est un trait que l'on retrouve chez les compositeurs les plus célèbres.

Parmi tous les compositeurs que nous venons de mentionner, Verdi et Puccini tiennent le haut du pavé : presque tout le monde est capable de fredonner plusieurs de leurs mélodies, généralement sans savoir à qui en attribuer la paternité et en ignorant même qu'ils proviennent d'opéras. Ne soyez pas surpris d'apprendre qu'il s'agit des compositeurs d'opéras les plus populaires de tous les temps.

Les chanteurs peuvent y briller à qui mieux mieux

Mais qu'est-ce qu'un grand air si personne n'est capable de le chanter ? Encore faut-il qu'il soit mis en valeur par un interprète de talent.

Depuis au moins trois siècles, les compositeurs d'opéras savent que si le rôle titre de leur œuvre est interprété par une vedette, c'est le succès assuré. Et quel est le meilleur moyen de mettre en valeur cette vedette, sinon de lui tailler des airs à la mesure de ses qualités vocales ?

La plupart des compositeurs d'opéras, des origines à nos jours, ont écrit leurs œuvres pour un chanteur ou une chanteuse particuliers. Si, par exemple, la proportion de contre-*ut* dans un certain ouvrage est supérieure à la normale, vous pouvez être sûr que le compositeur avait d'avance l'idée d'un interprète capable de les honorer. Et si, à l'inverse, une autre œuvre en est totalement dépourvue, croyez qu'il y avait, sur le moment, de bonnes raisons à cela.

La réunion de tous ces traits communs

Il n'est pas indispensable qu'un opéra réunisse tous ces traits pour être un chef-d'œuvre. Ainsi, les opéras dont nous parlerons dans la troisième partie de ce livre n'en retiennent généralement pas plus de cinq ou six. Quelques-uns s'en détachent cependant : ce sont ceux où l'ensemble de ces traits sont réunis comme *Don Giovanni* de Mozart ou *Rigoletto* de Verdi. Ceux-là sont *réellement* de très grands opéras !

Un livret, c'est quoi au juste ?

Avant que vous ne plongiez tête la première dans la fosse aux lions qu'est l'opéra, nous aimerions vous faire faire un petit tour dans le processus de création d'un opéra.

Comme c'est le cas pour une pièce de théâtre ou pour un film, un opéra commence avec des mots, des milliers de mots. Pour une pièce de théâtre, on appelle ça un *manuscrit*; pour un film, le *scénario*; pour un opéra, le *livret*.

Littéralement, un livret, en italien *libretto*, c'est un petit livre, ce qu'il est précisément. Un livret n'est d'ordinaire pas plus épais qu'un programme de télé, mais comme chanter une phrase demande à peu près trois fois plus de temps que la dire, un « petit livre », lorsqu'il est mis en musique, représente une soirée entière à l'opéra. (Si vous avez un peu d'expérience de l'opéra wagnérien, vous savez d'ores et déjà que là, les petits livres sont un petit peu moins petits que d'autres.)

Le livret d'un opéra a un impact direct sur sa musique. Les mots ont une influence sur le rythme et la mélodie d'une phrase musicale. L'émotion sous-jacente du drame affecte directement l'ambiance musicale, et le déroulement de l'histoire conditionne la structure de la musique.

Chapitre 2

Les chanteurs d'opéra et leur environnement

Dans ce chapitre :

- L'étendue des voix d'opéra.
- Le bon, le méchant et l'affreux : petites histoires des grands chanteurs.

Pour établir le casting de leur future superproduction, les grands manitous d'Hollywood se reposent sur certaines conventions de distribution. Par exemple, les bons doivent avoir une tête facilement identifiable qu'on ne risque pas de confondre avec celle des méchants.

Dans ce domaine, l'opéra a ses propres conventions comme vous avez pu le constater si vous avez déjà assisté à une représentation dans laquelle une opulente quinquagénaire joue le rôle de l'héroïne fraîche et pure. Mais, alors que dans l'industrie cinématographique c'est le physique de l'acteur qui importe avant tout, pour l'opéra, c'est la *tessiture*, c'est-à-dire le type de voix. Les bons doivent avoir un timbre vocal qui sonne différemment de celui des méchants. Dans un monde idéal, un Brad Pitt devrait avoir la voix d'un Pavarotti. À de très rares exceptions près, ce n'est généralement pas le cas.

Mais si la voix d'un chanteur ou d'une chanteuse vous transporte au septième ciel, de quoi pouvez-vous vous plaindre ? Beauté et intelligence ne vont pas toujours de pair chez un même individu, aussi n'est-il pas surprenant qu'une voix d'or s'allie peu souvent avec un physique d'Adonis ou de Vénus.

Sopranos, ténors et autres monstres sacrés

Dans le monde de l'opéra, les voix sont classées selon six catégories principales : *sopranos*, *mezzo-sopranos* (également appelées *mezzos* tout court), *contraltos* (également appelés *altos*), *ténors*, *barytons* et *basses*, du plus aigu jusqu'au plus grave. Les femmes et les enfants sont sopranos, mezzos ou contraltos, tandis que la plupart des hommes sont ténors, barytons ou basses.

Les voix peuvent aussi être définies selon leur *couleur* et leur *caractère*. Pour les voix d'opéra, on distingue trois grands types : *léger*, *lyrique* et *dramatique*. Sachant grosso modo que, généralement, plus une voix est puissante, moins elle est souple.

Les voix légères sont, comme leur nom l'indique, aptes à s'envoler dans l'aigu avec facilité. Pas très puissantes, elles ont en revanche une grande aisance à vocaliser, c'est-à-dire à faire des acrobaties vocales très périlleuses.

Les voix lyriques sont plus puissantes que les voix légères, un peu moins agiles, mais ont une chaleur de timbre caractéristique et une grande aptitude au *legato*, c'est-à-dire à un chant lié, avec des lignes vocales magnifiques.

Les voix dramatiques sont les plus sonores, grâce à leur volume intrinsèque et à leur timbre plus métallique qui permet de passer « à travers » un orchestre colossal, par exemple ceux de Wagner ou de Richard Strauss. En contrepartie, les vocalises rapides leur sont pour ainsi dire interdites.

Vous n'entendrez jamais un chanteur d'opéra qualifié de « ténor dramatique à la voix douce », pas plus qu'une chanteuse de « soprano lyrique au timbre métallique ». Ce serait comme un sumo svelte : ça n'existe tout simplement pas !

Les compositeurs d'opéra jonglent avec ces couleurs de voix pour caractériser les personnages. La voix est généralement de moins en moins légère avec l'âge du rôle, et de moins en moins aiguë. Mais tout est possible ! Les chanteurs doivent être très vigilants sur le choix des rôles qu'ils endossent. Aborder un rôle trop lourd peut mener à la destruction irrémédiable de la voix, et seuls les chanteurs les plus sages, progressant avec prudence au sein du répertoire, parviennent à une certaine longévité.

Coloratures

En italien, le terme *coloratura* signifie « coloration ». Il désigne les ornements d'une ligne vocale particulièrement fleurie, et par extension la voix des chanteurs (et surtout des chanteuses !) capables de réaliser de telles prouesses, dont l'exemple le plus fameux est la Reine de la Nuit, dans *la Flûte enchantée* de Mozart.

Caractérisation des voix

Nous hésitons un peu à vous le dire, mais notre honnêteté foncière (si, si !) nous force à vous révéler qu'à côté des grands types que nous venons d'énumérer il existe des sous-catégories subtiles. Dans cette section, nous allons vous parler des plus courantes en allant des plus aiguës aux plus graves.

Les sopranos

Les sopranos sont les mieux payées des chanteuses. Pourquoi ? D'abord parce qu'elles jouent les rôles des personnages les plus sympathiques, généralement ceux de l'héroïne principale ; ensuite – et c'est peut-être le plus important – parce qu'elles chantent les notes les plus élevées, et c'est précisément ces notes-là que le public souhaite entendre, quel que soit le prix des places.

- Les *sopranos légers coloratures* ont une voix qui rappelle la flûte : légère, pure et capable d'une grande agilité. Dans la volière musicale, ce sont des oiseaux gazouillants. Souvent, d'ailleurs, les airs pour coloratures sont écrits pour être accompagnés par une flûte, l'une imitant l'autre. Les chanteuses les plus célèbres de ces dernières décennies sont Lily Pons, Rita Streich et Beverly Sills. Aujourd'hui, on peut citer Patricia Petibon.

- Les *sopranos lyriques légers*. Voix féminines élevées, caractérisées par une ligne de chant très pure et un timbre radieux, elles ne possèdent toutefois ni la puissance d'un soprano lyrique, ni l'aisance dans les vocalises et le suraigu d'un soprano léger. On leur confie de nombreux rôles mozartiens, comme Pamina (*La Flûte enchantée*) ou Suzanne (*Les Noces de Figaro*), Despina (dans *Così fan tutte*) ou Zerlina (dans *Don Giovanni*), ou chez Massenet, des rôles comme Sophie (*Werther*). Un autre exemple fameux est Musette, dans *La Bohème* de Puccini, qui s'oppose à la voix plus corsée de Mimi (« grand lyrique »). De nos jours, les meilleures représentantes en sont probablement Dawn Upshaw et Kathleen Battle.
- Les *sopranos lyriques* représentent de loin la catégorie la plus répandue, et la plus diversifiée. C'est le prototype même de l'héroïne pure et aimante : une voix pas trop aiguë pour ne pas être discordante, pas trop grave pour ne pas être grondante, et qui privilégie le *cantabile*, c'est-à-dire l'élégance et l'ampleur des lignes vocales. Un grand nombre de personnages sympathiques existent dans l'opéra qui conviennent parfaitement à ce type de voix : Gilda (*Rigoletto* de Verdi), Musette (*La Bohème* de Puccini), Marguerite (*Faust* de Gounod), Lucia di Lammermoor de Donizetti… Ces deux derniers rôles sont des rôles coloratures, interprétés par exemple par Natalie Dessay ou Patrizia Ciofi.

  De nombreux grands rôles féminins des opéras de Mozart appartiennent également à cette catégorie, même si, pour cause de style, ce ne sont pas les mêmes chanteuses qui abordent la Comtesse des *Noces de Figaro*, Fiordiligi de *Così fan tutte* ou Donna Anna de *Don Giovanni*, et Gilda ou Musette. En revanche, des chanteuses comme Elisabeth Schwarzkopf, Lisa della Casa ou Gundula Janowitz excellaient à la fois dans les grands rôles mozartiens et les grands rôles lyriques straussiens (Richard), comme Ariane dans *Ariane à Naxos,* la Maréchale dans *Le Chevalier à la rose* ou Arabella (nous ne parlons pas ici de foldingues comme Salomé ou Elektra).

- Les *sopranos lirico-spinto* : À partir du milieu du XIXe siècle, le soprano lyrique perdit souvent en pure virtuosité ce qu'il gagna en épaisseur, ne serait-ce que pour tenir tête à des orchestres de plus en plus monumentaux. Ces « grands sopranos lyriques » sont illustrés par Norma de Bellini, Violetta dans *La traviata*, Amelia dans *Simon Boccanegra* ou Mimi dans *La Bohème*.

  Verdi a développé un type vocal plus puissant encore, appelé lirico-spinto (de l'italien spingere : « pousser »), avec de grandes figures comme les deux Leonora (*Le Trouvère* et *La Force du destin*), Elisabeth (*Don Carlos*), Aïda ou Desdemona (*Otello*). Puccini recourt à des voix similaires pour les rôles titres de Madame Butterfly, Manon Lescaut et Tosca – dont vous pourrez entendre un extrait à la plage 8 du CD.

  Il s'agit souvent de rôles de victimes, en revanche les divas qui les interprètent sont, elles, les plus connues et les plus adulées. Parmi les sopranos *lirico-spinto* les plus célèbres de ce siècle, on peut nommer Rosa Ponselle, Maria Callas, Renata Tebaldi et Leontyne Price.

  En France, cette catégorie correspond au *soprano de demi-caractère.* En Allemagne, cette voix est appelée *jugendlich dramatisch* (« jeune et dramatique »). C'est par exemple la voix de jeunes wagnériennes comme Elisabeth (*Tannhäuser*) ou Sieglinde (*La Walkyrie*).

- Les *sopranos dramatiques* – appelées plus communément *sopranos wagnériennes* en raison des rôles qui leur conviennent le mieux – sont l'archétype des fortes personnalités qu'on imagine sans peine casquées et en armure. Les rôles titres des opéras de Richard Strauss *Elektra* et *Salomé* leur conviennent aussi parfaitement, tout comme celui de *Turandot* de Puccini. Leur voix couvre facilement les orchestres colossaux du répertoire allemand. Elles joignent à la puissance une couleur à la fois chaude et métallique. Plus d'une chanteuse s'est irrémédiablement gâté la voix en s'essayant à jouer de tels rôles.

- Les *Falcon* sont un type de sopranos dramatiques ainsi nommés en hommage à Marie-Cornélie Falcon (1812-1897). C'est la voix de Rachel dans *La Juive* d'Halévy, Alice dans *Robert le Diable* de Meyerbeer et Valentin dans *Les Huguenots* du même Meyerbeer.

Curieusement, les chanteuses que l'on peut ranger dans cette dernière catégorie sont presque toujours dans la vie quotidienne les personnes les plus aimables. Peut-être parce qu'elles savent que personne ne risque d'entrer en compétition avec elles. Les deux meilleures représentantes de cette catégorie dans les dernières décennies sont Kirsten Flagstad et Birgit Nilsson ou, plus près de nous, Deborah Polaski.

Mezzo-sopranos

En italien, *mezzo* signifie « moyen ». Si l'on nomme ainsi une certaine catégorie de chanteuses, c'est peut-être parce qu'elles gagnent moitié moins d'argent que les véritables sopranos (ou bien parce que l'étendue de leur voix se situe à peu près au milieu entre sopranos et contraltos). Si elles gagnent moins, c'est parce que leurs notes sont naturellement moins élevées. Mais elles prennent leur revanche en se voyant attribuer des rôles plus corsés, demandant plus de personnalité que ce qu'on exige de leurs consœurs.

Il existe deux grandes variétés de mezzos : les dramatiques et les lyriques. Dans la première on trouve les vagabondes, les séductrices, les sorcières et les travestis (celles qui, respectant l'une des plus anciennes traditions de l'opéra, interprètent des rôles de jeunes garçons).

- Le *mezzo-soprano* léger est une voix claire et agile, possédant néanmoins la rondeur du timbre qui caractérise la catégorie de mezzo-soprano. On lui confie souvent des rôles emplois de jeunes pages espiègles comme Stéphano (*Roméo et Juliette* de Gounod), Siebel (*Faust* de Gounod) ou Cherubino (*Les Noces de Figaro*). Frederica von Stade et Anne-Sofie von Otter sont aujourd'hui des exemples de mezzo-soprano léger. Cette voix également appelée

Dugazon, du nom d'une chanteuse française, Louise Dugazon (1755-1821), qui excellait dans ce genre de rôle.

- Aux *mezzos* dramatiques les rôles de séductrices (Dalila dans le *Samson et Dalila* de Saint-Saëns et surtout de Carmen dans l'opéra homonyme de Georges Bizet), de sorcières (Azucena dans *Le Trouvère* de Verdi). Ajoutons-y les méchantes femmes telles qu'Eboli (*Don Carlos* de Verdi) et Amneris (*Aida*, toujours de Verdi). C'est ce type de personnages qui sert de repoussoir aux pures héroïnes jouées par des sopranos lyriques et qui les fait souffrir. Les personnages interprétés par ces chanteuses sont généralement supposés disgracieux sinon disgraciés par la nature, ce qui est une chance pour quelques-unes de leurs interprètes qui entrent ainsi plus facilement dans la peau du rôle.

  Dans le répertoire français, le mezzo-soprano dramatique est souvent désigné sous le terme de *Galli-Marié*, du nom de Célestine Galli-Marié (1840-1905), créatrice de Mignon (Ambroise Thomas) et de Carmen.

  Il est intéressant de noter que les compositeurs demandent souvent aux mezzos dramatiques de chanter aussi haut qu'un soprano. Mais alors que ces notes sont émises sans peine par un soprano, les mezzos doivent fournir un sérieux effort pour y parvenir, ce qui accentue le caractère sauvage de leur personnage.

  Dans les années cinquante, Ebe Stignani s'est fait particulièrement remarquer dans ces rôles, suivie un peu plus tard par Giulietta Simionato, Fiorenza Cossotto, Shirley Verrett, Grace Bumbry et, de nos jours, Dolora Zajick.

- De leur côté, les *mezzos lyriques* sont souvent obsédées par leur silhouette, car elles interprètent souvent des rôles travestis d'adolescents tels que celui de Cherubino (dans *Les Noces de Figaro* de Mozart) ou d'Octavian (dans *Le Chevalier à la rose* de Richard Strauss).

  Elles peuvent être très virtuoses, comme les héroïnes de Rossini mentionnées plus haut dans le sous-chapitre Coloratures, ou le rôle titre de *La Favorite* de Donizetti.

Contraltos et assimilées

Les voix de *contralto* sont les plus graves (et, partant, les plus rares) parmi les voix féminines. Leurs notes les plus basses sonnent comme des voix masculines, et elles incarnent parfois des rôles travestis comme Tancrède, dans l'opéra homonyme de Rossini, ou Roméo dans *I Capuletti ed i Montecchi* de Bellini. Elles se voient également attribuer des rôles de femmes mûres, de mères, voire de grands-mères (la Cieca dans *La Gioconda* de Ponchielli, Geneviève dans *Pelléas et Mélisande* de Debussy), mais il peut arriver qu'on leur demande d'interpréter des personnages plus valorisants comme celui de la sorcière Ulrica (*Un bal masqué* de Verdi), de la déesse Erda (le *Ring* de Wagner), de vieille rombière comique Quickly (*Falstaff* de Verdi) ou de la délicieuse Lucrèce (*The Rape of Lucretia* – « Le Viol de Lucrèce » du compositeur anglais contemporain Benjamin Britten).

On leur demande aussi d'interpréter des rôles créés à l'origine pour des castrats (espèce actuellement presque totalement disparue, du moins dans le monde de l'opéra), lorsqu'ils ne sont pas attribués à des *contre-ténors* (voir la section suivante et le chapitre 4). Les plus grands contraltos de ce siècle ont été Ernestine Schumann-Heink, Marian Anderson et Kathleen Ferrier.

SUR LE CD

Certains chanteurs ou chanteuses défient toute tentative de classification. Citons par exemple : Christa Ludwig, Régine Crespin, Joan Sutherland et Victoria de Los Angeles (que vous pourrez entendre à la plage 12 du CD d'accompagnement). Elles ont été capables de tenir avec un même bonheur des rôles habituellement joués par des sopranos ou des mezzos. Ainsi, Marilyn Horne a connu un grand succès à la fois dans des rôles de mezzo et de contralto. De nos jours, Jessye Norman se glisse sans effort dans la peau des personnages qu'elle ressent profondément.

Une autre voix reste inclassable, c'est celle de Maria Callas, qui fut tour à tour soprano colorature, soprano lyrique, soprano dramatique et même (dans ses dernières années) mezzo-soprano. Beaucoup de critiques ont estimé qu'elle s'était abîmé la voix en abordant une telle étendue vocale et ils ont raison. Tant ses sautes d'humeur que sa (trop) rapide et importante perte de poids semblent avoir largement contribué à son déclin vocal (son rayonnement a à peine couvert une décennie). Lors de son malencontreux retour à la scène, en 1973, il était tragique de constater son incapacité à tenir des rôles dans lesquels elle avait incontestablement brillé quelques années auparavant.

Ténors

Les ténors entrent en compétition avec les sopranos dans le domaine des cachets perçus et de la puissance vocale. Rien ne soulève autant l'enthousiasme que d'entendre un ténor grimper sans effort apparent jusqu'au *si* ou à l'*ut* le plus élevé de sa tessiture. Et ils le savent bien ! C'est d'ailleurs l'une des raisons pour lesquelles le public accepte de payer sa place si cher.

Les ténors, eux aussi, peuvent se ranger en plusieurs catégories.

- La *haute-contre* est la voix masculine la plus aiguë du répertoire français, plus vaillante qu'un ténor léger mais recourant, pour s'élever dans des tessitures aussi élevées, à la technique de la voix de fausset. Quand Mazarin tenta d'introduire l'opéra italien en France, le public critiqua le recours à des castrats, non pas tant qu'il s'offusquât de ces mutilations, mais parce que ces voix aiguës heurtaient leur quête de vraisemblance dramatique. La mort de Mazarin signa la fin du *dramma per musica* en France, laissant place à la tragédie en musique fondée par Louis XIV et Lully. Dans la quasi-totalité des ouvrages de Lully, le premier rôle masculin est confié à une haute-contre, tels Atys, Phaéton ou Renaud dans *Armide*. Il en va de même chez Charpentier (David de *David et Jonathas*, Thésée dans *Médée*), puis chez Rameau : Hippolyte, Dardanus, Platée, Castor, Zoroastre… Gluck s'inscrivit à son tour dans cette tradition. Pour la version française d'*Orphée et Eurydice*, il transcrivit le rôle principal, créé à Vienne par un castrat, pour la haute-contre Joseph Legros, qui incarna tous ses autres grands rôles français. La dernière grande haute-contre historique fut Adolphe Nourrit, pour lequel Rossini composa tous les rôles principaux de ses opéras français, notamment Arnold dans *Guillaume Tell*. Nourrit créa aussi Robert (*Robert le Diable* de Meyerbeer) et Eléazar (*La Juive* d'Halévy). Le principal défenseur de ce répertoire est aujourd'hui Jean-Paul Fouchécourt.

- La voix de *ténor léger* est la voix d'homme la plus aiguë, à l'exception des voix recourant aux techniques du *fausset* (haute-contre, contre-ténor). Ce virtuose au timbre clair et aux vocalises faciles dans l'aigu se rencontre souvent dans le répertoire français : Chapelou dans *Le Postillon de Longjumeau* d'Adam, Georges Brown dans *La Dame blanche* de Boieldieu, Léopold dans *La Juive* d'Halévy ou Nadir dans *Les Pêcheurs de perles* de Bizet. C'est la voix, par exemple, de Rockwell Blake. Le répertoire mozartien en offre également quelques exemples, notamment Pedrillo dans *L'Enlèvement au sérail*.
- L'équivalent italien du ténor léger est le *tenore leggiero* ou *tenore di grazia*, typique de Mozart (Ottavio de *Don Giovanni*, Tamino de *La Flûte enchantée*…) et de Rossini (le comte Almaviva du *Barbier de Séville*). L'avènement du ténor romantique de Donizetti et Bellini, héros amoureux et guerrier, signa le renvoi définitif de cette catégorie de personnel. Donizetti y retourna néanmoins dans ses ouvrages bouffes, avec Nemorino (*L'Élixir d'amour*) et Ernesto (*Don Pasquale*). Fritz Wunderlich, Alfredo Kraus ou Anton Dermota illustrent cette catégorie.
- Le *ténor lyrique*, ou « de demi-caractère », est doté d'un timbre plus riche que le ténor léger, mais privilégie lui aussi la beauté de la ligne vocale sur l'intensité dramatique. C'est la voix par excellence de l'amoureux romantique, incarné par exemple en Italie par Edgardo (*Lucia di Lammermoor* de Donizetti), le Duc de Mantoue (*Rigoletto*) ou Alfredo (*La traviata* de Verdi), en France par le Faust de Gounod ou Des Grieux (*Manon* de Massenet), en Russie par Lenski (*Eugène Onéguine* de Tchaïkovski). C'est également la voix de Rodolfo dans *La Bohème* de Puccini – dont vous pourrez entendre un extrait à la plage 7 du CD d'accompagnement). Ce sont généralement des personnes aimables, vulnérables et trop passionnées, incarnées par des chanteurs comme Nicolaï Gedda,

Beniamino Gigli, et de nos jours José Carreras, Roberto Alagna et bien sûr Luciano Pavarotti.

- Aux *ténors lirico-spinto* reviennent les rôles les plus valorisants, comme celui de Manrico (*Le Trouvère*), Radamès (*Aida*), Mario Cavaradossi (*Tosca* de Puccini), Canio (*Paillasse* de Leoncavallo), Turiddu (*Cavalleria rusticana* de Mascagni), Don José (*Carmen*). Sans oublier certains rôles écrits pour des ténors lyriques, qu'ils ne se gênent pas d'emprunter. Le caractère du ténor *lirico-spinto* tend à être plus héroïque que celui de ténor lyrique, bien qu'aussi peu retenu dans l'expression de ses passions. Parmi les plus célèbres représentants de cette espèce depuis le début du XXe siècle, il faut citer Enrico Caruso, Franco Corelli, Richard Tucker, Jussi Björling, Carlo Bergonzi et Plácido Domingo. Leur voix ferait pleurer une pierre.

- Le *Heldentenor* (« ténor héroïque ») est le pendant masculin du soprano dramatique allemand. C'est le soupirant attitré de la dame casquée et en armure. Il a bien sûr pour lui tout le répertoire wagnérien, avec Parsifal, Tristan, Siegfried et bien d'autres rôles souvent tonitruants (l'authentique *Heldentenor* wagnérien est une perle rare). Ces voix s'attaquent également à de « gros morceaux » italiens comme Calaf dans *Turandot* de Puccini ou Otello de Verdi. Dans le répertoire français, ils ont pour eux Samson (*Samson et Dalila* de Saint-Saëns), Arnold (*Guillaume Tell* de Rossini), Eléazar (*La Juive* d'Halévy). Hors d'Allemagne, on leur donne une dénomination moins germanique, comme *fort ténor, tenore robusto, ténor héroïque, ténor barytonant, ténor de vaillance*... Lauritz Melchior et Jon Vickers sont les représentants dominants de ce type vocal et, au moment où nous écrivons ces lignes, on leur cherche toujours des successeurs.

- Le *trial*: C'est le chanteur et acteur Antoine Trial, qui régna sur l'opéra-comique français de la fin du XVIIIe siècle, qui a donné son nom à cette voix de ténor comique typiquement française, où le jeu d'acteur prime sur la beauté vocale (dans certains cas, un timbre nasillard est même bienvenu!). Plus tard, cette tradition s'est maintenue avec des rôles comme Cochenille, Frantz et Pittichinaccio, dans *Les Contes d'Hoffmann* d'Offenbach, ou Torquemada, dans *L'Heure espagnole* de Ravel, sans compter de nombreux rôles d'opérette comme le Mari dans *Les Mamelles de Tirésias* de Poulenc. Le *trial* n'est pas très éloigné du *tenore buffo* italien. Il a souvent un timbre un peu désagréable qui ajoute au comique de son personnage (par pudeur, on l'appelle alors *ténor de caractère*, ou *ténor de genre*). L'un des grands spécialistes de ces rôles est Michel Sénéchal.

- Planant au-dessus de cette assemblée se trouvent les *contre-ténors*, qui forment une catégorie bien spéciale. Ce sont des hommes qui se sont entraînés à développer leur voix de *fausset* au lieu de leur voix normale, plus grave. Cette voix, c'est celle que l'on peut entendre lorsqu'un homme comme vous (pardon, chères lectrices !) et nous chante de plus en plus haut. Il arrive un point où sa voix se casse et ressemble un peu à une voix féminine. Les comédiens de la troupe des Monty Python se servent de leur voix de fausset lorsqu'ils interprètent des rôles féminins. L'Américain David Daniels a montré qu'une voix de contre-ténor ne le cédait en rien lorsqu'il s'agissait de machisme.

  Ces voix d'alto ou de soprano masculines sont typiques de la musique anglaise des XVIIe et XVIIIe siècles et ont été remises à l'honneur au XXe siècle par le chanteur Alfred Deller ; Britten lui a composé un rôle sur mesure avec Oberon, dans *Le Songe d'une nuit d'été*.

  Les contre-ténors sont également spécialisés dans les rôles écrits à l'origine pour des castrats (voir le chapitre 4), quand ils peuvent voler ces rôles aux contraltos. Mais ils n'ont pas toujours la même puissance.

  Souvent, il s'agit en fait de barytons, qui peuvent même avoir un « trou » entre leur voix normale et leur voix de fausset (à la différence des hautes-contre, qui cultivent au contraire la continuité entre leurs deux registres). Les contre-ténors se spécialisent généralement dans leur voix de fausset, car passer de l'un à l'autre n'est pas aisé. C'est un art réservé aux yodlers des montagnes suisses et tyroliennes, et à un chanteur atypique comme Klaus Nomi (dans le registre de la variété, même s'il chantait beaucoup d'opéras).

Barytons

Les *barytons* se situent au milieu de l'étendue vocale masculine. Si vous êtes membre d'une chorale et que vous ne pouvez émettre ni notes élevées ni notes basses, vous êtes probablement baryton.

Vous trouverez quelques merveilleux exemples de ce type de voix sur le CD d'accompagnement. Écoutez tout particulièrement la belle voix de Tito Gobbi dans *Le Barbier de Séville* de Rossini à la plage 4 et *Un bal masqué* de Verdi à la plage 5.

La voix de baryton se divise, elle aussi, en plusieurs catégories.

- Le *baryton Martin* est la voix de baryton la plus aiguë, se rapprochant presque du ténor. Cet emploi typique de l'opéra français est représenté notamment par le Pelléas de Debussy. Il est appelé ainsi en l'honneur de Jean-Blaise Martin, chanteur qui eut son heure de gloire de 1790 à 1820, excellant dans le répertoire de l'opéra-comique. C'est également la voix de Danilo (*La Veuve joyeuse* de Lehár).
- Le *baryton Verdi*, ainsi nommé parce que c'est principalement dans les opéras du compositeur italien qu'on trouve les rôles qui lui conviennent le mieux, appartient à une catégorie rare et donc grandement appréciée des producteurs d'opéras. À lui les rôles chantants et tendres aux aigus faciles, capable cependant d'autorité et de terribles coups d'éclats. Les rôles types sont le Comte de Luna dans *Le Trouvère*, Renato dans *Un bal masqué*, Germont dans *La traviata,* les rôles titres de *Rigoletto* et *Simon Boccanegra*. Ils sont interprétés par Ettore Bastianini, Piero Cappuccilli, ou aujourd'hui Renato Bruson, Leo Nucci ou Sherrill Milnes.
- Le *baryton lyrique* a une voix plutôt suave et on lui confie des rôles de personnages insouciants, joyeux, légers, comme Rodolfo dans *La Bohème,* Mercutio dans *Roméo et Juliette* de Gounod, Malatesta dans *Don Pasquale*, Figaro dans *Le Barbier de Séville*, Dandini dans *Cenerentola*, Guglielmo dans *Così fan tutte* ou Papageno dans *La Flûte enchantée*.
- Les *Heldenbariton* (« barytons héroïques ») sont des barytons dramatiques allemands dont l'emploi type est celui de Wotan, seigneur des dieux dans le *Ring* de Wagner.

Le rôle titre de *Wozzeck* de Berg ou les wagnériens Wolfram (*Tannhäuser*), Sachs (*Les Maîtres chanteurs*) et Amfortas (*Parsifal*) en constituent d'autres exemples par excellence. Citons pour les chanter Hans Hotter et, plus récemment, James Morris.

- Les *barytons-basses* sont les plus mâles de cette catégorie, associant la puissance et la chaleur du timbre de baryton à la profondeur et au caractère solennel de celui de basse. Ils chantent des notes évitant les deux extrémités de ces deux catégories, se cantonnant dans la partie centrale, sans doute la plus belle. Mozart a composé pour eux deux de ses plus sublimes créations, le rôle titre de *Don Giovanni* et celui de Figaro dans *Les Noces de Figaro*. Ils chantent également des rôles de méchants comme Tonio dans *Paillasse*, Iago dans *Otello* et Scarpia dans *Tosca* (deux des plus grands méchants de tous les temps), ainsi que des rôles diaboliques comme Méphistophélès dans *La Damnation de Faust* de Berlioz et *Faust* de Gounod, Nick Shadow dans *The Rake's Progress* de Stravinsky ou encore les quatre diables des *Contes d'Hoffmann* d'Offenbach. Titta Ruffo, Tito Gobbi, Cesare Siepi, Ruggero Raimondi sont quelques-uns des grands noms de ce type de tessiture. Le Gallois Bryn Terfel est le meilleur représentant actuel de cette espèce.

Basses

Comme on pourrait s'y attendre, les *basses* sont les voix les plus graves. Leur voix puissante semble résonner depuis le plus profond d'une caverne. C'est le Russe Fédor Chaliapine qui a établi un standard reconnu dans cette catégorie, suivi depuis lors par Boris Christoff, Alexander Kipnis et Nicolaï Ghiaurov et, en Italie, Ezio Pinza.

- La *basse bouffe* est une basse comique, à laquelle on demande généralement une certaine virtuosité. Les barbons d'opéra bouffe italien, tels Bartolo, dans *Le Barbier de Séville* de Rossini, Don Pasquale de Donizetti ou Géronte (*Manon Lescaut* de Puccini) sont caractéristiques de cet emploi. On peut ajouter à cette liste un certain nombre de charlatans comme Dulcamara (*L'Élixir d'amour* de Donizetti) et Gianni Schicchi de Puccini, d'ecclésiastiques râleurs et ridicules comme le Sacristain de *Tosca* et Frère

Melitone de *La Force du destin*. Amenée à vocaliser dans l'aigu, la basse bouffe a le plus souvent une tessiture assez aiguë, correspondant à celle d'une basse chantante. Mais Osmin, dans *L'Enlèvement au sérail* de Mozart, est un rôle bouffe doté d'un registre particulièrement grave, de type basse profonde. À la catégorie des basses bouffes appartient également Leporello (*Don Giovanni* de Mozart), que vous pourrez découvrir à la plage 2 du CD d'accompagnement. Parmi les voix de basses bouffes les plus connues, citons Fernando Corena et Enzo Dara.

- La *basse colorature* a une tessiture très grave, mais est capable malgré tout d'une virtuosité étonnante dans les aigus. Rossini était très friand de cette voix, qu'il emploie par exemple dans les rôles d'Assur (*Semiramide*) et Mustafa (*L'Italienne à Alger*).
- La *basse chantante* est une basse aux aigus développés et capable d'un chant lyrique, voire suave. Dans l'opéra italien du XIXe siècle, la basse principale est en général une basse chantante, tels, chez Verdi, Philippe II dans *Don Carlos*, Ferrando dans *Le Trouvère*, le rôle-titre d'*Attila* ou Fiesco dans *Simon Boccanegra*. Boris Godounov de Moussorgski est considéré selon le cas comme une basse chantante ou un baryton-basse.
- La *basse profonde*, ou *basse noble*, est la tessiture masculine la plus grave, courante notamment dans le répertoire russe. Sa voix solennelle et sépulcrale la désigne parfaitement pour les rôles de revenants (le Commandeur de *Don Giovanni*, Charles-Quint dans *Don Carlos*). Dans l'opéra français du XIXe siècle, la basse principale est en principe une basse profonde, comme Walter dans *Guillaume Tell* de Rossini ou Bertram dans *Robert le Diable* de Meyerbeer. Cette catégorie correspond souvent à des personnages empreints de solennité, comme Sarastro (*La Flûte enchantée*), Ramfis (*Aida*) ou Sénèque (*Le Couronnement de Poppée* de Monteverdi), ou très âgés, comme Arkel (*Pelléas et Mélisande*) ou Titurel (*Parsifal*). Chez Verdi, la basse profonde a généralement un caractère effrayant et s'oppose à la basse principale, une basse chantante, au caractère plus complexe, plus humain. Une telle opposition se trouve par exemple entre respectivement le Grand Inquisiteur et Philippe II dans *Don Carlos*, Ramfis et le Roi dans *Aida*.

La difficulté d'être prima donna ou primo uomo

À quelques exceptions près, les grands chanteurs ne chantent pas comme des anges au saut du lit. Ils doivent suivre un entraînement très strict pour maintenir leur voix (et leur corps) en bonne condition.

Lors des jours de répétitions importantes, un chanteur concentre toutes ses activités sur ce qu'il doit faire et prend ses dispositions pour être au mieux de sa forme au moment M. Il s'y prépare par une bonne nuit de sommeil, évite certaines nourritures et fuit comme la peste tout changement de température ou courant d'air. Un chanteur malade est un chanteur au chômage.

À la différence d'un athlète dont les performances culminent peu après qu'il a une vingtaine d'années, un chanteur est à l'apogée de sa carrière bien plus tard, un peu avant trente ans pour les petites voix et un peu avant cinquante pour les plus grandes. Il doit en avoir conscience constamment, jour après jour, année après année. Après ça, ne vous étonnez pas que certains soient un peu… dérangés.

Quelques histoires de divas

De nombreuses anecdotes courent sur les chanteurs d'opéra. Leurs fans n'en attendent pas moins.

Les directeurs d'opéra connaissent ainsi des situations qu'on ne rencontre pas dans les autres professions. Lors de répétitions qui avaient lieu dans un opéra américain notoire, nous avons vu une prima donna refuser de se placer là où le metteur en scène le voulait. Plutôt que de tenter de se justifier, la diva – une Américaine – ne savait que sangloter tout en clamant avec le plus artificiel des accents de Grande-Bretagne (nous traduisons) : « Je n'peux pas, je n'peux tout simplement pas ! » avant de s'effondrer comme un tas de chiffons.

On peut raisonnablement penser que ce comportement excessif est le résultat de la règle de vie très stricte qu'ils sont contraints de mener et que nous venons de décrire. D'un autre côté, c'est un prolongement naturel du milieu artistique et surnaturel dans lequel ils vivent, rempli de drames et d'émotions excessives. Néanmoins, il peut arriver que ce soit un moyen calculé, toute honte bue, d'attirer l'attention sur eux.

Ce n'est pas nouveau. Dans les siècles passés, les chanteurs savaient bien qu'ils devaient faire quelque chose qui sorte des normes et des usages s'ils voulaient devenir des légendes vivantes. Aussi faisaient-ils le maximum pour faire parler d'eux dans le but de se ménager une petite place durable au panthéon des chanteurs d'opéra.

Un des exemples les plus anciens est celui de Francesca Cuzzoni, cette soprano très connue qui refusa de chanter un air de l'*Ottone* de Haendel, bien qu'accompagnée par un orchestre dirigé par le compositeur lui-même. Malheureusement pour elle, elle avait affaire à un tempérament encore plus coriace que le sien dont la réaction fut de la tenir par la fenêtre au-dessus du vide jusqu'à ce qu'elle accepte. De nos jours, si un compositeur tentait pareille manœuvre d'intimidation, nul doute qu'il se trouverait rapidement sur la paille, réduit à la misère par une horde d'avocats que la chanteuse lancerait illico à ses trousses.

On raconte parfois dans le milieu musical l'histoire de ce fameux ténor en tournée à Mexico, qui fut kidnappé par des bandits. Il se trouvait que c'étaient des passionnés d'opéra et ils acceptèrent de le libérer pourvu qu'il puisse leur prouver qu'il était bien chanteur d'opéra. Ils lui demandèrent donc de chanter. « Quoi ? » leur dit-il, « Chanter dans un endroit aussi misérable qu'ici, sans décors, sans costumes, sans éclairages et sans maquillage ? Et devant des salopards tels que vous ? Qui plus est sans la présence de la critique, sans auditoire enflammé et sans être payé ? Je refuse absolument. » Les ravisseurs le laissèrent partir, persuadés qu'il ne leur avait pas menti et que c'était bien un chanteur d'opéra.

Nellie Melba

Si vous fréquentez le monde de l'opéra, tôt ou tard vous ne manquerez pas d'entendre prononcer le nom de Nellie Melba (1861-1931). Elle a été l'une des plus belles voix de l'âge d'or de l'opéra vers la fin du XIXe siècle. Mais sous une voix d'ange se cachait une personnalité de pitbull.

La Melba (pour quelque raison dont nous ne connaissons pas l'origine, la coutume s'est établie d'individualiser les divas comme si elles étaient des déesses : *la* Melba, *la* Tebaldi, *la* Callas…) était née Helen Porter Mitchell et, très vite, elle prit un nom de théâtre inspiré de celui de son lieu de naissance, Melbourne en Australie. Ses qualités vocales la rendirent rapidement célèbre, autant, peut-être, que l'est de nos jours Madonna. Elle a laissé son nom à un délicieux dessert, la *pêche Melba*.

Elle ne supportait pas d'avoir des rivales. Sur scène, elle était connue pour interrompre les autres sopranos en plein milieu de leurs airs en attirant l'attention sur elle-même. On cite un cas où la chanteuse ainsi traitée quitta la scène en larmes, interrompant ainsi la représentation de l'opéra. En remplacement, Melba donna immédiatement un récital en soliste.

Le ténor John McCormack eut le malheur de faire ses débuts à Londres dans une production où la Melba figurait dans la distribution. À la fin de l'opéra, au moment des rappels, il s'avançait à côté d'elle pour saluer lorsqu'elle le repoussa violemment : « Dans cette salle, personne ne vient saluer en même temps que Melba ! »

La Callas et la Tebaldi : un duel de sopranos

Si vous ne deviez vous souvenir que de deux noms de divas, que ce soit ceux de Maria Callas et de Renata Tebaldi. Ce sont eux que vous entendrez le plus souvent prononcer (précédés de l'article défini *la*) dans les réunions mondaines et les milieux de l'opéra.

Dans les années cinquante, les passionnés d'opéra se divisaient en deux camps : les pro-Callas et les anti-Callas, aussi enragés les uns que les autres. Ses supporters vantaient le naturel et l'intensité de son jeu dramatique, l'intense personnification qu'elle apportait dans les rôles qui lui étaient confiés. À son époque, les chanteurs n'étaient pas censés être de bons acteurs et il suffisait que leur voix soit admirable. Elle mit fin par son exemple à cette conception statique de l'art de l'opéra en dramatisant ses interprétations. Vous en aurez une belle démonstration en écoutant la plage 4 du CD d'accompagnement où vous pourrez entendre la chaleur et la passion qu'elle apporte dans un extrait du *Barbier de Séville*.

Ses détracteurs ne pouvaient pas lui reprocher cette attitude, aussi était-ce à ses qualités vocales que s'adressaient leurs critiques. Ils lui préféraient le timbre calme et somptueux de Renata Tebaldi, sa grande rivale qui, selon les fans de la Callas, jouait comme une potiche. De nos jours, ces querelles se sont apaisées.

Sanglantes rivalités

Vous pouvez vous douter que de telles querelles, avec les comparaisons incendiaires qui les émaillent, sont une des raisons du comportement excessif de beaucoup de chanteurs (et surtout de chanteuses) d'opéra.

POTINS DE COCKTAILS

Adelina Patti, connue en son temps comme *la* reine du chant, était réputée pour saboter les interprétations de ses rivales sur scène. Une fois, elle se mit soudain à regarder fixement avec horreur une autre soprano qui était présente en même temps qu'elle sur le plateau. « Qu'y a-t-il ? » murmura celle-ci avec inquiétude. « Votre faux cil droit est tombé », lui répondit Patti. Immédiatement, la malheureuse se retourna et, pour rétablir l'équilibre, ôta précipitamment son faux cil gauche. Comme en réalité le faux cil droit était toujours en bonne place, lorsqu'elle refit face au public, ce fut avec un visage dissymétrique qu'elle continua de jouer son rôle.

Il est fréquent qu'un chanteur ne demande pas un cachet d'un montant nettement spécifié, n'imposant comme seule condition à son engagement que celui-ci soit supérieur à celui des autres chanteurs. On murmure l'histoire d'un célèbre ténor qui, avant de signer son contrat avec l'un des opéras les plus connus, stipula seulement que son cachet devait être supérieur de 1 dollar à celui de la soprano engagée pour le même spectacle. Une fois la représentation terminée, il reçut donc un chèque de 1 dollar, la soprano ayant accepté de jouer gratuitement.

Francesca Cuzzoni, dont nous avons déjà parlé, était moins subtile, allant jusqu'à se livrer à des attaques physiques contre ses rivales sur scène, comme si elle cherchait à les massacrer. Curieuse façon d'enjoliver un spectacle !

Et du côté des vedettes masculines ?

On ne peut pas terminer ce chapitre sans mentionner le nom d'Enrico Caruso, doté par la nature d'une des plus belles voix de ténor qu'on ait jamais entendues. Elle était à la fois douce et riche bien que d'une puissance remarquable. Lorsque Puccini l'entendit chanter pour la première fois *La Bohème*, il dit simplement : « Qui vous a envoyé à moi ? Dieu ? »

En dehors de la scène, Caruso était quelqu'un de calme et pondéré, modeste et effacé. Lorsqu'il rencontra pour la première fois John McCormack, le ténor qui avait été en butte à la tyrannie de la Melba, celui-ci lui demanda : « Comment va le plus célèbre ténor de ce siècle ? » « Depuis quand êtes-vous devenu baryton ? » lui répondit avec simplicité Caruso.

La longanimité de Caruso allait jusqu'à prêter sa voix à ses confrères en cas de besoin. Il arriva, lors d'une représentation de *La Bohème*, que son partenaire, une basse, fût incapable de pousser la note finale. Devant la panique qu'il vit dans les yeux du malheureux, Caruso l'étreignit de façon que tous deux ne soient plus face au public et chanta à sa place la note défaillante. À part le chef d'orchestre, nul ne s'aperçut du subterfuge.

S'il y a quelque chose qu'il faut dire à propos de tous les chanteurs d'opéra, c'est qu'ils doivent se préparer à être constamment sur la sellette. Leur métier les oblige à savoir être des vedettes, sur scène comme dans leur vie privée.

Aussi devons-nous leur pardonner un comportement parfois hors norme. Après tout ils ne font que leur travail…

Chapitre 3

Comment aller à l'opéra

Dans ce chapitre :

- Comment agir pendant la représentation ?
- Comment lire le programme ?
- Comment survivre à l'entracte et peut-être en profiter ?

Si vous avez lu les deux premiers chapitres de ce livre, vous en savez maintenant un peu plus sur ce qu'est un opéra. Vous commencez à connaître le nom de certains opéras, vous pouvez citer les différences entre une soprano lyrique et une soprano dramatique, et vous avez eu un aperçu du monde dans lequel vivent les chanteurs et les divas. Il est temps de passer à la pratique, autrement dit d'aller à l'opéra.

Parvenu à ce point, un guide de l'opéra destiné aux débutants vous dirait probablement de vous asseoir, de vous détendre et de vous préparer à passer un bon moment. Mais pourquoi diable devriez-vous vous détendre ? Vous détendez-vous avant de sauter en parachute pour la première fois ? Vous détendez-vous avant votre première nuit d'amour ? *Vous détendez-vous avant de traverser à pied un marécage rempli d'anacondas ?*

Bien sûr que non, puisque vous allez faire quelque chose de nouveau, de dangereux et de passionnant. L'opéra n'est pas un lieu de relaxation. Attendez-vous à y éprouver des sensations fortes.

Aussi, s'il vous plaît, ayez peur ; ayez très peur. Nous, les intrépides auteurs de ce merveilleux livre, nous sommes là, détendus et prêts à vous escorter.

Acheter son billet

Pour pouvoir entrer à l'opéra, vous devez avoir un billet. Dans cette section, nous allons vous indiquer quelques tuyaux pour vous faciliter la tâche.

Achetez-le d'avance

Lorsqu'une grande vedette d'opéra (chanteur ou chef) figure dans la distribution, les billets sont vite vendus, tout particulièrement ceux qui nous donnent accès aux bonnes places. La plupart des opéras mettent leurs billets en vente assez longtemps à l'avance, mais on ne peut pas donner de règles générales. Souvent, la location ouvre d'abord pour les abonnements, et il y a fort à parier que les spectacles les plus courus seront déjà bien chargés lorsque le tour des places à l'unité arrivera. La plupart des maisons proposent tout un éventail de moyens d'achat : guichet, téléphone, courrier, Internet. Les dates d'ouverture de la location peuvent différer selon le moyen choisi, ainsi que l'éventail de places et de prix proposé. Par prudence, appelez la location et posez-leur la question.

Comprenez l'agencement de la salle

L'intérieur d'une véritable salle d'opéra est très vaste. Selon l'endroit où vous serez assis, vous apprécierez plus ou moins le spectacle. Le plan de chaque salle est unique mais toutes ont certains points communs :

- **L'orchestre** (appelé aussi le *parterre*) désigne les rangées de sièges placées tout en bas. Ces places comptent généralement parmi les plus chères, et ne sont pas forcément les meilleures. Si l'on est trop près, le son arrive en ordre dispersé, certains instruments dominent, on doit lever la tête pour voir la scène et se tordre le cou pour lire les surtitres. Un peu comme au cinéma lorsqu'on est au premier rang. Et en fond d'orchestre, le son peut être « mangé » par les balcons situés juste au-dessus.

- **Le balcon** désigne les rangées de sièges qui s'étagent en direction du plafond. Il y a plusieurs étages de sièges : premier, deuxième, troisième… balcon en allant du bas vers le haut. En général, plus l'étage est élevé et moins les places sont chères. Le dernier balcon est réellement élevé, aussi, si vous êtes sujet au vertige, mieux vaut peut-être faire un effort financier et choisir une place plus bas. Le premier balcon en face est généralement le meilleur emplacement, au moins dans les salles traditionnelles « à l'italienne » : c'est pour ces places que la mise en scène est conçue, vous n'aurez donc ni les premiers plans qui vous bouchent la vue, ni le fond de scène invisible, vous lirez les surtitres sans effort car ils seront dans votre champ de vision, et surtout c'est là que le son est le plus fort et le plus homogène. Corollaire inévitable : ces places sont les plus chères.
- **Les loges** sont des sections compartimentées à l'intérieur desquelles vous pouvez déplacer les chaises (de quatre à six) comme vous l'entendez, ce qui n'est pas le cas des autres emplacements. Parfois, elles sont précédées d'une sorte de petite antichambre où vous pouvez accrocher votre manteau. Les loges situées au rez-de-chaussée s'appellent des *baignoires*.
- **Le poulailler** (ou paradis) est le balcon le plus élevé. Selon les théâtres, il ressemble comme deux gouttes d'eau aux balcons inférieurs, ou au contraire en diffère totalement. À l'Opéra de Budapest, par exemple, on y accède par une porte spéciale, l'escalier de service en quelque sorte. Dans les maisons qui ont une certaine histoire, et qui ont conservé un véritable poulailler, c'est un endroit très populaire où les places sont bon marché (il faut dire qu'en général on n'y voit pas grand-chose). Souvent il n'y a que des bancs, voire pas de sièges du tout. C'est le refuge des fous d'opéra peu argentés, des étudiants, et en général l'ambiance y est assez torride… Le poulailler de la Scala de Milan était par exemple un endroit assez exalté, qui n'hésitait pas à huer un chanteur ou une mise en scène qui déplaisait. Évidemment, on hue beaucoup moins au parterre lorsqu'on a mis son smoking ou sa robe longue. Ces manifestations d'enthousiasme ou d'hostilité devaient déranger la précédente direction du noble établissement

milanais puisque, à l'occasion de sa récente rénovation et malgré la pression exercée par les habitués du poulailler, les bancs et les places debout ont laissé place à des sièges confortables, et l'augmentation des prix a bien sûr suivi celle du standing.

- **Les avant-scènes** sont un peu l'équivalent des loges, à ce détail près qu'elles sont situées, comme leur nom l'indique, juste avant la scène, leur ouverture étant perpendiculaire à cette dernière, si bien qu'on a une vue plongeante latérale sur le spectacle. Ce sont des places très recherchées par ceux qui vont à l'opéra pour s'y faire voir davantage que pour voir (et entendre) le spectacle. Cela dit, ces loges sont souvent occupées par la production, qui y place des projecteurs ou des musiciens si besoin est.
- **Le promenoir** n'existe pas dans tous les opéras. Il s'agit d'une zone dépourvue de sièges, située en arrière des places d'orchestre et où l'on peut déambuler sans autre contrainte que de ne pas faire de bruit.
- **Vue partielle, sans vue.** Ces mots qualifient certaines places mal situées (derrière un pilier, par exemple), depuis lesquelles on ne voit pas facilement (pas du tout, même, pour certaines) ce qui se passe sur la scène. Elles sont évidemment moins chères que les « bonnes » places mais, à moins que vous n'ayez une très mauvaise vue, la seule satisfaction qu'elles peuvent vous procurer, c'est d'avoir fait des économies de bouts de chandelle. Dans les salles modernes comme l'Opéra-Bastille, à Paris, où il n'y a pas de piliers, ces places n'existent pas.

Si vous prenez des places dans un opéra où vous n'êtes jamais allé, rendez-vous personnellement au bureau de location pour choisir en toute sécurité sur le plan de la salle plutôt que de louer par correspondance.

Si vous voulez en savoir davantage sur les musiciens de l'orchestre, consultez notre *Musique classique pour les Nuls*.

La fosse d'orchestre

Si vous n'êtes jamais allé à l'opéra auparavant, vous pouvez très bien ignorer ce qu'est une *fosse d'orchestre*. Techniquement, c'est une fosse dans laquelle il y a un orchestre.

La fosse d'orchestre est de création assez récente. Ce n'est que vers la fin du XIXe siècle que les gens se sont dit qu'il serait bien plus facile de suivre le jeu des chanteurs et de les entendre si les musiciens de l'orchestre ne venaient pas leur boucher la vue.

Aussi dans la plupart des salles d'opéra y a-t-il, à l'aplomb de la scène, juste avant les premières rangées de fauteuils, une large excavation occupant toute la largeur de la scène et dans laquelle prennent place les musiciens. Au cours de la représentation, les spectateurs ne peuvent pratiquement pas voir les musiciens (sauf ceux qui sont installés dans les derniers balcons), et le seul qui soit sous leurs yeux, outre les chanteurs, c'est le chef d'orchestre qui, lui, doit nécessairement voir les chanteurs et être vu par eux.

Ne cachez pas votre innocence

N'ayez pas peur de dire que c'est la première fois que vous allez à l'opéra. La plupart des employés de la location ont une certaine fierté de l'établissement où ils travaillent et feront de leur mieux pour vous guider afin que vous profitiez pleinement de votre première expérience. À cet effet, ils vous expliqueront clairement les avantages et inconvénients de telle ou telle place. Sauf, bien entendu, si la queue derrière vous s'allonge sur une centaine de mètres. Parfois, ils pourront vous indiquer comment payer moins cher.

S'il n'y a plus de places, n'abandonnez pas

Dans la plupart des théâtres, les places sont vendues non seulement aux guichets de location mais aussi par correspondance, par téléphone ou par l'intermédiaire d'agences de spectacles spécialisées ou de grands magasins.

Aussi n'est-il pas impossible que le nombre de billets disponibles aux guichets de location soit très inférieur à celui des places existantes.

TRUC

Donc, si rien de ce qu'on vous propose au guichet ne vous convient, essayez de louer par l'un des moyens extérieurs que nous venons de citer. Et si ça ne marche pas du premier coup, revenez à la charge. Souvent, des gens annulent leur réservation, ce qui remet quelques billets en circulation.

Prenez un abonnement

Si vous commencez à sentir que l'opéra est votre tasse de thé, réfléchissez aux avantages que vous pourriez tirer d'un abonnement couvrant de deux à dix spectacles. Cette formule procure quelques avantages, pas partout les mêmes, car cela dépend de l'administration de l'opéra :

- **Vous êtes certain d'avoir une place.** Les billets mis en vente sont réservés prioritairement aux abonnés avant d'être mis à la disposition des spectateurs occasionnels.
- **Vous paierez souvent moins cher la place que sans abonnement.** Mais ce n'est pas toujours la règle : parfois l'abonnement n'offre que la certitude d'avoir des places.
- **Vous serez invité à des occasions spéciales.** Le bal de l'Opéra, une soirée de gala, un récital d'une star, par exemple.
- **Vous découvrirez des œuvres** que vous n'auriez peut-être pas eu l'idée d'aller écouter de vous-même.

En contrepartie, il y a quelques inconvénients :

- **Vous pouvez ne pas aimer certains opéras.** Dans la plupart des salles, c'est l'opéra qui choisit tout ou partie des spectacles auxquels vous allez assister. Pas vous.
- **Vous pouvez avoir un conflit de date.** À moins que toute votre vie ne soit organisée autour de l'opéra, il peut arriver que vous ne soyez pas libre à certaines occasions.

Dans ce cas, votre place est perdue, à moins que vous ne trouviez à la revendre à quelqu'un de vos amis. Si vous vous déplacez souvent, par exemple, mieux vaut sans doute acheter vos places à l'unité plutôt que de prendre un abonnement. Toutefois, certains établissements offrent la possibilité d'échanger des dates d'abonnement une ou plusieurs fois dans la saison, avec ou sans frais. Renseignez-vous !

- **Vous n'aurez pas toujours la même place.** La seule chose qui vous est garantie, c'est que votre place sera toujours dans *la même catégorie de prix*. Donc, il n'est pas impossible que vous soyez bien installé pour certains spectacles et beaucoup moins bien pour d'autres.

Comment vous préparer (ou ne pas vous préparer)

Nous y voilà. Vous avez vos billets et vous allez assister à la représentation à deux, en bonne compagnie. Dans cette section, nous vous donnons quelques ultimes conseils.

Renseignez-vous sur l'opéra que vous allez voir

Inutile de passer des mois à étudier un opéra avant d'assister à sa représentation. Mais plus exacte sera l'idée que vous vous faites de ce que vous allez voir et entendre et mieux vous en profiterez. Après avoir dépensé quelques dizaines d'euros pour votre billet, mieux vaut que vous preniez un peu de temps pour bien profiter de votre investissement. Nous vous recommandons deux choses en particulier :

TRUC

- **Écoutez un enregistrement de l'opéra que vous allez voir.** Plus vous écouterez, mieux vous apprécierez, nous vous le garantissons.

- **Lisez le livret du disque.** Il y a toujours un livret inclus dans l'emballage d'un CD, plus ou moins développé selon le sérieux de l'éditeur et le prix de l'objet. Vous y trouverez si tout va bien un texte de présentation sur l'œuvre et les circonstances de sa composition, un résumé de l'action, et le livret de l'ouvrage en langue originale et en français (ou tout au moins en anglais). En même temps que vous écoutez, lisez les paroles dans leur langue originale avec, en face, leur traduction.

C'est bien suffisant, à moins que vous ne fassiez partie de ces enragés qui ne peuvent apprécier une œuvre musicale quelle qu'elle soit sans en avoir continuellement la partition sous les yeux.

L'arrivée à l'opéra

C'est maintenant que va avoir lieu le grand moment que vous attendez depuis longtemps : vous allez poser le pied pour la première fois dans la salle d'un opéra. Endroit intimidant s'il en est, d'autant plus que tout le monde – à part vous – semble savoir parfaitement ce qui va se passer et comment se comporter. Voici quelques conseils utiles pour vous tirer d'embarras.

TRUC

- **Arrivez de bonne heure.** Dans la plupart des opéras, si vous arrivez après le commencement d'un acte, on ne vous laissera pas entrer et vous devrez attendre le premier entracte, parfois devant des récepteurs de télévision en circuit fermé qui vous permettront néanmoins de voir et d'entendre ce qui se passe sur la scène. Mais vous risquez de poireauter pendant une heure ou davantage.
- **Laissez votre manteau au vestiaire.** Si vous gardez votre épais manteau d'hiver sur vos genoux pendant tout le spectacle, votre plaisir sera gâté. Laissez-le plutôt au vestiaire où il ne risque rien. Ça ne vous coûtera pas cher et vous vous sentirez bien plus à l'aise.
- **Faites un petit passage aux toilettes avant d'aller vous asseoir.** Vous vous féliciterez d'avoir suivi ce conseil, croyez-nous !

- **Ne vous trompez pas de place.** Ne vous endormez pas dans une trompeuse sécurité par le fait que votre billet et votre fauteuil ont tous deux le numéro « B-4 ». Il y a de grandes chances pour que chaque section, chaque balcon d'une salle d'opéra possède un fauteuil B-4. Si vous n'êtes pas certain d'être à la bonne place, demandez à l'ouvreuse.
- **Éteignez tout ce qui, sur vous, risque de faire bip.** Le bruit fait par 3845 montres sonnant presque simultanément l'heure peut sérieusement perturber l'auditoire, pour ne rien dire des chanteurs. Et, surtout, arrêtez votre téléphone portable, cette nuisance moderne, si vous en avez un sur vous.

Coup d'œil sur un programme

Le programme est un opuscule qu'on vous vend généralement à un prix déraisonnable, mais (ou parce que) c'est quelque chose d'indispensable si on veut bien suivre ce qui va se passer sur la scène. Voici ce que vous y trouverez presque toujours :

- La distribution (la liste des personnages avec, en face, le nom de leurs interprètes) ;
- Le découpage de l'ouvrage en actes et en scènes ;
- Un résumé de l'action ;
- Une présentation historique de l'auteur et de l'ouvrage ;
- Quelques indications biographiques sur les chanteurs, le chef et tous les acteurs de la mise en scène (metteur en scène, décorateur, costumier, éclairagiste, chorégraphe...) ;
- La liste des artistes du chœur, de l'orchestre et du ballet ;
- De la publicité pour des montres de luxe ou des parfums.

Ces opuscules peuvent coûter les yeux de la tête, mais c'est quelque chose d'intéressant à posséder, ne serait-ce que pour vous remémorer une prestigieuse soirée. Quant au livret, il peut vous aider à suivre le déroulement de l'action si vous ne possédez pas le CD de l'opéra ou que vous avez oublié d'emporter le petit livret qui l'accompagne. Ce n'est pas absolument nécessaire, puisque les surtitres vont vous permettre de ne pas perdre le fil (voir un peu plus loin la section *Les surtitres à votre secours*).

Entrée du chef d'orchestre

Vous êtes bien installé sur votre siège, vous avez consciencieusement lu le programme, vous avez donné un coup de coude à votre voisin qui ronflait déjà : vous voilà prêt pour la cérémonie.

L'intensité de l'éclairage diminue. L'orchestre finit de s'accorder. Un dernier murmure d'excitation parcourt les spectateurs. Soudain le chef d'orchestre fait son entrée. Vous pouvez tout juste le voir, en bas, émergeant de la fosse. Seuls sa tête, ses épaules et son nœud papillon blanc sont visibles. Il se fraie un chemin au travers des musiciens de l'orchestre tel un velociraptor foulant l'herbe haute. Une fois qu'il a atteint son podium, il fait signe à l'orchestre de se lever. Il se tourne vers les spectateurs et leur sourit puis s'incline vers eux, si sûr de lui que même s'il ne portait pas de pantalon, ça ne le gênerait sûrement pas.

N'ayez pas honte de vous demander à quoi sert le chef d'orchestre. Tous les nouveaux venus à la musique se posent la même question. La plupart des spectateurs aussi. Même les musiciens, parfois.

Maintenant, le chef tourne le dos aux spectateurs, lève sa baguette, et l'orchestre tourne ses regards vers lui. Soudain, il fait un brusque mouvement du poignet, bat une mesure, et l'orchestre se met à jouer.

Silence dans les rangs : l'ouverture commence

L'*ouverture* est l'un des rares moments d'un opéra pendant lesquels vous n'entendrez aucun chanteur. Elle prépare à l'ambiance de l'opéra, en reprenant souvent ses mélodies les plus marquantes. Elle est parfois remplacée par un prélude, un morceau un peu plus court qui s'enchaîne directement au premier acte, alors que l'ouverture est en principe un morceau autonome. (Les plus célèbres d'entre elles, comme *Tannhäuser* de Wagner, *La Force du destin* de Verdi, *La Pie voleuse* de Rossini ou *Rousslan et Ludmilla* de Glinka, figurent fréquemment au programme de concerts symphoniques.) Certains préludes, comme ceux de *La traviata* de Verdi ou de *Lohengrin* et *Tristan et Isolde* de Wagner, sont également donnés en concert. S'ils s'enchaînent normalement directement à l'opéra, on les pourvoit alors d'un accord final pour qu'ils ne finissent pas en queue de poisson. Un prélude peut précéder également les autres actes que le premier.

Beaucoup d'ouvertures d'opéra – celles de Rossini, par exemple – commencent par un grand fracas d'orchestre. Il y a une raison qui justifie cette tradition. Dans les siècles passés, les représentations n'étaient pas aussi guindées qu'elles le sont devenues de nos jours. L'auditoire était très animé, tapageur, et se sentait à l'opéra comme chez lui. Les gens venaient là pour se livrer à des mondanités, bavarder, et profiter de la présence de leurs amis et connaissances. Tout cela faisait un brouhaha considérable. Les premiers accords de l'orchestre étaient le signal indiquant que le spectacle allait commencer. Il fallait donc qu'ils fussent suffisamment forts pour dominer le bruit ambiant. Souvent la durée de l'ouverture était tout juste suffisante pour que le calme s'installe peu à peu dans la salle.

De nos jours, vous remarquerez que l'assistance observe un respectueux silence dès les premières mesures de l'ouverture et même un peu avant. La musique est devenue au moins aussi importante que les mondanités.

La durée d'une ouverture ou d'un prélude va de deux minutes (l'ouverture de *Bastien et Bastienne* de Mozart) à un quart d'heure (comme dans *Parsifal* ou *Les Maîtres chanteurs* de Richard Wagner). Certaines ne sont guère plus qu'une simple introduction au climat musical de la première scène ou de l'opéra tout entier. D'autres, comme celle de *La Chauve-Souris* de Johann Strauss ou *Don Pasquale* de Donizetti, sont de brillants pots-pourris des principaux thèmes que vous allez entendre, développés, au cours de l'opéra. Enfin, il en est (celle du *Freischütz* de Weber ou du *Vaisseau fantôme* de Wagner par exemple) qui sont de véritables petits poèmes symphoniques, une sorte de résumé de l'action qui va suivre.

Certains opéras (*Otello* et *Falstaff* de Verdi, *Tosca* de Puccini ou *Porgy and Bess* de Gershwin) n'ont pas d'ouverture du tout : l'action commence immédiatement. Mieux vaut se tenir prêt !

C'est maintenant que se lève le rideau. Très souvent l'auditoire, qui a déjà applaudi à la fin de l'ouverture, applaudit de nouveau, surtout si le décor témoigne d'une certaine recherche. Un bon décorateur peut vous donner l'impression d'être réellement à la proue d'un bateau, dans une rue de Paris ou sur le rocher des Walkyries. Enfin, maintenant, cela ne marche plus toujours comme ça. Nombre de décorateurs modernes excellent à composer un décor sans rapport apparent avec le lieu, l'époque ou la teneur de l'action. Ces mises en scène décalées peuvent être très réussies, si le décalage est cohérent de bout en bout et trouve son application dans chaque détail de l'ouvrage. Parfois, hélas ! il ne s'agit guère plus que d'un « coup » médiatique.

Les surtitres à votre secours

Maintenant que l'opéra est commencé se pose le problème bien connu de la langue. L'opéra est chanté en italien et vous ignorez tout de cet idiome. Que doit-on faire ? Chanter l'opéra en langue originale, au mépris du public qui n'y comprendra rien, ou chanter l'opéra dans la langue des spectateurs, au risque de le défigurer ?

Par bonheur, la technologie moderne a trouvé une excellente solution : les *surtitres*. Il s'agit de phrases projetées sur un petit écran placé au-dessus de la scène (avec parfois un rappel sur les côtés), en synchronisme avec le chant des acteurs. Exactement comme les *sous-titres* d'un film en V.O., à ce détail près que ces derniers s'affichent au bas de l'écran, mordant souvent sur l'image, alors que les surtitres sont localisés hors de l'espace scénique.

À ces tentatives de rendre le chant compréhensible par l'assistance, certains objectent que les surtitres distraient le spectateur du déroulement de l'action sur la scène. Mais de plus en plus d'opéras ont compris que c'était le meilleur compromis entre l'authenticité et la compréhensibilité. Le Met de New York a même été jusqu'à installer des petits écrans personnels à l'arrière de chaque fauteuil pour que le spectateur puisse choisir de les voir ou non.

Que ce soit en direct ou en vidéo, la plupart des surtitres actuels sont rédigés pour distraire le moins possible l'attention. Par exemple, vous n'en verrez aucun lorsque le sens de ce qui se passe est évident ou lorsque des mots sont simplement répétés.

Derrière l'écran

Faire correctement défiler les surtitres est tout un art. Le projectionniste doit travailler en parfait synchronisme avec les chanteurs de façon que les spectateurs puissent réagir au bon moment. En particulier, lors des effets comiques, il doit chronométrer soigneusement l'apparition de la phrase qui va déclencher les rires de façon que le public ne s'esclaffe que lorsque le soprano l'aura chantée.

Dans sa jeunesse, l'un de nous fut chargé de la projection de ces surtitres dans une importante compagnie d'opéra nationale. Le travail consistait à suivre l'action de l'opéra sur le livret et dire « Now » (*maintenant*) dans un combiné micro-casque à l'instant précis où devait apparaître le surtitre suivant. À l'autre bout du fil, un projectionniste était chargé de passer la diapositive suivante lorsqu'il entendait le signal.

À plusieurs occasions, votre auteur fit s'afficher le texte juste une seconde trop tôt, ce qui fit que le public s'esclaffa bruyamment un peu avant le moment critique, étouffant ainsi sous les rires le *mi* bémol suraigu d'un célèbre soprano.

Vous comprenez maintenant pourquoi nous écrivons des livres.

La singularité des applaudissements

S'il y a une question qui a toujours posé problème aux nouveaux venus à l'opéra, c'est bien celle de savoir à quel moment applaudir.

On pourrait penser que la réponse est évidente : lorsque le chanteur a fini de chanter (tout spécialement s'il a terminé sur une note particulièrement brillante). Malheureusement, cette pratique vous vaudra des regards furibonds dans presque toutes les salles du monde.

Dans les opéras allemands, l'habitude est d'attendre la fin d'un acte pour applaudir. Richard Wagner avait clairement fait comprendre qu'il ne voulait pas que l'auditoire applaudisse du tout avant la fin de *Parsifal*. Bien que lui-même ait violé sa propre règle en acclamant sa propre musique, de nos jours, les gens attendent la fin du premier acte pour applaudir. Ils remettent ça à la fin du deuxième et du troisième, à condition, bien sûr, qu'ils ne se soient pas endormis avant.

Dans les opéras français et italiens, les règles sont beaucoup plus souples. Mieux vaut sans doute ne pas sauter sur vos pieds chaque fois que vous entendez un contre-*ut*, mais ne vous gênez pas pour applaudir à la fin d'un grand air ou d'un ensemble ; vous ne serez pas le seul.

En règle générale, si vous êtes dans le doute, n'applaudissez pas et laissez faire vos voisins. Vous saurez ainsi bien vite ce qu'il convient de faire et vous pourrez éventuellement mêler vos applaudissements à ceux des autres spectateurs.

Bravo ? Bravo !

Le second comportement étrange et bizarre de l'auditoire est la façon qu'il a de *clamer* sa satisfaction à ce qu'il vient d'entendre tout en frappant ses mains l'une contre l'autre. Que diable clame-t-on ?

C'est généralement « bravo », mot d'origine italienne exprimant une idée d'adresse, d'habileté, de courage. C'est l'équivalent du « Ouaaaaaaahhhhh ! » qu'on peut entendre dans des lieux moins raffinés.

Si vous vouliez absolument vous faire remarquer, il faudrait accorder cette exclamation à celui (à celle, à ceux) qui la mérite(nt) et clamer *bravo* s'il s'agit d'un chanteur, *brava* si c'est une diva et *brave* pour un ensemble féminin, *bravi* pour un ensemble masculin ou mixte. En France, toutefois, personne ne fait la différence. Au cours d'une conversation, c'est toutefois un peu différent : « Des expressions de base comme *bravo* (c'était une courageuse tentative), *bravissimo* (c'était une tentative très courageuse) ou *magnifico* (c'était pas mal du tout) ne tarderont pas à vous venir naturellement aux lèvres » (*Monsieur Bluff et l'opéra*, de Peter Gamond, éd. Anne Carrière).

D'une manière générale, ces cris d'enthousiasme sont plutôt à réserver pour des manifestations de plein air comme les matchs de ballon (rond ou ovale) et les spectacles tauromachiques. Par analogie, peut-être alors, dans ce dernier cas, pouvez-vous vous autoriser à clamer bruyamment votre satisfaction en criant « Olé ! » lors d'une représentation de *Carmen* ? Quoi qu'il en soit, la règle stricte est de ne jamais « intervenir » au milieu d'un air. À la fin, seulement, et encore avec mesure ! Les usages sont moins restrictifs chez nos voisins italiens.

Siffler n'est pas jouer

Dans le sens contraire, si vous n'êtes pas satisfait des prestations d'un des interprètes, comment devez-vous manifester votre désapprobation ? En Italie, on ne se gêne pas, on hue et on siffle avec la même énergie que celle qu'on apporte à crier bravo. D'une manière générale, le principal effet de ce type de manifestation sera de déstabiliser le ou les chanteurs et de détériorer davantage la suite du spectacle. En France, on est d'habitude plus retenu, se contentant de ne pas applaudir si c'était vraiment mauvais.

L'entracte

Ah, l'entracte ! Une petite demi-heure de mondanités. L'occasion ou jamais de vous exhiber dans vos plus beaux atours. Ou bien de vous rassasier en traversant la rue pour entrer dans le fast-food le plus proche (pourquoi n'y en aurait-il pas au voisinage des opéras, après tout ?)

Voici quelques indications qui devraient vous permettre de tirer le meilleur parti de cette interruption :

- La durée d'un entracte est généralement comprise entre 20 et 30 minutes en Europe, ce qui permet à certains de faire un repas léger.
- C'est le moment de voir et d'être vu. Ceux et celles qui ont dépensé plus de 100 euros pour leur billet constituent une attraction de choix. Tout particulièrement lorsqu'ils se cachent dans un coin du hall pour dévorer un jambon-beurre sorti d'un sac en papier.
- Toutes les salles d'opéra ont un bar (ici on ne dit pas « buvette ») où vous pouvez acheter toutes sortes de rafraîchissements, alcoolisés ou non. Outre leur prix élevé, ces boissons demandent une grande patience en raison de la longueur des queues formées par les assoiffés.
- Si vous avez envie de bavarder, c'est le moment. Les fanas d'opéras adorent échanger leurs impressions sur ce qu'ils viennent d'entendre, même avec des gens qu'ils ne connaissent pas. Attendez-vous à entendre des opinions définitives. Et ne soyez pas trop surpris si vous ne comprenez pas grand-chose à ce que vous entendez. Cela pourrait bien être un effet du champagne qu'ils viennent de boire.
- Vers la fin de l'entracte, vous entendrez un carillon, un gong ou une sonnerie. Les responsables de la gestion de l'opéra estiment, dans leur candeur naïve, que vous allez illico regagner votre place. Ne vous précipitez pas. Les habitués prennent leur temps et n'obtempèrent à cette invitation que lors du second appel. Toutefois, si vous avez à remonter les sept étages qui mènent du foyer d'honneur à votre poulailler, ne vous laissez pas surprendre par le temps.

Deuxième partie

Histoire de l'opéra

« Fanfarons, héroïques, marqués par le destin, passionnés et supportant âprement le poids de leurs péchés ». Ma parole, Harold, mais c'est l'histoire de notre vie ! »

Dans cette partie...

En ce moment, vous devez penser « Grands dieux! Moi qui croyais que l'opéra était quelque chose d'ennuyeux. Son histoire doit l'être dix fois plus! »

Eh bien, rassurez-vous car il se trouve que ce n'est absolument pas le cas. En fait, on y découvre à peu près autant de sexe, de scandales et de sensations que dans les opéras eux-mêmes. Une petite promenade dans les derniers siècles vous aidera à comprendre comment certains rites de cette forme artistique ont pu survivre jusqu'à nos jours. Nous allons vous parler de quelques-uns de ces merveilleux compositeurs qui, grâce au CD et à la radio, continuent de venir enchanter votre quotidien.

Chapitre 4

Un peu de Grèce, beaucoup d'Italie

Dans ce chapitre :

- Tout a commencé avec les Grecs.
- La Bible à la sauce médiévale.
- Rencontre avec Rossini, Donizetti, Bellini, Verdi, Puccini et *tutti quanti*.

Parmi les différentes nations de cultures très diverses, seules quelques-unes ont fait leur entrée dans le monde de l'opéra : Italie, France, Allemagne, Autriche et Russie avec, parfois, la participation d'autres pays. La grande majorité des opéras et des techniques associées sont nés en Europe et plus particulièrement en Italie, berceau de cette forme musicale.

Mais si vous voulez connaître les véritables débuts de l'opéra, vous devez remonter plus loin, jusqu'à la Grèce antique.

La formule grecque

Si vous demandez à l'homme de la rue d'indiquer quelles sont pour lui les trois contributions les plus importantes que les Grecs ont apportées à l'humanité, sa réponse sera probablement : la démocratie, la philosophie et le fromage appelé *feta*. Il oubliera presque certainement de vous dire que les Grecs furent aussi des précurseurs dans le domaine de l'opéra, quelques milliers d'années avant son apparition réelle.

Laissez-nous vous emmener à l'une de ces représentations primitives dans un théâtre antique. Fermez vos yeux et imaginez-vous que vous vous trouvez dans un de ces théâtres dont il subsiste encore quelques exemplaires en Grèce, en Italie et en France (à Orange, par exemple – encore qu'à Orange il soit romain).

La préhistoire : la Grèce antique

Vous voilà donc assis en plein air dans un théâtre grec, assistant à la représentation d'une pièce inspirée par la mythologie. Les acteurs racontent quelque sombre histoire dans laquelle Zeus agit sur le destin de malheureux héros. Tout au long du spectacle, un chœur intervient en psalmodiant des paroles commentant l'action qui se déroule sous vos yeux. « Oh, homme insensé ! chantent-ils, tu n'aurais jamais dû encourir la colère des divinités toutes-puissantes. Maintenant, te voilà condamné à clamer ton désespoir tout au long de ta vie ! »

Vous applaudissez. Vous lancez des pièces de monnaie. Vous rentrez chez vous. Deux mille ans vont s'écouler.

Au Moyen Âge

Parfait ! Vous voilà maintenant en Europe, au cours du xe siècle. Vous êtes maintenant un moine investi d'une mission, celle de répandre le christianisme, cette nouvelle religion qui gagne chaque jour du terrain. Vous participez à une réunion : « Dites donc, est-ce que les anciens Grecs ne se servaient pas de musique quand ils célébraient le culte de leurs divinités païennes ? Pourquoi n'en ferions-nous pas autant ? »

Et c'est précisément ce qui est arrivé. Pour rompre la monotonie de ces longues cérémonies, il fut décidé de mettre en scène la Bible avec musique, costumes et – naturellement – chants. Ces représentations médiévales données dans les églises connurent un très grand succès.

La Renaissance

La musique avait donc gagné droit de cité sur les scènes italiennes, mais elle s'y cantonnait à des interventions brèves quoique pleines d'allant. Certaines représentations étaient même données sans musique du tout, celle-ci n'intervenant qu'au cours des entractes. Ainsi, lorsqu'en 1539 le duc Côme de Médicis épousa Éléonore de Tolède, commanda-t-il un spectacle pour divertir ses hôtes. Pour meubler les intervalles entre les différentes entrées, il demanda à un de ses amis nommé Francesco Corteccia de composer quelques madrigaux destinés à être chantés avec accompagnement d'orchestre pour divertir ses hôtes.

Ces petites interventions musicales furent appelées avec à-propos des *interludes* ou *intermèdes*. Elles étaient remplies de gags et de plaisanteries et c'était en quelque sorte les premiers shows musicaux.

La forme se développa et des cénacles de compositeurs et de poètes tentèrent d'imaginer ce que pouvait être son équivalent dans l'Antiquité, sans disposer de beaucoup d'informations sur ce qui se passait réellement à cette époque. La seule chose dont ils étaient à peu près sûrs, c'était que ces spectacles étaient accompagnés par de la musique et que les chants servaient à expliquer et à commenter l'action.

L'invention du récitatif

Pour tenter de recréer les fastes de l'Antiquité, un groupe de compositeurs se réunit à partir de 1590 chez un riche propriétaire florentin, Bardi, comte de Vernio. Ils se baptisèrent *Camerata fiorentina* et résolurent de redécouvrir la forme que revêtaient ces drames musicaux.

Un des aspects des pratiques musicales de leur propre époque leur posait problème, c'était le *madrigal* qui était alors la forme d'expression musicale la plus répandue. Dans le madrigal, on trouvait au moins trois voix différentes chantant simultanément, en contrepoint, généralement sans accompagnement instrumental.

Entendre des paroles différentes chantées sur des lignes mélodiques différentes entremêlées posait problème à l'assistance qui avait du mal à comprendre ce qui se passait.

Pour venir à bout de cette difficulté, la Camerata fiorentina proposa une brillante solution : « Plutôt que chacun chante sa propre mélodie en contrepoint des autres, pourquoi ne *réciterions*-nous pas en musique les parties importantes, là où progresse l'action ? » Cette idée eut ses chauds partisans et l'un d'eux demanda timidement : « Comment pourrions-nous appeler ça ? »

« Puisqu'on récite, le mot *récitatif* semble tout à fait approprié », répondit un autre, dont l'imagination était plus éveillée que celle de ses collègues. Dans ce récitatif, seuls une poignée d'instruments joueraient quelques accords tenus afin de soutenir les paroles pendant qu'un seul interprète à la fois chanterait les paroles du poème sur un rythme proche de celui de la langue parlée, en adoptant une ligne mélodique simple. De cette façon, ses propos seraient parfaitement intelligibles et l'auditoire ne risquerait plus de perdre le fil de l'action.

Enthousiasme. Applaudissements. Les autres membres de la Camerata convinrent qu'il était préférable de chanter les passages importants du poème plutôt que de se contenter de les lire simplement, car la musique leur paraissait propre à souligner l'intensité émotionnelle de l'action en cours. Ainsi venait de naître une des composantes importantes de l'opéra toujours en usage de nos jours, le récitatif, que vous rencontrerez dans tout opéra qui se respecte.

Claudio vient à la rescousse

Le monde attendait cependant que quelque génie musical mette en pratique les théories de la Camerata fiorentina. Cette attente ne fut pas déçue et trouva sa récompense lorsque Claudio Monteverdi (1567-1643) se mit à composer. On peut dire de lui que c'est réellement le père de l'opéra.

Mais dans tout ce clinquant, où était la musique ? C'est là qu'intervient notre ami Claudio. À cette époque, il avait trente-neuf ans et s'était déjà fait un nom comme brillant compositeur de madrigaux. La renommée de son premier opéra, *Orfeo*, s'est perpétuée jusqu'à nous.

Composer sur un thème emprunté à la mythologie grecque n'était pas extraordinaire en soi. De nombreuses pages musicales de la Renaissance avaient adopté cette source d'inspiration. Parmi les mythes, celui d'Orphée avait séduit plus d'un auteur et chacun y allait de sa propre version de cette touchante histoire (voir chapitre 9).

L'*Orfeo* de Claudio Monteverdi eut un immense succès pour plusieurs raisons. D'abord, parce que l'œuvre était accompagnée par un orchestre important et que les différents instruments de l'orchestre y étaient utilisés de façon nouvelle, en exploitant au mieux leurs spécificités pour évoquer les différentes phases du drame. Ensuite, parce que la musique était remarquable, notamment celle des airs d'Orphée. Enfin, parce que l'usage de récitatifs rendait l'action parfaitement intelligible, tandis que les airs et les passages orchestraux se chargeaient de peindre, avec une grande efficacité et une grande variété, les passions et les sentiments.

En 1628, à l'occasion du mariage du fils du grand-duc de Parme, eut lieu la première représentation d'un nouvel opéra de Monteverdi, *Mercurio e Marte* (« Mercure et Mars ») – dont le manuscrit a malheureusement été perdu. Le brio de la mise en scène le disputait à la qualité musicale. N'y voyait-on pas, en effet, un ballet exécuté par des danseurs à cheval et un finale dans lequel la scène était inondée pour laisser apparaître des monstres marins, tandis que Jupiter rayonnait dans toute sa gloire, suspendu depuis les cintres par une savante machinerie, pour venir bénir les jeunes mariés ?

Ce spectacle contribua pour beaucoup à la renommée de Monteverdi, même hors de son pays. À sa suite, les mythes de l'Antiquité grecque et les *pastorales* (où intervenaient bergers, chevriers et nymphes) furent à l'honneur. Rien que dans Venise, des centaines d'opéras furent écrits au cours de la seconde moitié du XVIIe siècle, joués dans les premières salles d'opéra privées, construites pour l'occasion. L'opéramania était née.

La suite

L'appétit des auditoires italiens pour cette forme de spectacle à grande mise en scène ne faisait que commencer. Ainsi, dans le tout premier opéra représenté à Venise en 1637, *Andromeda*, apparaissait une foule de dieux et de déesses suspendus dans les airs à l'aide d'une imposante machinerie. À cette époque, les représentations musicales se faisaient avec une mise en scène spectaculaire comparable à celles que l'on peut voir dans les shows de Broadway contemporains. Changements à vue, fumigènes, chanteurs volants suspendus par des harnais grâce auxquels ils pouvaient traverser la scène sans mettre pied à terre, décors peints avec une grande minutie.

L'usage de machines dans les spectacles musicaux était très courant à cette époque et il a continué de se pratiquer de nos jours. D'où l'expression *deus ex machina* (littéralement, « le dieu qui sort d'une machine », en général à la fin de l'opéra pour tout résoudre d'un coup de baguette magique) pour qualifier un renversement de situation artificiel et inattendu.

Au fur et à mesure que Monteverdi et ses continuateurs – comme Pier Francesco Cavalli (1602-1676), son élève – perfectionnèrent la mise en musique des paroles, la musique prit progressivement le pas sur le texte. Elle se permit une distance de plus en plus grande par rapport à la simple déclamation, avec des vocalises de plus en plus spectaculaires. (La vocalise est l'art de chanter plusieurs notes sur une même syllabe.) Au lieu de : « J'ai perdu un melon en revenant du marché », ce fut bientôt : « J'ai perdu-u-u-u, j'ai perdu-u-u-u un melon-on-on-on en revenant, en revenant, en revenant-nant-nant du marché-é-é. » C'était la naissance de l'*air* ou plus précisément de l'*aria*, vu l'époque et l'endroit, tel qu'on l'entend de nos jours dans les opéras.

Cette *aria* est, depuis 1700 environ, l'ingrédient le plus important dans la recette de tout opéra qui se respecte. Elle continue de l'être à notre époque où on l'appelle plus simplement *air*.

L'opera seria

Non, le correcteur n'a pas laissé passer de faute d'accent. Si nous avons écrit « opera » et non « opéra », c'est qu'*opera seria* est le nom de la forme musicale dominante dans l'opéra du XVIIIe siècle. Par-dessus le marché, *opera* est du genre féminin en italien. Sinon, il serait *serio*.

Petit retour en arrière. À Venise, l'opéra était devenu un genre de plus en plus extravagant : avec la création des premiers théâtres publics payants, il fallait séduire le public pour remplir les caisses, et tout était bon à cet effet. À l'instar de ce qui se passe dans *L'incoronazione di Poppea* (« Le Couronnement de Poppée »), opéra vénitien de Monteverdi (1642), ces ouvrages mêlaient tout et n'importe quoi : meurtres et trahisons, drames poignants et historiettes comiques, rois, dieux et soubrettes, bref des gens et des genres qui, jugea-t-on bientôt, n'avaient rien à faire ensemble.

Les dernières années du XVIIe siècle apportèrent les prémices d'une réforme, pour limiter l'invraisemblance des livrets, retourner aux principes d'Aristote (la triple unité de temps, de lieu et d'action), et recentrer le drame sur l'intrigue principale, en sacrifiant les nombreuses intrigues secondaires qui s'étaient développées. Bref, redonner un peu de noblesse et de rigueur à tout cela. À Venise, sous l'impulsion du librettiste Apostolo Zeno, le genre fut débarrassé de ses éléments comiques. On rassembla ces parenthèses dans l'action pour former des intermèdes placés entre les actes des opéras nouvelle manière. Il n'était plus question qu'ils viennent s'immiscer partout et n'importe quand. Le nouveau genre continua d'être désigné sous le nom de *dramma per musica* (« drame en musique »), comme auparavant, mais la postérité lui donna le nom d'*opera seria* (« opéra sérieux »), pour bien montrer qu'on n'était plus là pour rigoler, mais pour s'élever l'esprit.

Ces opéras étaient d'un caractère majestueux, imposant et désespérément rigide comme il sied à la majesté des souverains qui les avaient commandés et venaient assister à leur représentation. Cette présence royale était d'ailleurs, pour de nombreux spectateurs, beaucoup plus importante que l'œuvre elle-même. On allait à l'opéra pour voir qui s'y montrait et s'y montrer soi-même, pour apercevoir les personnages importants et observer la manière dont ils étaient vêtus. Nombre de nos contemporains continuent de se rendre à l'opéra dans le même état d'esprit…

Les représentations de ce type d'opéras revêtaient le caractère d'un rite par la stylisation des caractères et des attitudes que devaient adopter les interprètes. Dans un air, le chanteur devait, par exemple, prendre une position bien définie, genoux légèrement fléchis et talons rapprochés, un pied légèrement en avant de l'autre, et la conserver pendant toute la durée du morceau, si peu naturelle qu'elle soit.

Du côté des spectateurs, il en allait tout autrement. Au lieu de rester bien sagement silencieux à leur place, oreilles grandes ouvertes, en regardant à l'occasion les chanteurs avec une paire de petites jumelles comme cela se pratique dans nos salles modernes, on était là pour se distraire, on allait et on venait, bavardant avec ses amis et connaissances. Ensuite, on partait assister à un autre spectacle. Peu importaient les paroles qui étaient difficilement perçues au-delà des premiers rangs, dans le brouhaha des conversations particulières.

En outre, comme les compositeurs écrivaient des œuvres de commande pour le plaisir du prince de Machin-Chose, il fallait que ces opéras fussent politiquement corrects (déjà !). Si vous étiez capable d'écrire un opéra dans lequel le héros triomphant ressemblait au comte de Trifouilly-les-Oies, il était fortement recommandé de n'y pas manquer.

L'*opera seria* occupa une place prédominante dans les trois premiers quarts du XVIIIe siècle. Son apogée coïncida avec celui des castrats, auxquels étaient confiés les premiers rôles masculins, et offrit une renommée et des cachets similaires à la *prima donna*, la chanteuse principale. Les têtes d'affiche masculine et féminine de chaque opéra réclamaient un nombre égal d'arias aux caractères variés (airs de tristesse, de colère, de bravoure, de recueillement…), permettant de faire valoir toute l'étendue de leur talent. Ces airs étaient suffisamment caricaturaux pour passer aisément d'un ouvrage à l'autre. Les grandes stars se promenaient d'une scène à l'autre avec ce qu'on appelait des *pezzi di baule* (« morceaux de valise »), des tubes où elles brillaient tout particulièrement, et ne se gênaient pas pour les chanter à la place de morceaux qui ne leur seyaient pas.

Un type d'air, l'*aria da capo*, connut une vogue sans précédent. Il s'agissait d'un air en trois parties, de type ABA', c'est-à-dire une première section, une section médiane formant contraste, et la reprise de la section initiale avec une débauche de vocalises et d'ornementations, pour mettre en valeur la virtuosité des chanteurs, en particulier des castrats. Autant dire que le but, à ce moment-là, n'était pas de servir la profondeur du drame, mais bien de faire son petit show personnel et de recueillir plus d'applaudissements que le voisin.

Après Zeno, le principal librettiste fut Métastase (1698-1782), considéré comme le plus grand poète et dramaturge de son temps. Les nouveaux livrets étaient chacun mis en musique à tour de bras et par les plus grands compositeurs du moment, tel Vivaldi.

À Londres, Haendel fit adapter de nombreux livrets d'*opera seria* aux diverses exigences du public local. En Allemagne, l'*opera seria* connut également une vogue énorme, avec un compositeur comme Johann Adolph Hasse. En fait, ce genre domina l'Europe entière, jusqu'à Saint-Pétersbourg. Seule la France résista à ses assauts, développant un genre propre : la *tragédie en musique* (on est les descendants d'Astérix ou on ne l'est pas).

Les Eunuques pour les Nuls

Si vous vous réveilliez demain matin en plein milieu d'une représentation d'opéra au XVIIe siècle, deux choses étranges vous frapperaient immédiatement : les pieds des voisins qui écrasent votre corps soudainement matérialisé et le fait que certains rôles masculins sont tenus par des hommes à la voix bizarrement haut perché.

À cette époque, en Italie, il était interdit aux femmes de chanter à l'église. Naturellement, on pouvait engager des petits garçons pour tenir les parties les plus aiguës, mais cela comportait plusieurs inconvénients. D'une part, leurs petits corps ne pouvaient prétendre à la puissance vocale d'adultes. Ensuite, ils avaient la fâcheuse habitude de muer juste à l'âge où, après quelques années d'intense éducation, ils commençaient à chanter comme de petits dieux. Quel gâchis !

Quelques brillants chirurgiens proposèrent alors une solution à la fois simple, élégante et efficace : ôter simplement au jeune homme qui se destinait à la carrière de chanteur deux petites choses qui distinguent son sexe de celui qu'on qualifie habituellement de *beau*. Privés des hormones nécessaires, ces préadolescents avaient beaucoup à y gagner : ils n'auraient jamais besoin de se raser, ne risqueraient pas de devoir endosser une paternité malencontreuse et conserveraient à jamais leur voix angélique de sopranos ou d'altos. Et la musique d'église pouvant devenir lassante et peu lucrative, ils eurent vite fait, à la naissance du genre, de se tailler la part du lion à l'opéra.

Ne pensez pas que ce sacrifice définitif de leur virilité préoccupait sérieusement les victimes. Une chose surprenante arrivait à beaucoup de ces *castrats*, ainsi qu'on les appelait. Comme leurs poumons et leur poitrine continuaient à se développer au fur et à mesure de leur croissance, leur voix finissait par prendre une coloration tenant à la fois de la puissance propre aux chanteurs et de la beauté caractéristique de celle des chanteuses. De nos jours, on ne trouve pratiquement plus de volontaires pour subir cette « petite » opération, aussi avez-vous peu de chances de pouvoir juger des qualités vocales d'un castrat. Mais l'Histoire nous dit que leur voix était d'une qualité somptueuse, alliant la douceur de la flûte à la force de la trompette.

Il en résultait que ces chanteurs « allégés » étaient idolâtrés des amateurs d'opéra, traités comme des superstars et couverts de gloire et de richesses. De plus en plus d'opéras étaient écrits pour exploiter leur voix en leur attribuant des rôles importants. Et pas seulement des rôles féminins car on leur confiait aussi des rôles masculins. Le rôle titre de l'*Orfeo* de Monteverdi a été composé pour un castrat ainsi que celui du personnage principal de l'opéra de Haendel *Giulio Cesare*.

Le plus fameux de tous ces castrats fut sans conteste Farinelli (de son vrai nom Carlo Broschi), dont un film récent a raconté l'histoire. Pour les besoins de la bande sonore, de savantes manipulations ont réussi à donner à la partie musicale chantée le timbre que l'on croit avoir été celui des castrats. Dès cette époque, beaucoup d'acteurs ou de chanteurs prirent un nom de théâtre (comme c'est le cas de Madonna ou de Jean-Philippe Smet[2], de nos jours). Farinelli devint immensément riche en dépit d'une réputation solidement établie de cupidité, d'égocentrisme et de vanité. Sans oublier un comportement naturellement efféminé.

À présent, pour des raisons faciles à comprendre, il n'est plus possible de respecter les intentions du compositeur dans les partitions écrites pour des castrats. Bien entendu, ces rôles peuvent sans difficulté être tenus par des chanteuses. Mais il existe d'autres solutions faisant appel à des voix masculines placées dans le haut de l'échelle musicale. Ce type de voix est appelé *contre-ténor*. Ce sont des hommes à part entière et presque tous, pour souligner leur intégrité, portent une barbe bien fournie.

Une opera seria moderne

Dans une *opera seria*, ce sont les récitatifs qui informent le public de la plupart des détails qui font avancer l'action. Le clavecin joue un accord par-ci par-là, soutenu par un instrument à cordes comme le violoncelle, et le chanteur prononce les paroles sur un rythme non imposé. Le texte ressemble à des vers libres, dépourvu de rimes.

Sur scène, les principaux personnages d'une *opera seria* ne sont pas tout seuls : quelques figurants (qui ne chantent pas et sont donc chichement rémunérés) sont là pour jouer les valets, les demoiselles d'honneur et autres utilités, comme on dit dans le métier. L'*opera seria* traite habituellement de l'éternel triangle amoureux – à moins qu'il ne s'agisse d'un carré, d'un pentagone ou encore d'un hexagone. Une falsification ou une dissimulation d'identité en constitue souvent le dénouement dans ce que l'on nomme un *coup de théâtre* : « Quoi, vous êtes le roi ? Et vous avez été un pauvre esclave toute votre vie ! » Deux cents ans plus tard, Gilbert et Sullivan (les auteur et compositeur anglais que l'on compare souvent à notre Offenbach) reprendront cette trame sur un mode comique pour en faire des succès.

2. Plus connu sous le nom de Johnny Hallyday.

L'opera buffa

En opposition à ces *ouvrages sérieux*, certains compositeurs se sont mis à écrire des œuvres plus légères, bouffonnes auxquelles on a donné le nom d'*opera buffa*, c'est-à-dire *opéras bouffes*. L'intrigue tourne généralement autour de vieux barbons voulant épouser leurs pupilles à peine pubères, de soubrettes infernales et de jeunes ténors amoureux.

Giovanni Battista Pergolesi

La brièveté de la carrière de Pergolèse (1710-1736), comme on l'appelle en France, et l'abondance de sa production musicale en font une sorte de Mozart avant l'heure. Personnage brillant, il fut l'inventeur de l'*opera buffa* (l'opéra bouffe italien) en ayant l'idée de faire représenter isolément les intermèdes comiques qui truffaient un de ses opéras sérieux, *Il Prigionier superbo*. Ces intermèdes prirent leur envol pour former l'œuvre la plus célèbre de Pergolèse avec son *Stabat Mater*, *La serva padrona* (« La Servante maîtresse »).

Écrire des opéras bouffes

Écrire de la musique destinée à amuser n'est pas aussi facile qu'il y paraît. Pour que le public saisisse tout le sel d'une situation et ses à-côtés comiques, il est nécessaire qu'il entende bien toutes les paroles. Or, des paroles *chantées* sont moins faciles à comprendre que si les mots en étaient simplement prononcés sans musique. Une mise au point précise et des inflexions vocales exactes sont nécessaires pour produire l'effet recherché. En outre, une comédie doit être jouée sur le rythme exact décidé par le compositeur sous peine d'en affaiblir la portée.

Les compositeurs italiens découvrirent qu'à condition de s'y prendre avec adresse, la musique pouvait renforcer le côté comique d'un dialogue. Leurs opéras comportèrent alors de courtes phrases musicales formées de petites suites de notes convenant particulièrement bien à un échange de propos comiques. On pouvait ainsi renforcer l'effet des paroles d'une surexcitée en lui faisant chanter les premiers mots sur des notes élevées, les suivants sur des notes graves et en continuant à sauter ainsi d'un ton à l'autre.

La plupart des centaines d'œuvres comiques ainsi écrites pendant un siècle et demi à partir du XVIIIe siècle ont été perdues. Mais les techniques mises au point à cette occasion ont été conservées : gags visuels, échanges de propos rapides, accumulation de personnages lors des scènes finales pour produire une agitation chaotique : tout à fait le genre de situation qu'on retrouve dans le film des Marx Brothers *Une nuit à l'Opéra.*

Maintenant que vous connaissez le mécanisme de l'opéra, parlons un peu des compositeurs.

La Réforme de l'opéra

À Vienne, l'*opera seria* subit une profonde réforme menée par le chevalier Christoph Willibald von Gluck et le librettiste Ranieri de' Calzabigi. En grande partie grâce à l'influence de l'opéra français, ils introduisirent un certain nombre de simplifications et de modifications, dans le but d'un réalisme accru. Gluck, en fait, affirmait que la musique devait « servir la poésie avec expression, tout en suivant les étapes de l'intrigue, sans pour autant interrompre l'action et en évitant de l'étouffer par quantité d'éléments superflus ». Il exprima ces principes dans la préface de l'opéra *Alceste*, publiée en 1768. Mais il les avait illustrés dès 1762 dans sa propre version du mythe d'Orphée, *Orfeo ed Euridice* (« Orphée et Eurydice »).

Mais nous reparlerons de tout cela plus tard. En effet, Gluck ayant fait pour moitié des opéras italiens et pour l'autre moitié des opéras français, nous avons choisi d'évoquer son cas dans le chapitre consacré à l'opéra allemand. Logique, non ?

Gioachino Rossini

Comme vous l'apprendrez en lisant le livre que nous avons écrit et qui a pour titre *La Musique classique pour les Nuls*, à l'époque des grands compositeurs classiques, il existait une règle stricte quoique non écrite disant que pour devenir célèbre, il fallait d'abord être mort.

Gioachino Rossini (1792-1868), fut l'un des rares à échapper aux contraintes de cette règle. Il a écrit des œuvres légères et des œuvres tragiques remplies d'airs faciles à retenir, ce qui explique pourquoi il y a en Europe tant de gens qui continuent de l'admirer. Écoutez à la plage 4 du CD d'accompagnement un extrait du *Barbier de Séville* et vous comprendrez pourquoi. C'était un personnage chaleureux et humain et il était adoré du public. De son vivant, il a été considéré comme le numéro un des compositeurs d'opéra.

Rossini fut un prodige. À quinze ans, il avait déjà développé un tel sens de la musique qu'il était capable, de retour de l'opéra, de transcrire de mémoire plusieurs des airs qu'il venait d'entendre. Non seulement leur ligne mélodique mais aussi leur accompagnement orchestral. À l'âge de dix-huit ans, il connut ses premiers succès avec la représentation au théâtre San Moisè de Venise d'un petit opéra bouffe en un acte : *La cambiale di matrimonio* (« La Lettre de change de mariage »).

Son œuvre la plus connue est probablement *Le Barbier de Séville*, qu'il composa en treize jours en 1816 (il est vrai que l'ouverture était de la récupération). En fait, il ne quitta pas sa robe de chambre et ne se rasa point du tout pendant toute la durée de cette composition. Au nombre de ses chefs-d'œuvre les plus appréciés de son temps, il faut également citer *La Cenerentola* (« Cendrillon »), *Semiramide* (« Sémiramis ») et *L'Italiana in Algeri* (« L'Italienne à Alger »).

Lorsque plusieurs de ses amis et admirateurs lancèrent une souscription pour lui élever une statue, il fut à la fois étonné et amusé de voir la somme qu'ils avaient récoltée. « Donnez-moi donc directement l'argent, dit-il, et je m'installerai moi-même sur le socle. »

Malgré l'enthousiasme que suscitaient ses compositions, Rossini cessa de composer à l'âge de trente-six ans. « Un chef-d'œuvre de plus n'ajouterait rien à ma gloire, disait-il, un four la ternirait à tout jamais. » En 1853, il se fixa définitivement à Paris. Pendant les quarante dernières années de sa vie, il ne composa plus aucun opéra. En dépit de sa boutade, ses fans ont longtemps cherché ce qui avait pu motiver cet arrêt brutal et plusieurs explications ont été avancées :

- Il s'était donné beaucoup de mal à écrire sa dernière œuvre, *Guillaume Tell* (1829), qu'il considérait comme son chef-d'œuvre, mais ce fut un échec retentissant et il en fut très affecté.
- Il était souvent malade, souffrant en particulier de très douloureuses coliques néphrétiques.
- Il était d'un tempérament inquiet. De jeunes musiciens comme Bellini et Donizetti pointaient le nez sur son territoire et il craignait que la comparaison ne soit pas à son avantage.

Mais, à notre avis, la raison la plus plausible est tout simplement qu'il n'en avait pas besoin pour vivre. C'était un bon vivant qui aimait jouir de l'existence et de ses plaisirs, et il avait largement les moyens financiers de les satisfaire. Et par-dessus tout, il adorait ne rien faire. « Je ne peux rien imaginer de plus agréable que de manger et je ne dis pas simplement se nourrir », dit-il une fois. « L'appétit est pour l'estomac ce que l'amour est pour le cœur… Manger, aimer, chanter et digérer sont les quatre actes de cet opéra de fantaisie qu'est la vie. »

On comprend qu'avec une telle philosophie, Rossini n'ait jamais été un bourreau de travail. On raconte qu'une fois, le directeur d'un opéra fut contraint de l'enfermer dans une pièce juste avant le début de la représentation d'une de ses œuvres pour l'obliger à en écrire l'ouverture. Rossini lui passait les feuilles de la partition par la fenêtre au fur et à mesure qu'il les écrivait. « Rien ne stimule autant l'inspiration que la vue d'un directeur d'opéra s'arrachant les cheveux en pleurant après sa provende », plaisanta-t-il une fois. « De mon temps, tous les directeurs d'Italie étaient chauves à trente ans. »

POTINS DE COCKTAILS

Voici une dernière anecdote illustrant son comportement. Il paraît qu'alors qu'il composait l'ouverture d'un de ses opéras, une feuille de la partition tomba par terre. Plutôt que de se baisser pour la ramasser, Rossini s'empara d'une feuille blanche et recommença à écrire ce qui venait de lui échapper des mains. Sa paresse était si grande qu'il allait parfois jusqu'à utiliser la même ouverture pour des œuvres différentes jusqu'à ce que l'une d'elles devenue célèbre, son ouverture fût trop connue pour apparaître dans une œuvre ultérieure.

Nous sommes persuadés que si Rossini pouvait entendre ce que disent les experts et les théoriciens de la retraite, il se retournerait dans sa tombe. À condition, bien sûr, que ça ne lui demande pas un effort trop important.

Gaetano Donizetti

Un des compositeurs d'opéra les plus prolifiques fut Gaetano Donizetti (1797-1848). Sa rapidité d'écriture était proverbiale. Les mélodies jaillissaient de sa plume presque sans qu'il y pense. À un de ses amis qui lui demandait s'il croyait que Rossini avait réellement composé *Le Barbier de Séville* en treize jours, il répondit « Oh, certainement ! Rossini a toujours été un incorrigible paresseux. »

Il nous a laissé quelque 70 opéras parmi lesquels *L'elisir d'amore* (« L'Élixir d'amour »), *La Fille du régiment* et *Don Pasquale* continuent de connaître un succès mérité.

La critique a reproché à Donizetti de construire tous ses opéras selon la même formule, sans y apporter beaucoup de variété et en négligeant la psychologie des personnages. Qu'importe puisqu'ils sont si agréables à entendre ! Et puis, il s'y connaissait également pour peindre des personnages hors du commun, notamment féminins. Une de ses œuvres, *Lucia di Lammermoor*, est une surprenante étude de caractère en profondeur. Nous en reparlerons au chapitre 9. Autres grandes figures donizettiennes, l'abominable et sanguinaire héroïne de *Lucrezia Borgia* (« Lucrèce Borgia ») et ses trois reines d'Angleterre : Marie Stuart (*Maria Stuarda*), Élisabeth Ire dans *Roberto Devereux*, et Anne Boleyn (*Anna Bolena*).

Malheureusement, Donizetti connut une fin précoce. Peu après avoir écrit *Don Pasquale*, il fut atteint d'une syphilis qui le réduisit rapidement à l'état de légume. Il termina ses jours misérablement dans un asile d'aliénés.

Vincenzo Bellini

Si on a pu reprocher à la musique de Donizetti son caractère stéréotypé, cela n'a pas été le cas pour celle de Vincenzo Bellini (1801-1835) qui suait sang et eau pour chaque note qu'il écrivait. Il est l'auteur de mélodies extrêmement suaves, exprimant une passion profonde, marquées par le caractère italien que l'on reconnaît immédiatement. Cette musique d'un profond lyrisme s'inscrit en plein dans ce que l'on a appelé plus tard le *bel canto*, et qui désigne tout ce répertoire italien de la première moitié du XIXe siècle où la priorité est donnée à la beauté du chant. Cette technique – que l'on continue d'enseigner de nos jours aux chanteurs – met l'accent sur le contrôle de la respiration, un son chaleureux, une ligne vocale liée de note en note et une grande souplesse dans la dynamique expressive.

Nous ne saurons jamais jusqu'où aurait pu aller Bellini dans son développement de l'opéra, car après en avoir écrit une dizaine, il mourut à l'âge de trente-quatre ans. Il laissait derrière lui quelques chefs-d'œuvre comme *La Sonnambula* (« La Somnambule »), *I Puritani* (« Les Puritains »), *I Capuletti ed i Montecchi* (« Les Capulets et les Montaigus », alias Roméo et Juliette) et *Norma*.

Les mélodies magnifiques de Bellini séduisirent et inspirèrent beaucoup les œuvres pour piano de Frédéric Chopin. Elles trouvèrent un autre admirateur, moins attendu, en la personne de Richard Wagner. L'auditeur moyen voit difficilement le rapport entre l'air de Norma, *Casta diva* et la *Chevauchée des Walkyries* mais, nous pouvons vous l'affirmer, Wagner, lui, le voyait.

Giuseppe Verdi

Les passionnés d'opéra ne seront jamais d'accord sur un point, celui de savoir quel a été le plus grand compositeur d'opéra de tous les temps. D'aucuns répondront Mozart, d'autres Wagner et un troisième groupe Verdi.

Cependant, s'il s'agit de nommer celui qui a dominé cette forme d'expression musicale non seulement en ce qui concerne la musique elle-même, mais aussi le choix des livrets, la composition d'ensemble, les personnages, la progression de l'action dramatique, bref, tout ce qui fait qu'un opéra est un opéra, il n'y a aucun doute et l'unanimité se fait sur le nom de Giuseppe Verdi (1813-1901).

Verdi n'écrivait pas des opéras pour les snobs mais pour un public de véritables amateurs, de braves gens qui n'allaient pas chercher midi à quatorze heures. « Depuis toujours, disait-il, mes meilleurs amis ont été les gens de la rue. »

Si le vieux dicton qui dit que pour avoir du génie il faut souffrir est vrai, Verdi est certainement le plus grand de tous. À l'âge de deux ans, les soldats russes massacrèrent tous les habitants de son village et il ne survécut que parce que sa mère s'était cachée avec lui dans un clocher. Tout enfant, c'était un gamin crasseux, gagnant quelques sous par semaine comme organiste. On lui refusa l'entrée en classe de piano au conservatoire de Milan parce qu'il ne faisait pas montre de qualités exceptionnelles à cet instrument. (Maigre revanche posthume: ce conservatoire porte aujourd'hui son nom.) Sa femme, qu'il avait épousée à l'âge de vingt-trois ans, lui donna deux enfants qui moururent en bas âge et elle mourut elle-même quelques semaines plus tard. Verdi était brisé par la douleur, après deux opéras dont un cuisant échec, l'*opera buffa Un giorno di regno* (Un jour de règne), il songeait sérieusement à la reconversion.

Heureusement, Bartolomeo Merelli, qui était le directeur du plus fameux opéra du monde, la Scala de Milan, réussit à l'intéresser à un livret ayant pour auteur un certain Temistocle Solera et dont le thème évoquait le conflit de deux peuples, ce qui lui rappelait les conflits dont souffrait son propre pays, en pleine lutte pour son unification. C'est ainsi que naquit *Nabucco* en 1841.

La première représentation, qui eut lieu l'année suivante, fut un triomphe. Le célèbre chœur des esclaves hébreux, *Va, pensiero*, était le clou de la soirée. Écoutez-le à la plage 6 du CD d'accompagnement pour en comprendre les raisons. Il y avait quelque chose de si énergique et de si désespéré dans cette musique que le public et la critique la couvrirent d'éloges. *Va, pensiero* devint même un temps l'hymne officieux de l'Italie du Risorgimento, et *Nabucco* connut un succès international. Après *Nabucco*, Verdi exploita un certain temps le « filon » de l'opéra patriotique avec des ouvrages comme *I Lombardi alla Prima Crociata* (« Les Lombards à la Première Croisade »), *Giovanna d'Arco* (« Jeanne d'Arc ») ou *Attila*.

- ***Madame Butterfly.*** Première en 1904, qui fut un échec total (voir l'encadré ci-après). Tragédie à faire pleurer dans les chaumières. Ici encore, Broadway s'est emparé de l'œuvre et en a fait *Miss Saigon*, transposant ce qui se passait au Japon en 1900 à Saigon, lors de la guerre du Vietnam. Dans les deux cas, le méchant qui trahit son épouse orientale est un officier américain.
- ***Turandot.*** Première en 1926, sous la direction de Toscanini lui-même, deux ans après la mort du compositeur qui laissa l'œuvre inachevée. L'action se déroule dans une Chine imaginaire où une princesse d'une saisissante beauté décide d'épouser celui de ses prétendants qui saura résoudre les trois énigmes qu'elle leur propose. Après quelques péripéties tragiques, tout se terminera bien. Lors de la première, vers la fin du troisième acte, Toscanini arrêta l'orchestre, posa sa baguette et déclara d'une voix forte : « Ici, le maître a posé sa plume. »

... et leurs amis

Si Puccini fut une grande vedette en Italie au cours de sa vie, ce ne fut pas le seul. Pietro Mascagni écrivit un opéra, *Cavalleria rusticana* (« Chevalerie rustique »), sur un thème où se côtoient l'honneur et la mort. Ce fut son seul réel triomphe. Il écrivit aussi un *Isabeau*, sur le thème de Lady Godiva, dans lequel la cantatrice doit apparaître nue, montée sur un cheval.

On complète souvent la représentation de *Cavalleria rusticana* avec celle d'*I Pagliacci* (« Paillasse »), qui met en scène un clown triste qui poignarde sa femme et l'amant de celle-ci. (Vous en saurez davantage au chapitre 9.) Ce dernier opéra est l'œuvre d'un ami de Puccini, Ruggero Leoncavallo.

POTINS DE COCKTAILS

Cet opéra fut l'occasion pour son auteur d'une mésaventure qu'il n'oublia jamais. De passage dans une petite ville, il apprit que son œuvre allait y être représentée. Il décida alors d'assister incognito au spectacle et se trouva assis à côté d'une dame qui remarqua qu'il n'applaudissait pas.

Quand elle lui en demanda la raison, il répondit que cet opéra ne valait rien, qu'il manquait absolument d'originalité et que chacun des airs qui accrochaient l'auditoire avait été volé à quelque autre compositeur célèbre. La dame fut très étonnée et lui demanda : « Est-ce bien là votre opinion sur *Paillasse* ? » « Absolument », répondit-il.

Le matin suivant, en ouvrant le journal local, quelle ne fut pas sa consternation en voyant un grand titre : « Ce que pense réellement Leoncavallo de son opéra *Paillasse*. »

Dans la seconde moitié du XIXe siècle, une tendance s'est manifestée dans l'opéra, et plus particulièrement en Italie, de choisir des sujets dans la vie quotidienne. Plutôt qu'à des rois et des princes, voire à des gens de la haute société, on s'est alors intéressé au « petit peuple » et à la peinture de passions élémentaires comme l'amour, la haine, la jalousie ou la vengeance, avec une intrigue simplifiée.

Cette tendance trouva son paroxysme dans le mouvement du *vérisme*, issu du courant littéraire homonyme dont l'un des tenants fut Giovanni Verga, celui-là même qui avait fourni le livret de *Cavalleria rusticana* à Mascagni. Après une flambée qui n'épargna presque aucun des compositeurs postérieurs à Verdi (Mascagni, Leoncavallo, Puccini, Giordano...), le vérisme s'éteignit tout doucement après une vingtaine d'années.

Le XXe siècle

Bien entendu, l'histoire de l'opéra italien s'est poursuivie au-delà de Puccini, tant dans sa configuration traditionnelle que sous des formes plus expérimentales. Mais il est difficile de résumer ces tendances en quelques lignes, étant donné l'éclectisme qui régit depuis quelques décennies la musique et les autres arts. Quatre grandes figures de l'opéra contemporain italien méritent cependant d'être citées : celles de Gian-Carlo Menotti (qui fit la plus grande partie de sa carrière aux États-Unis), Luigi Dallapiccola, Luigi Nono et Luciano Berio.

Chapitre 5

La french connection

Dans ce chapitre :

- Lully, Rameau, Berlioz et Meyerbeer.
- Bizet écrit *Carmen.*
- Le joyeux Offenbach.
- L'opéra français au XXe siècle.

Si vous avez lu le chapitre 4, vous savez que l'opéra est né dans la Grèce antique et a grandi en Italie. Une par une, les autres nations se sont mises à leur tour à ce genre, mais dans des directions différentes et novatrices.

La France fut l'un des premiers pays à se mettre à cette forme d'art musical. Aux XVIe et XVIIe siècles, de grandioses spectacles musicaux furent régulièrement composés à l'occasion d'événements importants comme, par exemple, un anniversaire royal, une visite de souverain étranger ou un mariage princier. Mais le ballet était l'élément essentiel de ces spectacles, et il demeura un élément clef de l'opéra lorsque celui-ci prit véritablement son essor.

Ce fut à un Italien que revint l'honneur de faire démarrer cette entreprise.

Lully, le « privilégié »

Beaucoup considèrent Jean-Baptiste Lully (1632-1687) comme le père de l'opéra français. Né à Florence, en Italie (son véritable patronyme s'écrit *Lulli*), il écrivit ou participa à la composition de près de 80 ballets et opéras et eut une influence importante sur la musique française.

On devrait écrire un opéra sur sa vie. Il arriva à Paris à l'âge de quatorze ans. C'était un passionné de danse et il jouait fort bien du violon. D'un caractère énergique, complété par une ambition effrénée, il sut rapidement se faire remarquer. Louis XIV, qui était lui aussi très amateur de danse, l'attacha à son service en tant que violoniste. À force de relations et d'intrigues, il finit par être nommé en 1661 surintendant et compositeur de la Chambre. En 1672, Louis XIV le nomma directeur de « tout le théâtre en musique » et lui octroya un privilège royal qui lui assurait le monopole sur tout l'opéra en France. Entre 1672 et 1687, année de sa mort, aucun opéra autre que les siens ne devait être représenté à l'Académie royale de musique (l'Opéra de Paris).

Avec le poète Philippe Quinault, Lully créa le grand genre lyrique de la musique baroque française, la *tragédie en musique* (rebaptisée *a posteriori* « tragédie lyrique »). Ce genre se développa parallèlement à la tragédie classique française et s'en inspira. Les exigences du spectacle lyrique obligèrent toutefois les librettistes à renoncer au principe fondamental de la tragédie classique, la règle aristotélicienne des trois unités (lieu, temps et action). La tragédie en musique était cependant régie par des lois strictes. Elle était en cinq actes, précédés d'un prologue qui, chez Lully, était souvent à la gloire du roi. Le sujet devait être d'inspiration mythologique et, après avoir traversé diverses affres, s'achever par un *happy end*. Chaque acte devait comporter des éléments de danse et de spectacle liés à l'intrigue, et le chant restait très inféodé aux règles de la déclamation. Il n'y avait pas ces airs extrêmement virtuoses que l'on trouvait en Italie, mais de longs monologues qui ressemblaient plus à ceux de *Phèdre* ou de *Britannicus* par leurs passions serties de majesté.

Après Lully, des compositeurs comme André Campra, Marc-Antoine Charpentier et Jean-Philippe Rameau apportèrent chacun sa touche au genre. Gluck le bouleversa ensuite dans le but d'un réalisme et d'une simplicité accrus. La Révolution mit un terme définitif à ce genre lié à Versailles, longtemps seul à résister aux assauts de l'*opera seria*, qui avait gagné tout le reste de l'Europe.

Pour certaines de ses œuvres, Lully fit équipe (comme on dirait maintenant) avec Molière et ils développèrent ensemble un genre appelé *comédie-ballet*, spectacle où l'action théâtrale est entrecoupée de ballets. En somme, Broadway n'a rien inventé !

Bien qu'il soit aujourd'hui courant de jouer les comédies de Molière sans leur musique ou leurs ballets, ces pièces furent conçues à l'origine en étroite relation avec la musique et la danse. *Le Bourgeois gentilhomme*, par exemple, qui a inspiré par la suite d'autres compositeurs comme Richard Strauss, offre une place naturelle à la musique puisque Monsieur Jourdain, un parvenu, tente d'acquérir les manières et la culture artistique d'un gentilhomme. Outre les épisodes burlesques de la leçon de chant et de la leçon de danse (avec le célèbre *Menuet*), ou encore la scène où Monsieur Jourdain est fait « mamamouchi » par le prétendu Mufti, l'œuvre recèle également un ballet final des plus comiques où se mêlent chanteurs et danseurs espagnols, italiens et français. Le genre de la comédie-ballet périclita lorsque Lully exigea de régenter non seulement la musique mais également le texte et exerça un contrôle intolérable sur Molière et ses tentatives de collaborer avec d'autres compositeurs – notamment Marc-Antoine Charpentier.

Le retour de bâton

C'est Lully qui a inventé la baguette du chef d'orchestre. Désireux d'améliorer la cohérence du jeu des musiciens, il imagina de marquer la mesure à l'aide d'un bâton avec lequel il frappait le sol. Si l'idée était bonne, il ne sut pas en maîtriser l'utilisation puisque c'est de s'être frappé le pied avec son bâton qu'il mourut, la plaie s'étant infectée et la gangrène s'étant déclarée. À cette époque, l'hygiène était loin de ce qu'elle est de nos jours.

Rameau, le théoricien

Jean-Philippe Rameau (1683-1764) était fils d'un organiste de Dijon. Il était si mauvais élève, chez les Jésuites auxquels son père l'avait confié, que ceux-ci le renvoyèrent et sa famille se demanda ce qu'on allait bien pouvoir faire de ce vaurien. À dix-huit ans, il se décida à faire carrière dans la musique et partit dans ce but en Italie. Il n'y resta pas longtemps et, de retour en France, après un bref séjour à Avignon, atterrit à Clermont-Ferrand où il exerça les fonctions de maître de chapelle de la cathédrale. Un peu plus tard, on le retrouve à Paris où il se fixe définitivement. Il est présenté au fermier général La Pouplinière dont il sera pendant vingt-cinq ans le protégé. C'est à Paris qu'il mourra, chargé d'ans et d'honneurs.

En 1723, il fait paraître son *Traité de l'harmonie réduite à ses principes naturels*, et le voilà sacré théoricien. Il aura beaucoup de mal à se débarrasser de cette étiquette qui, encore de nos jours, lui reste attachée. Il compose à cette époque des pièces pour clavecin qui n'ont pas l'heur de plaire à tout le monde, au point que notre touche-à-tout de Jean-Jacques Rousseau en dira : « La tête a peine à tenir à ce tintamarre continuel. »

Sans doute avait-il conservé de son peu de goût pour l'étude un certain manque d'entrain, car ce n'est qu'à l'âge de cinquante ans qu'il composa son premier opéra, la tragédie en musique *Hippolyte et Aricie*, présenté à l'Opéra de Paris en 1733 (et détaillé au chapitre 9).

Ce premier chef-d'œuvre déclencha une violente querelle esthétique, opposant les défenseurs de cette musique hardie et imaginative (les *ramistes*) et les tenants du modèle imposé par Jean-Baptiste Lully un demi-siècle plus tôt (les *lullistes*). Cette bataille n'épargna pas le second ouvrage lyrique de Rameau, l'opéra-ballet *Les Indes galantes*, jugé trop bruyant et difficile. Elle se fit de plus en plus âpre, atteignant son paroxysme à la création de *Dardanus*, en 1739. Mais Rameau ne se découragea pas, composant encore *Castor et Pollux* (1737), *Les Fêtes d'Hébé* (1739), *Platée* (1745), *Les Paladins* (1760) et *Les Boréades* (1764, l'année de sa mort).

C'était un homme au caractère désagréable, qui supportait mal la contradiction et pour qui rien ne comptait en dehors de sa musique : « Toute son âme, tout son esprit étaient dans son clavecin. Lorsqu'il le refermait, il n'y avait plus personne au logis », dira Piron.

Tous les opéras de Rameau sont bâtis dans le même moule : livrets mythologiques, mises en scène à grand spectacle et respect global de la forme instituée par Lully. On y trouve trois éléments principaux : un *récitatif* à la française (chanté), très expressif, chargé comme il est d'usage de faire avancer l'action, des *airs* où la musique se plie aux exigences de la prosodie, et des *symphonies*, parties purement instrumentales (ouvertures et morceaux descriptifs, par exemple des tempêtes). Airs et récitatifs sont le plus souvent soudés sans solution de continuité, au contraire de ce qui se passe dans l'opéra italien d'alors. Pour plaire au public, aux airs conventionnels viennent s'ajouter des *airs de danse* (courantes, gigues, tambourins, rigaudons…) où Rameau déborde d'invention (ce fut un des facteurs qui fâcha les tenants de l'art lulliste, qui voulaient des airs faciles à retenir et non de petites symphonies débordant d'imagination).

Après sa mort, Rameau tomba dans l'oubli et il fallut attendre que Claude Debussy (que nous allons retrouver un peu plus loin) le remette à l'honneur au début du XXe siècle. De nos jours, il bénéficie de l'engouement du public pour le baroque, et ses opéras, comme ceux de ses prédécesseurs, sont de plus en plus représentés.

Réforme et Révolution

Dans les années 1770, Gluck (dont nous reparlerons dans le chapitre sur l'opéra allemand) introduisit en France sa réforme de l'opéra, avec des œuvres originales (*Iphigénie en Aulide*, *Iphigénie en Tauride*, *Armide*) ou des reprises d'ouvrages créés en italien à Vienne (*Alceste*, *Orphée et Eurydice*), traduits en français et modifiés substantiellement pour complaire à la scène de l'Opéra de Paris. Gluck restait fidèle aux sujets mythologiques et légendaires qui avaient inspiré les opéras français autant qu'italiens dans les décennies précédentes, mais les traita sous un angle totalement nouveau. Moins stylisés, ses opéras visaient à plus de simplicité, plus d'efficacité et de vraisemblance dramatique.

Il ne restait plus qu'une bonne Révolution pour balayer d'un revers de main la tragédie en musique avec ses rois et reines, ses dieux et ses déesses, un genre qui, malgré les nouveaux éléments introduits par Gluck, restait associé à l'Ancien Régime. Dans les années 1790 émergea un répertoire révolutionnaire, mais cette tendance fut de courte durée. Sous Napoléon, l'opéra fut réorganisé à travers tout le pays ; l'Opéra de Paris lui-même fit l'objet de réformes (ne serait-ce qu'en devenant, après l'Académie *royale*, l'Académie *nationale*, puis *impériale*, de musique). Avec les nouveaux genres qui pointaient le nez, l'opéra-comique et le grand opéra, M. Tout-le-monde pénétrait sur la scène de l'opéra. On racontait tout à coup des histoires de soldats, de marins, de paysans et mêmes de toreros. Bref des gens comme vous et moi. Et ça, c'était une sacrée révolution.

Opéra-comique

L'opéra-comique s'est développé à partir de sources plus populaires issues du XVIIe siècle, notamment les *vaudevilles* (des pièces satiriques entrecoupées de chansons à la mode dont on avait changé les paroles) donnés par des troupes ambulantes dans les théâtres de foire parisiens. En 1714, une de ces troupes prit le nom de Théâtre de l'Opéra-Comique lorsqu'elle commença à prendre pour cible non plus les grands de ce monde mais les spectacles souvent empesés qui se jouaient à l'Opéra de Paris.

Cette troupe trouva son public et finit par occuper différents théâtres en dur à Paris (notamment la salle Favart), en même temps que les pièces s'étoffaient, vers la fin du siècle, pour donner naissance à un genre autonome qui prit le nom de cette troupe. Cela explique le trait d'union dont il ne s'est jamais défait. Un opéra-comique n'est pas forcément un opéra comique, loin s'en faut. La plupart d'entre eux n'ont même absolument rien de drôle, comme nous le verrons plus loin.

Les premiers grands maîtres du genre, François André Danican Philidor (1726-1795), Pierre-Alexandre Monsigny (1729-1817), André Ernest Modeste Grétry (1741-1813), Nicolas-Marie Dalayrac (1753-1809) et François-Joseph Hérold (1755-1802), exploitèrent un filon pétulant et sentimental. Puis vint la génération de François Adrien Boieldieu (1775-1834), l'auteur de *La Dame blanche*, et Daniel François Esprit Auber (1782-1871) qui, outre une station du RER parisien, fut également le compositeur de *Fra Diavolo*.

Peu à peu, le terme d'*opéra-comique* ne désigna plus qu'un genre plus souple que l'opéra et mêlant musique et théâtre parlé (même s'il ne s'agissait que de quelques répliques), sans préjugé de caractère. Après de nombreuses vicissitudes et malgré d'incessants déménagements, la troupe de l'Opéra-Comique s'affirma comme une rivale de celle de l'Opéra de Paris. Son grand atout était d'offrir plus de liberté, quant au choix du sujet et à son traitement, que la sévère Académie royale/nationale/impériale de musique qui, comme son nom l'indique, n'était pas là pour faire dans la fantaisie et qui, après plusieurs décennies de dévouement à la tragédie en musique et à l'opéra-ballet, s'employa à la promotion d'un genre nom moins réglementé : le grand opéra.

Des opéras-comiques pas très drôles

La liberté offerte par l'Opéra-Comique séduisit de nombreux auteurs, peu tentés de se couler dans un moule qui ne leur convenait pas. Tandis que le grand opéra connaissait ses heures de gloire, l'opéra-comique continuait sa route grâce à la compagnie du même nom. Ce genre, Donizetti s'y essaya, par exemple, avec *La Fille du régiment*. Parmi les ouvrages montés par l'Opéra-Comique figurent des ouvrages tout à fait légers, comme *Véronique* de Messager et *L'Étoile* de Chabrier. Mais la troupe créa de nombreux opéras tout à fait tragiques, qui comptent parmi les piliers du répertoire lyrique français: *Carmen* de Bizet (1875), *Les Contes d'Hoffmann* d'Offenbach (1881), *Manon* de Massenet (1884), *Louise* de Charpentier (1900), *Pelléas et Mélisande* de Debussy (1902).

Dans l'opéra de Gounod, inspiré par Goethe, Faust vend son âme au diable, mais elle est sauvée grâce au sacrifice de la jeune fille qu'il a séduite, Marguerite. *Manon* s'inspire du roman de l'abbé Prévost *Manon Lescaut*, histoire d'une jeune fille accusée (non sans raisons) d'immoralité et déportée dans le désert de Louisiane. Situé dans une Espagne populaire, *Carmen* a beaucoup en commun, avec ses meurtres et ses passions exacerbées, avec le vérisme italien. Dans sa version première, les dialogues sont parlés. Ce n'est qu'après la mort de Bizet que son ami Ernest Guiraud les remplaça par des récitatifs chantés, afin que l'ouvrage puisse enfin faire son entrée au répertoire de l'Opéra de Paris.

Entre-temps, heureusement, les règles de cette noble institution se sont quelque peu assouplies. On y voit désormais des choses aussi extravagantes que des ouvrages en langue étrangère, un nombre d'actes différent de cinq, l'absence de ballets, des passages parlés (ou hurlés, murmurés, aboyés s'il le faut) et même, dans les cas les plus extrêmes, des seins nus. Ooooh! Certains doivent s'en retourner dans leur tombe.

L'opéra-comique donna naissance à d'autres genres comme la comédie lyrique, l'opéra bouffe, l'opérette.

Le grand opéra

À la fin des années 1820, l'Opéra de Paris vit naître une forme ambitieuse et typiquement française, le grand opéra. Déjà, au début du siècle, Spontini avait créé, sous la dénomination de *tragédie lyrique*, des opéras plus spectaculaires et inspirés de sujets historiques, comme *La Vestale* (1807) ou *Fernand Cortez* (1809), qui changeaient déjà des histoires mythologiques qui avaient si longtemps régné.

Les Français n'en conservaient pas moins leur goût pour les décors spectaculaires et effets spéciaux divers et variés, et manifestèrent leur enthousiasme lorsque le décorateur Pierre Luc Charles Cicéri, responsable des ateliers de décor de l'Opéra à partir de 1825, se mit en cheville avec le physicien Louis Daguerre (l'inventeur du daguerréotype, l'ancêtre de la photo) pour confectionner des dispositifs scéniques aussi grandioses que détaillés, donnant l'illusion du réel.

Le grand opéra était prêt à naître, et avait besoin d'un librettiste pour en poser les jalons : ce fut le boulot d'Eugène Scribe. Principal librettiste du moment, il fixa la forme en cinq actes avec des scènes chorales monumentales, des contrastes marqués et l'inévitable ballet à l'acte II, où ces messieurs du Jockey Club pouvaient se rincer l'œil aux frais du corps de ballet. Le grand opéra s'opposait en outre au *bel canto* italien en privilégiant un chant puissant et déclamatoire, dans la lignée de Lully et Rameau.

Auber donna le signal de départ en 1828, avec *La Muette de Portici*, suivi en 1829 par le dernier opéra de Rossini, *Guillaume*

Tell. Mais le maître du genre reste un Allemand au prénom italien, Giacomo Meyerbeer (voir ci-dessous).

Le grand opéra vu de l'étranger

Les effets spectaculaires et les scènes de foule du grand opéra influencèrent à différents titres les compositeurs étrangers contemporains, tels Verdi et Wagner. Socialement, l'Opéra de Paris joua un rôle prédominant; ses fastes reflétaient la prospérité croissante du pays et de ses classes élevées.

L'appel de Paris était très fort, et aucun grand compositeur étranger ne pouvait y résister. Pourtant, ils durent tous – même les plus grands – se plier aux exigences du genre pour être joués à l'Opéra de Paris. C'est ainsi que Wagner fut contraint de traduire et d'adapter *Tannhäuser* (1861), essuyant d'ailleurs l'un des échecs les plus cuisants de son existence (voir au chapitre 6). Verdi fit de même avec plusieurs ouvrages, concevant même *Les Vêpres siciliennes* (1855) et *Don Carlos* (1867) directement pour la scène parisienne.

La compagnie rivale de l'Opéra, l'Opéra-Comique, offrait beaucoup plus de souplesse et c'est ainsi que des ouvrages tragiques comme *Carmen*, *Manon* et *Pelléas et Mélisande* y furent créés. Un ouvrage comme *Faust*, présenté au Théâtre-Lyrique en 1859, dut subir de profonds remaniements (en particulier l'ajout du ballet intitulé *La Nuit de Walpurgis*) avant de pouvoir entrer à l'Opéra en 1869, où il atteignit en soixante-cinq ans deux mille représentations !

Meyerbeer

Avec la mise au point du grand opéra, l'opéra français prit un tournant majeur de son histoire, et c'est Giacomo Meyerbeer (1791-1864), bien oublié de nos jours, qui fut le principal artisan de ce bouleversement.

Selon le point de vue duquel on se place, on peut qualifier Meyerbeer d'homme plein de ressources ou d'opportuniste. Il était né en Allemagne et son véritable nom était Jacob Beer. Après avoir essayé sans succès d'écrire des opéras dans son pays natal, il se rendit en Italie, changea son prénom en Giacomo et connut un succès mitigé. À la fin, c'est en France qu'il se fixa, changea cette fois son nom propre en Meyerbeer et connut enfin un grand succès.

Alors qu'en Italie les amateurs d'opéra allaient au spectacle pour entendre des airs agréables qu'ils pouvaient ensuite fredonner, en France, ce qui les attirait dans les œuvres de Meyerbeer, c'était surtout la mise en scène. La musique de ses opéras ne compte pas parmi les chefs-d'œuvre, mais leur côté spectaculaire témoigne d'une grande maîtrise de la scène et de l'effet dramatique, et le public de l'époque était ébloui. Sous l'impulsion de Meyerbeer, le directeur de l'Opéra, le docteur Véron, s'assura des interprètes de valeur mais s'attacha surtout à l'élément visuel, auquel il donna une importance excessive par rapport à la musique.

Les opéras de Meyerbeer les plus connus sont *Robert le Diable*, *Les Huguenots* et *L'Africaine*.

Si les producteurs d'opéra ne s'intéressent plus guère actuellement aux compositions de Meyerbeer, c'est en partie à cause de la médiocrité de leur musique mais aussi à cause du coût élevé de leur mise en scène. Pour rendre justice aux souhaits du librettiste et du compositeur, il faudrait en outre parvenir à convaincre les plus grands chanteurs du moment de les interpréter. Et trouver moyen de les payer…

Hector Berlioz

Hector Berlioz (1803-1869) a été un véritable iconoclaste de l'opéra. Au cours de sa carrière, il examina chaque aspect de la musique au microscope : les règles de l'harmonie, la structure des opéras, la façon d'écrire une mélodie, le nombre de musiciens d'un orchestre, et ainsi de suite. Il avait le sentiment que définir strictement ces règles lui permettrait d'exprimer au mieux ses idées musicales. Si elles lui convenaient, il les adoptait, sinon il les brisait sans se soucier de ce que le public pouvait en penser.

Le chef-d'œuvre lyrique de Berlioz est *Les Troyens*. Il est souvent considéré comme l'opéra français le plus important du XIXe siècle. On ne le représente pratiquement plus dans son intégralité car il dure plus de cinq heures, compte tenu des entractes et des changements de décor. Et il y a une multitude de petits rôles chantés et des décors aussi luxueux qu'abondants, si bien que sans une subvention spéciale des autorités de tutelle il n'est pas envisageable d'en donner, chez nous, une représentation exhaustive.

De son vivant, malgré son combat, il ne réussit à en faire présenter qu'une version tronquée, au Théâtre-Lyrique de Paris (il va de soi que l'Opéra n'avait que faire d'un ouvrage aussi iconoclaste). À la fin de sa vie, il avait perdu beaucoup de ses illusions et, trois ans avant sa mort, s'était résolu à ne plus jamais écrire d'opéras.

Berlioz était mort et enterré depuis belle lurette lorsque *Les Troyens* fut créé pour la première fois dans sa version intégrale. C'était en 1890, et en Allemagne. L'œuvre ne gagna la France qu'en 1935.

Heureusement pour nous, Berlioz avait d'autres cordes à son arc. Il a laissé son nom notamment à une symphonie qui connut vite la célébrité (la *Symphonie fantastique*), à un *Requiem* complètement démesuré, à une *légende dramatique* qui vaut presque un opéra (*La Damnation de Faust*) et à des cycles de mélodies admirables comme *Les Nuits d'été*.

Charles Gounod

Bien qu'il ne soit plus guère connu que pour deux de ses opéras, Charles Gounod (1818-1893) occupe une place importante dans l'histoire de l'opéra français. Son style est typiquement français, sa musique gracieuse est remplie d'harmonies relativement conventionnelles et d'airs qui vous trottent durablement dans la tête. Aucune trace, dans son style, d'un certain maniérisme italien qui avait influencé l'écriture d'autres compositeurs français avant lui. Gounod représente si bien l'opéra français (non pas le *grand opéra*, mais l'opéra dissident que l'on représentait à l'Opéra-Comique ou au Théâtre-Lyrique, où fut créé *Faust*), qu'Hergé a puisé dans ce dernier ouvrage l'*Air des bijoux* avec lequel la Castafiore use les oreilles et les nerfs de Tintin et du Capitaine Haddock (le Professeur Tournesol a cette chance d'être sourd comme un pot).

Outre ses opéras, Gounod a aussi composé bon nombre de mélodies et plusieurs pièces religieuses.

Le célèbre Ave Maria

Parmi les nombreuses compositions religieuses qu'écrivit Charles Gounod, la plus connue est son *Ave Maria*. Peut-être parce qu'en réalité elle n'est qu'à moitié de lui : il s'est contenté de plaquer la fameuse mélodie sur le premier prélude du *Clavier bien tempéré* de Jean-Sébastien Bach.

À ce propos, certains (doit-on les croire ?) racontent que Gounod avait conçu une certaine animosité envers Verdi pour la raison qu'au moment où il voulait faire l'*Ave Maria*, Verdi avait fait *Otello*. Les auteurs de ce jeu de mot douteux savent-ils qu'une des pages les plus célèbres de l'opéra de Verdi est précisément l'*Ave Maria* que chante son héroïne ?

Comme beaucoup de compositeurs demeurés célèbres, Gounod avait un tempérament prompt à s'enflammer, tout spécialement lorsqu'il se trouvait avec des amis intimes. Sa maîtresse (qui était aussi sa logeuse) raconte ainsi une de leurs scènes :

> "Ne m'approchez pas, criait-il d'une voix perçante. C'est vous qui avez incité votre mari à m'insulter, à m'outrager, à me défier. Je veux mourir et entraîner tout le monde dans la tombe avec moi." J'étais terrifiée. Je m'imaginais qu'il allait mettre le feu à la maison et cette seule idée me remplissait d'effroi. Je le regardais fixement, espérant que mon regard pourrait l'adoucir. Il se rua comme un fou vers le placard où était soigneusement rangée la partition de son *Polyeucte*. Il s'en empara et se mit à crier : "*Polyeucte* d'abord ; *Polyeucte* au feu !"
>
> Avec la force du désespoir, je me jetai sur lui de tout mon poids et le renversai sur le sol. Je roulai sur lui. Nous nous empoignâmes furieusement, luttant pour la possession du trésor que représentait la partition. Je la lui arrachai et la jetai sur le sofa. Puis je me relevai, m'assis sur la partition et criai à mon tour : "Vous devrez me tuer d'abord, mais vous ne brûlerez pas *Polyeucte* !" Dieu merci, la partition de *Polyeucte* était sauvée. »

Elle aurait pu s'épargner cet effort. Plus personne, aujourd'hui, ne joue *Polyeucte*, ce qui constitue certainement un grand tort.

Les seuls opéras de Gounod que l'on continue de représenter sont *Faust* et *Roméo et Juliette*, le premier étant de loin le plus populaire (voir l'encadré « L'arnaque aux billets de 1859 »). Il est toujours considéré comme l'un des meilleurs opéras français et c'est lui qui a été choisi pour l'inauguration du Metropolitan Opera House en 1883. Vous en saurez davantage au chapitre 9.

L'arnaque aux billets de 1859

Faust aurait pu passer inaperçu sans le génie d'un directeur d'opéra madré.

Quelques jours avant la première représentation de l'opéra, la vente des billets était à un niveau très bas, seules une douzaine de places ayant été achetées pour les quatre représentations prévues. Devant le risque d'un four, le directeur de l'opéra se décida à prendre lui-même les choses en main. Il distribua gratuitement les tickets restants pour les trois premières représentations à tous les gens qui résidaient en dehors de la ville. Puis il fit passer une annonce dans le journal local signalant que toutes les places pour les trois premières représentations étaient vendues.

Devant un tel « succès », les gens s'arrachèrent les billets qui restaient pour la quatrième soirée. À la fin de la représentation, le public s'enthousiasma, convaincu qu'il venait de voir le plus grand spectacle du monde. Gounod dut venir saluer à plusieurs reprises après le baisser de rideau. Les représentations durent être prolongées car toute la ville voulait à tout prix y assister. *Faust* fut un triomphe.

Georges Bizet

Contemporain de Gounod, Georges Bizet (1838-1875) a néanmoins composé des opéras d'un style tout différent. Sa musique est plus aventureuse, ses mélodies sont plus développées et son orchestration plus variée. Les personnages qui apparaissent dans ses œuvres sont plus proches de la réalité.

Comme avant lui Mozart, Schubert et Bellini, Bizet fut victime du syndrome de la MMPGC (Mort Mystérieuse et Prématurée des Grands Compositeurs). Cela ne l'empêcha pas, à l'instar de ses illustres devanciers, de réaliser quelques chefs-d'œuvre au cours de ses trente-sept années d'existence. Sa dernière œuvre est la plus célèbre : *Carmen*.

Carmen fit scandale lors de sa première représentation en 1875. On jugea le sujet inconvenant, pour ne pas dire plus. Bizet s'était inspiré d'une nouvelle de Prosper Mérimée qui avait été retravaillée par les librettistes Meilhac et Halévy, que nous allons retrouver dans la section suivante à propos d'Offenbach. *Carmen* est l'histoire d'une gitane qui séduit un malheureux soldat, l'amène à déserter puis l'abandonne pour un toréador. Au dernier acte, le soldat la retrouve au moment où, dans les arènes, elle se prépare à rejoindre son nouvel amant et il la tue. Vous pouvez entendre la scène de séduction du premier acte (la *Habanera*) à la plage 12 du CD d'accompagnement.

Bizet mourut trois mois après la création, persuadé que son œuvre était un ratage complet. Il était loin de se douter que la postérité allait complètement inverser ce jugement hâtif. Vous en apprendrez davantage sur cet opéra au chapitre 9.

Jules Massenet

Jules Massenet (1842-1912) a suivi le chemin tracé par Gounod en composant des œuvres d'un style mélodieux et gracieux tout à fait dans le style français. Beaucoup de ses opéras se déroulent dans des décors exotiques et leur musique colorée et descriptive s'accorde très bien au cadre. Massenet avait une tendance naturelle à la flagornerie, tendance que l'on retrouve dans sa musique, qui cherche visiblement à plaire. Il voulait plus que toute autre chose être aimé et il y réussit. Sa carrière s'étendit sur trois décennies au cours desquelles il accumula succès sur succès. Dans ses vingt-sept opéras, Massenet écrivit quelques airs spectaculaires mettant en valeur les plus belles qualités de la voix humaine, contribuant ainsi au lancement de plusieurs sopranos. (À l'époque, on murmura qu'il fit d'ailleurs plus que les lancer.) De nos jours, Massenet est principalement connu comme le compositeur de *Manon* et de *Werther*.

L'un de ses ouvrages les plus originaux est *Thaïs*, l'histoire de la conversion d'une femme assez débauchée, l'actrice Thaïs, point de mire de toute Alexandrie. Alliant mysticisme et sensualité, la partition est particulièrement riche et séduisante. L'interlude préparant à la conversion de l'héroïne, la *Méditation*, est un magnifique solo de violon accompagné à la harpe, dans lequel résonne en outre un chœur invisible. Ce morceau est devenu un pilier du répertoire pour violon et a été arrangé pour toutes sortes d'instruments. La rédemption d'une femme déchue fut l'un des sujets favoris de Massenet et de ses contemporains français.

Jacques Offenbach

On a longtemps cru que Jacques Offenbach (1819-1880) n'avait composé qu'un seul opéra sérieux (qu'il n'a même pas terminé) : *Les Contes d'Hoffmann*. On a remis au goût du jour un grand opéra romantique et féerique en allemand, *Die Rheinnixen* (« Les Fées du Rhin »), qui prouve que le grand amuseur du Second Empire pouvait parfois jouer au clown triste.

Le reste de ses compositions consiste essentiellement en *opéras bouffes* et en *opérettes* (les premiers étant plus développés et satiriques que les secondes, de brèves pochades en un acte), bien loin du sérieux et du tragique que les amateurs d'opéra goûtent tout spécialement. Leur seul propos est de distraire le public et de l'amener à rire. Dans ces genres, il n'y a plus de récitatifs, ceux-ci étant remplacés par des dialogues parlés.

Jacques Offenbach, de son vrai nom, Jakob Eberst, était né à… Offenbach-sur-le-Main, en Allemagne, et c'était le fils d'un chanteur de synagogue. Cela ne l'a nullement empêché de devenir le meilleur compositeur *français* d'ouvrages légers du XIXe siècle. Quoi qu'il en soit, il obtint la nationalité française en 1860.

Il vint à Paris à l'âge de quatorze ans et commença à gagner sa vie comme violoncelliste à l'Ambigu comique. Il composait de petites pièces brillantes pour son instrument, pièces qui avaient beaucoup de succès dans les salons. Encouragé par ce début de réussite, il se mit à composer des petites saynètes musicales qu'il tenta en vain de faire jouer dans le cercle des théâtres parisiens, sévèrement contrôlés par le gouvernement de Napoléon III.

C'est avec *Orphée aux Enfers* que s'est révélé le génie d'Offenbach, et son sens de la dérision et de la satire. Sans doute ses librettistes, Henri Crémieux et Ludovic Halévy, ont-ils leur part dans cette réussite. *Orphée aux Enfers* brocarde tout autant les opéras mythologiques du Grand Siècle et l'*Orphée* de Gluck que l'hypocrisie de la bourgeoisie contemporaine, incarnée par le rôle de l'Opinion publique. Le résultat est loin d'engendrer la mélancolie.

Offenbach continuera de collaborer avec Halévy, auquel viendra plus tard se joindre Henri Meilhac. À eux trois, ils produiront par exemple *La Belle Hélène*, autre sujet mythologique (la guerre de Troie) défiguré pour le plus grand bonheur de ceux qui l'écoutent. C'est dans cette œuvre qu'on assiste au défilé grotesque des héros de la guerre de Troie :

*Le roi bar-**bu** qui s'avance,*

***bu** qui s'avance,*

***bu** qui s'avance,*

C'est Agamemnon…

*Je suis l'é**poux** de la reine,*

***poux** de la reine,*

***poux** de la reine,*

Le roi Ménélas !…

Citons encore, dans des domaines très différents, *La Grande-Duchesse de Gerolstein*, *La Périchole*, ou encore *La Vie parisienne*. Wagner parlait d'Offenbach comme du « petit Mozart des Champs-Élysées ».

Malgré ces succès, Offenbach voulait composer une œuvre « sérieuse » et ce fut *Les Contes d'Hoffmann* que nous retrouverons au chapitre 9. Il mourut quelques mois avant la première représentation en laissant l'œuvre inachevée. On raconte qu'un de ses amis acteur, ayant appris qu'il était malade, alla prendre de ses nouvelles. À la bonne qui l'accueillait, il demanda : « Comment va-t-il ?

– Hélas, Monsieur Offenbach est mort, lui répondit-elle. Il est mort tranquillement sans même s'en rendre compte.

– Oh, répliqua l'acteur, il va être très surpris quand il apprendra la nouvelle. »

Claude Debussy

Au XXe siècle, la musique française prendra une tout autre direction. Si vous voulez en savoir davantage, nous vous suggérons de consulter notre livre *La Musique classique pour les Nuls*, publié chez le même éditeur. Pour ce qui est de l'opéra, nous n'avons retenu que deux noms : Claude Debussy (1862-1918) et Francis Poulenc (1899-1963).

Debussy fut l'un de ces compositeurs que l'on range (un peu rapidement) dans la catégorie des *impressionnistes*. Il essaya de mettre en musique les *impressions* créées par des paysages, des sons, des couleurs de la même façon que des peintres comme Monet ou Renoir le faisaient pour des champs de coquelicots, des nymphéas ou Paris sous la pluie.

Pour créer les sons nécessaires à ces évocations, Debussy avait besoin d'un nouveau langage. Les accords et structures traditionnels étaient insuffisants. Aussi créa-t-il de nouveaux accords, de nouvelles progressions harmoniques afin de traduire des effets plus délicats, plus subtils.

Il étudia la composition au Conservatoire de Paris où ses audaces harmoniques firent froncer plus d'un sourcil. Plusieurs années après, un élève fut renvoyé parce qu'il avait été trouvé en possession d'une partition de Debussy.

Son unique opéra achevé, *Pelléas et Mélisande* (que de mauvais plaisants avaient surnommé *Pédéraste et Médisante* ; en France on ne respecte rien !) est un morceau de choix pour les véritables amateurs d'opéra. Écrit sur une pièce du poète belge symboliste Maurice Maeterlinck, ce drame lyrique en cinq actes évoque la rencontre du prince Golaud avec une mystérieuse jeune fille, Mélisande, qu'il épousera, et l'amour que le demi-frère de Golaud, Pelléas, va ressentir pour sa belle-sœur. Tout finira très mal : Golaud tuera Pelléas et Mélisande deviendra folle. Et Golaud ne saura jamais de qui est réellement l'enfant dont elle accouche.

À la différence d'autres auteurs d'opéras, Debussy ne recourut pas aux services d'un librettiste pour adapter la pièce de Maeterlinck. Il l'utilisa telle quelle en coupant seulement quelques scènes. Le dramaturge n'apprécia pas l'opéra, sans doute – pensons-nous – parce que sa femme, qui était chanteuse lyrique, n'avait pas obtenu le rôle principal.

Vous trouverez une présentation détaillée de *Pelléas et Mélisande* au chapitre 9.

Le public parisien mit du temps à s'habituer à la musique de Debussy. Ce que nous ressentons aujourd'hui comme quelque chose de sensuel et de luxuriant était considéré alors comme chaotique et bizarre.

Francis Poulenc

Francis Poulenc est un représentant de cette race de compositeurs pour qui le temps travaille dans le bon sens, leur musique étant de mieux en mieux comprise par les nouvelles générations. Poulenc était renommé pour ses compositions pleines d'esprit, voire sarcastiques comme son *Concerto pour deux pianos*. Mais il était également capable de composer de la musique d'inspiration élevée, ce qu'il a fait dans son opéra *Dialogues des carmélites*, qui reste l'une de ses œuvres les plus admirées.

Pour cet opéra, Poulenc, comme Debussy, se passa des services d'un librettiste. Il adapta lui-même la pièce de Georges Bernanos, qui s'inspirait d'un fait réel : des religieuses guillotinées lors de la Révolution pour avoir refusé d'abjurer leur foi.

Chapitre 6

L'opéra germanique

Dans ce chapitre :

- Gluck, ses innovations et ses continuateurs.
- Wolfgang Amadeus Mozart, l'enfant prodige.
- L'unique opéra de Beethoven.
- Weber crée l'opéra romantique allemand.
- Richard Wagner, la fripouille géniale.
- Les multiples Strauss et comment s'y retrouver.
- Alban Berg et la musique atonale.

Si vous voulez comprendre l'évolution historique de l'opéra, il faut regarder comment les choses se sont passées en Allemagne et en Autriche. Pendant des siècles, chaque compositeur a eu une influence puissante et directe sur ses successeurs. Prenez, par exemple, les grands noms de la musique classique : Bach, Haydn, Mozart, Beethoven, Brahms et Mahler, pour ne citer qu'eux. Chacun a mis ses pas dans les traces laissées par son prédécesseur, faisant ainsi progresser la musique classique. (Chacun d'eux est présenté en détail dans notre *Musique classique pour les Nuls.*)

Dans ces mêmes pays, lorsqu'il s'agit d'opéra, les mêmes règles s'appliquent, bien que les noms ne soient plus tout à fait les mêmes. Vous pouvez joindre par une ligne continue les noms de Gluck, Mozart, Beethoven, Weber, Wagner, Richard Strauss et Alban Berg.

Pour vous le montrer, nous allons vous donner quelques détails sur le rôle joué par chacun de ces compositeurs dans l'évolution de l'opéra en Allemagne.

Christoph Willibald Ritter von Gluck

Christoph Willibald Ritter von Gluck (Christoph Willibald, chevalier de Gluck), Christoph Willibald Gluck pour les intimes, a vécu de 1714 à 1787. Né en Allemagne, il s'est installé en Autriche, à Vienne, en 1747.

Gluck était un puriste, et il était convaincu qu'un opéra devait raconter des histoires d'une façon simple et naturelle. Il détestait toutes les fioritures maniérées qui s'étaient greffées sur l'opéra italien depuis un certain temps. Il entreprit avec son librettiste, Ranieri de' Calzabigi, une réforme profonde de l'opéra, dont il exposa les tenants et les aboutissants dans la préface de son opéra *Alceste*, créé à Vienne en 1767 et adapté plus tard en français pour l'Opéra de Paris.

Son opéra *Orfeo ed Euridice* (1762) aurait enchanté Jean-Jacques Rousseau. Des mélodies chargées d'émotion, pures, avec des lignes simples, y remplaçaient les trilles et autres pyrotechnies vocales que l'on trouvait alors dans presque tous les autres opéras italiens. *Orfeo* avait été écrit à l'origine pour un castrat, mais Gluck le révisa plus tard pour ténor en même temps qu'il le remaniait et le rebaptisait *Orphée et Eurydice* pour l'Opéra de Paris. Il faut avouer qu'il est quand même plus naturel de voir un homme à part entière plutôt qu'un castrat descendre aux Enfers y rechercher son épouse.

Gluck devint l'un des compositeurs d'opéra les plus renommés de son temps et il eut une influence certaine sur plusieurs générations de compositeurs, et non des moindres, parmi lesquels Mozart et Wagner.

La venue de Mozart

Wolfgang Amadeus Mozart (1756-1791) est avec Haydn et Beethoven l'un des trois représentants du style classique viennois, tout chargé d'élégance, de beauté, de raffinement et de grâce. Il écrivit vingt-deux opéras, dont dix alors qu'il était adolescent. Bien que beaucoup d'opéras écrits par ses contemporains à la même époque nous paraissent aujourd'hui fades et datés, ceux de Mozart ont conservé toute leur fraîcheur.

Né à Salzbourg, en Autriche, Mozart est l'un des plus grands auteurs d'opéra qui aient existé, et beaucoup estiment que ce fut le plus grand compositeur de tous les temps. Depuis le tout début de sa courte vie, il a maîtrisé la musique avec un naturel et une facilité qui coupaient le souffle à tous ceux qui l'approchaient.

Son père, lui-même musicien, lui prodigua une éducation musicale attentive. Gamin, il écrivit sa première symphonie. Et, à onze ans, il composa son premier opéra, *Bastien et Bastienne*.

Le cirque Mozart

Il est probable que Wolfgang se serait trouvé très satisfait (au moins dans un premier temps) de rester à Salzbourg et d'y composer des opéras pour s'amuser. Mais Leopold, son père, avait d'autres projets. Pour montrer les talents de sa progéniture, il emmena le jeune Wolfgang et sa sœur aînée Nannerl, en tournée à travers l'Europe. Partout où il les exhibait, il présentait son fils comme un phénomène scientifique. Une des affiches placardées en Angleterre ne disait-elle pas : « À tous les amateurs des sciences : le plus grand prodige que l'Europe et même le monde entier aient jamais connu est, sans contredit, le petit garçon allemand Wolfgang Mozart. »

Le jeune prodige en question montrait alors l'étendue de ses dons en improvisant au clavier, jouant des morceaux difficiles qu'il n'avait jamais déchiffrés, même avec le clavier recouvert d'une bande d'étoffe de telle sorte qu'il ne puisse voir les touches. Nannerl était de la partie, enchantant le public par son jeu au clavecin. C'était vraiment du cirque.

À l'âge de treize ans, Mozart fut nommé *Konzertmeister* de l'orchestre et organiste à la cour de l'archevêque de Salzbourg, l'odieux Colloredo, pour le compte duquel il allait devoir travailler pendant douze années. Mais ses constants déplacements et sa quête d'une meilleure place finirent par irriter son patron qui, sans se douter du jugement que porterait sur lui la postérité, le harcelait constamment.

Un peu plus âgé, Mozart finit par plaquer Colloredo et s'installa à Vienne pour y chercher fortune. Cette ville était alors un centre majeur de l'activité musicale germanique et il y avait été très bien accueilli lors des tournées qu'il y avait effectuées en qualité d'enfant prodige. Mais ce temps du cirque était révolu et il eut bien du mal à y trouver un emploi stable. Pour vivre, il se mit alors à écrire des opéras.

C'est pendant cette période qu'il épousa une jeune fille appelée Constanze Weber. Est-ce pour commémorer cet événement que l'héroïne de son opéra *Die Entführung aus dem Serail* (« L'Enlèvement au sérail ») porte le même prénom ? Cet opéra contient des airs très attachants et plusieurs « turqueries », musiques où intervenaient des percussions clinquantes, alors fort prisées. Le livret (voir chapitre 9) met en scène des personnages exotiques dans une action vivement menée.

Cet opéra avait d'autres raisons de plaire au public : c'était un *Singspiel* (pièce de théâtre où les dialogues parlés alternent avec les parties chantées) entièrement écrit en allemand, alors que la plupart des opéras représentés étaient écrits en italien. Cette facilité de communication avec ses concitoyens eut l'heur de plaire à l'empereur d'Autriche-Hongrie Joseph II. L'opéra obtint un grand succès lors de sa création en 1782 et connut plusieurs représentations.

Beauté et facilité

Les idées musicales venaient à Mozart tout naturellement, et il ne lui restait plus qu'à les transcrire sur une partition.

Il réussissait tout particulièrement dans l'opéra. Ses mélodies étaient simples, pleines d'une grâce naturelle, et sentimentales sans être mièvres. Il aimait écrire des ensembles dans lesquels plusieurs personnages chantaient en même temps et il réussissait à ce que l'on comprenne parfaitement ce que disait chacun. Il était aussi très habile à employer les couleurs orchestrales, utilisant avec discernement chacun des groupes d'instruments pour créer des effets sonores particuliers.

SUR LE CD

Mozart avait en outre un remarquable flair pour découvrir des livrets intelligents et bien conçus. L'une de ses meilleures trouvailles a été la pièce de Beaumarchais *Le Mariage de Figaro*, qui lui servit de base pour écrire *Le nozze di Figaro* (« Les Noces de Figaro »). La pièce avait fait scandale à Paris, lors de ses premières représentations, car c'était une critique plutôt vive de la politique et de la société d'alors. Nous considérons cet opéra que Mozart a écrit en 1876 comme l'un des meilleurs jamais écrits, par la qualité de sa musique et des situations comiques qui s'y succèdent et par l'intensité de sa progression dramatique. Vous pouvez entendre son ouverture entraînante et vive à la plage 1 du CD d'accompagnement. Cet opéra offre des exemples frappants de la manière réaliste dont Mozart traite ses personnages. Nous en reparlerons plus en détail au chapitre 9.

Un an après la première des *Noces*, Mozart reçut de la ville de Prague la commande d'un opéra destiné à célébrer le mariage de la nièce de l'empereur. Et c'est la sulfureuse histoire de Don Juan qu'il choisit pour cette occasion, celle d'un séducteur invétéré, véritable maniaque du sexe. *Don Giovanni* connut un éclatant succès. (voir chapitre 9).

Minute-Mozart

On raconte beaucoup d'anecdotes mettant en scène la rapidité avec laquelle Mozart pouvait écrire la musique. On dit, par exemple, que, se trouvant sans argent devant un mendiant, il s'empara d'une feuille de papier, la couvrit de notes en quelques minutes et la lui donna en lui conseillant d'aller la porter illico chez un éditeur (lequel l'acheta immédiatement). De nos jours, il aurait sans doute du mal à refaire le même coup à New York.

Ce côté primesautier de son caractère se manifestait dans diverses occasions. Ainsi, il n'était pas rare de l'entendre s'esclaffer brutalement au milieu d'une conversation, éclater de rire ou sauter par-dessus tables et chaises dans les salons.

Lorenzo Da Ponte, librettiste peu commun

La réussite des opéras de Mozart n'est pas due qu'à son seul génie, et il faut parler de celui qui lui fournit les livrets de trois de ses chefs-d'œuvre : Lorenzo Da Ponte (1749-1838), un bien curieux personnage.

Malgré une existence agitée, Lorenzo n'était jamais en mal de tendres amies. Peut-être doit-on trouver là sa source d'inspiration pour l'*Air du Catalogue* de *Don Giovanni*, dans lequel le valet Leporello détaille à l'épouse abandonnée, Elvire, la liste des quelque 2 065 femmes qui ont succombé aux entreprises de son maître. Vous trouverez cet air à la plage 2 du CD d'accompagnement.

Les deux compères, Wolfgang et Lorenzo, écrivirent ensemble *Les Noces de Figaro*, *Don Giovanni* et *Così fan tutte* (dont on conserve toujours le titre italien, qui signifie « Ainsi font-elles toutes »).

Dans la dernière année de sa vie, Mozart composa *Die Zauberflöte* (« La Flûte enchantée »), qui est, comme l'*Enlèvement*, un *Singspiel*. Le livret d'inspiration maçonnique (Mozart était franc-maçon depuis décembre 1784) raconte l'histoire de la lutte du Mal et du Bien, de la vertu et de la rédemption. On y trouve notamment un prince (charmant, bien entendu), un oiseleur naïf, bavard et vantard, et une Reine de la Nuit qui symbolise les puissances maléfiques. (Tous les détails sont au chapitre 9.) Dans cette œuvre, Mozart se montre le digne continuateur de Gluck parce qu'on y trouve la même simplicité du style et de la mélodie. Cet opéra est toujours l'un des plus représentés de nos jours.

Mozart mourut peu après la première de la *Flûte*, à l'âge de trente-cinq ans. Pendant longtemps, la rumeur accusa son rival, Antonio Salieri, de l'avoir empoisonné, mais on sait actuellement qu'en réalité, il est mort d'une fièvre rhumatismale.

Jamais plus on ne devait retrouver un compositeur possédant à la fois le génie musical, la facilité de composition et une inspiration quasi divine. Sa musique est l'essence même du style classique : élégante, gracieuse, raffinée et chargée d'émotion.

Ludwig van Beethoven

Un des admirateurs les plus fervents de Mozart fut Ludwig van Beethoven (1770-1827). Bien qu'il ne se soit pas particulièrement illustré dans le domaine de l'opéra (il n'en écrivit qu'un seul, *Fidelio*, qui ne compte pas au nombre des chefs-d'œuvre impérissables de la musique), on ne peut pas le passer sous silence, étant donné l'influence que le compositeur eut sur la musique de son époque et des suivantes.

Né à Bonn, en Allemagne, c'était le fils de Johann, musicien d'origine flamande qui était en même temps marchand de vin. Son père lui donna dès le début une bonne éducation musicale, cherchant, comme l'avait fait avant lui Leopold Mozart, à en faire un enfant prodige. Mais il s'y prit de façon plus brutale, n'hésitant pas à battre l'enfant lorsque ses progrès lui paraissaient insuffisants.

Comme beaucoup de compositeurs de son temps, Beethoven se rendit à Vienne, certainement pour se retrouver au cœur de l'activité musicale mais peut-être, aussi, pour s'éloigner du terrible papa. Il y vécut des commandes de musique que lui passaient de riches marchands et princes, et des concerts publics où il interprétait au piano ou à la baguette de chef d'orchestre ses propres compositions.

Sa musique est à son image : fougueuse et grandiose. Le public aimait non seulement l'écouter mais aussi le voir lorsqu'il interprétait avec passion ses propres œuvres au piano. Hors de scène, cependant, son caractère farouche rendait difficiles ses rapports avec ses contemporains, et en particulier ses logeurs et ses bonnes amies. Il n'était pas homme à entretenir de longues relations avec les uns ou les autres.

Son unique opéra, Fidelio

« De tous mes enfants, c'est celui qui m'a causé les pires douleurs de l'enfantement, celui qui m'a apporté le plus de chagrin et, pour cette dernière raison, celui qui m'est le plus cher », écrivait Beethoven à propos de son opéra *Fidelio*. Il lui fallut onze années pour en venir à bout, le retouchant et le modifiant continuellement. Il écrivit même quatre ouvertures différentes, cherchant celle qui lui paraissait le mieux convenir au style de l'œuvre. La première représentation eut lieu en 1803, au moment où sa surdité naissante le plongeait dans une profonde dépression.

Ni rois, ni princes, ni dieux ou demi-dieux ne montrent le bout de leur nez dans cet opéra. On n'y rencontre que des gens « du commun », et c'est une exaltation de l'amour conjugal, qualité rarement mise en valeur dans les productions musicales. C'est le triomphe de l'homme, maître de son destin, sans l'intervention obligée des puissances divines.

Carl Maria von Weber

Carl Maria von Weber (1786-1826) fut un contemporain de Beethoven et il est resté plus célèbre pour ses opéras que pour ses autres compositions musicales. On salue en lui le père de l'opéra romantique allemand.

Dans l'opéra romantique, les règles de logique et la raison cèdent le pas à l'émotion. Comme leurs auteurs, les œuvres romantiques sont expressives et passionnées ; elles sont chargées d'une force dramatique intense.

Les parents de Weber appartenaient à une troupe d'opéra itinérante, ce qui lui donna l'occasion d'entendre ce genre de musique dès son plus jeune âge. Il écrivit lui-même son premier opéra à quatorze ans.

Son œuvre la plus marquante est *Der Freischütz* (dont il est d'usage de ne pas traduire le titre allemand, qui signifie à peu près « le franc-tireur »). C'est l'histoire d'un chasseur, Max, qui conclut un marché avec un suppôt du diable et obtient ainsi les balles magiques qui lui permettront de remporter un concours de tir et de gagner la main d'Agathe, fille du garde-chasse Kuno. (Si vous voulez connaître le fin mot de l'histoire, allez au chapitre 9.) Tant les situations que les lieux de l'action et les personnages constituaient une innovation dans le style de l'opéra. Ainsi était né le premier opéra romantique allemand.

Dans le *Freischütz*, Weber utilise des couleurs instrumentales nouvelles pour créer une ambiance particulière. En particulier au deuxième acte, dans la scène de la Gorge aux Loups, là où vont être fondues les balles magiques. Une véritable horreur gothique ! Au même moment, Mary Shelley écrivait *Frankenstein*.

Le livret utilise un thème emprunté au folklore et mettant en scène les forces du mal, le surnaturel et le mysticisme. En quelque sorte, les *X-Files* de son époque.

Bien sûr, ces thèmes n'étaient pas entièrement nouveaux. Mozart en avait déjà utilisé quelques-uns dans *La Flûte enchantée*. Mais Weber est allé plus loin, tout en œuvrant, en ces temps d'unité allemande, pour la construction d'un patrimoine culturel authentiquement allemand.

Le *Freischütz* est la première œuvre d'une lignée qui va conduire à un univers encore plus mystique et surnaturel, celui de Wagner et notamment de sa *Tétralogie*.

Richard Wagner

Pour de nombreux passionnés d'opéra, le plus grand de tous les compositeurs lyriques est l'Allemand Richard Wagner (1813-1883).

Richard Wagner était un homme arrogant, malhonnête, jaloux, hypocrite, raciste, sexiste et profondément antisémite. Rien d'étonnant, donc, à ce qu'Hitler l'ait adopté comme archétype de ses idées. La musique de Wagner était encore tout récemment interdite dans l'État d'Israël.

Cependant, la musique de Wagner innove et elle est imaginative, luxuriante, puissante, intense, frémissante et somptueuse. C'est là le paradoxe : les musiciens et le public du XIXe siècle avaient du mal à imaginer qu'un homme comme Wagner ait pu composer une musique comme celle de Wagner.

Il naquit à Leipzig, en Allemagne, et très tôt fut séduit par le théâtre. À l'âge de vingt ans, il obtint un poste de répétiteur auprès d'une petite compagnie d'opéra amateur. Cette approche de l'intérieur de la scène musicale lui donna l'idée de s'y essayer.

Ses premières tentatives ne furent pas couronnées de succès. Il n'arriva pas à convaincre quiconque de monter son premier ouvrage, *Die Feen* (« Les Fées »). Et le deuxième, *Das Liebesverbot* (« La Défense d'aimer »), fut un désastre. Le soir de la création, les chanteurs ne savaient toujours pas leurs rôles, l'orchestre n'était pas correctement accordé et manquait d'ensemble et le mari de la *prima donna* était si perturbé par l'attitude amoureuse qu'avait le ténor vis-à-vis de sa femme qu'il bondit sur la scène pour lui envoyer son poing en pleine figure. (Apparemment, il avait pris le titre de l'opéra au pied de la lettre.)

Wagner l'apatride

Wagner avait aussi un grave défaut : il était trop obstiné (ou trop fou) pour jeter l'éponge. Puisque l'Allemagne ne l'appréciait pas, peut-être aurait-il plus de succès dans un autre pays ? Pourquoi pas en Lettonie ? Il y passa deux années, suffisamment pour écrire un troisième opéra, *Rienzi*, qu'il réussit enfin à faire monter à Riga dans d'assez bonnes conditions. Mais si ses tentatives musicales connaissaient un succès grandissant, il n'en était pas de même pour ses revenus. Au bout de ces deux années, pourchassé par ses créanciers, il dut quitter le pays et s'embarqua pour Londres.

Un mauvais numéro

Un cas intéressant pour les numérologues : Wagner et le nombre treize.

Le nom « Richard Wagner » compte treize lettres. Il est né en 1813 (la somme de ces quatre chiffres donne aussi treize) et il a vécu en exil hors d'Allemagne pendant treize ans.

Son opéra *Tannhäuser* connut sa première représentation un 13 avril et son échec parisien eut lieu un 13 mars. Le *Ring* fut représenté pour la première fois un 13 août.

Wagner écrivit treize opéras. Il mourut un 13 février, dans la treizième année du nouveau gouvernement allemand.

Et après ça, vous vous demanderez encore pour quelle raison il n'a jamais eu de chance !

À DÉCOUVRIR

Wagner n'avait pas le pied marin. La traversée de la Manche, qui s'accomplit au cours d'une violente tempête, lui laissa une impression indélébile. Comme il tentait péniblement de gagner sa cabine, il eut l'idée d'un nouvel opéra : *Der fliegende Holländer* (« Le Vaisseau fantôme »), construit sur la légende d'un capitaine condamné à voguer éternellement. Écoutez la violence orchestrale imitant le bruit de la tempête qu'on entend dans cette œuvre et vous comprendrez ce qu'avait pu être cette traversée pour le pauvre Richard (d'autres détails au chapitre 9).

C'est à Paris qu'il séjourna ensuite. Il y passa deux années et demie dans la misère, vivotant grâce à des arrangements pour piano qu'il faisait d'opéras d'autres compositeurs. C'est alors qu'il fut mordu par une autre idée fixe : la poésie médiévale allemande. Il découvrit dans ces légendes des récits fantastiques peuplés de divinités malveillantes où le vice régnait en maître. Bref, tout ce qu'il fallait pour faire un bon opéra.

Il revint alors en Allemagne, confiant dans l'issue de ses plus récents efforts dans le domaine de l'opéra : *Tannhäuser* et *Lohengrin*. Malheureusement pour lui, son activité s'était également exercée dans des manifestations politiques de protestation contre le pouvoir établi, suffisamment pour qu'il soit licencié par son employeur, qu'un mandat d'arrêt soit lancé contre lui et qu'il soit expulsé du territoire, d'où il fut banni pendant treize ans.

Après quelques années passées en Suisse, à Lucerne, en tant que réfugié, il revint à Paris en 1861 pour superviser une production de *Tannhäuser*. Par un nouveau coup du sort, une cabale devait transformer cette tentative en fiasco.

L'appel de Louis le Fou

Mais le destin finit par sourire à Wagner. Son obstination trouva enfin sa récompense lorsqu'en 1864, il fit la rencontre du roi Louis II de Bavière. Ce souverain était un grand admirateur de Wagner et il lui envoya un messager pour l'inviter en son château, lui promettant de satisfaire à toutes ses demandes et de faire connaître ses opéras dans tout le pays.

Le jeune roi était un peu… excentrique. Il avait fait construire plusieurs châteaux plus délirants les uns que les autres, parmi lesquels Neuschwanstein, où il résidait. Il finit par être interné et se suicida en se jetant dans un lac. Autrement dit, c'était le parfait protecteur qui convenait à Wagner.

Les ressources mises à la disposition de Wagner par Louis II et le génie du compositeur finirent par se combiner, et sa carrière explosa. En 1865, Munich put assister à la première de *Tristan und Isolde*, qui narre l'histoire d'un amour impossible et tragique, avec potion magique, un peu comme Roméo et Juliette. Trois ans plus tard, ce fut *Die Meistersinger von Nürnberg* (« Les Maîtres chanteurs[3] de Nuremberg »), qui devait au début n'être qu'un petit opéra comique tout simple mais devint l'un des plus longs opéras du monde. Vous pouvez entendre des extraits de ces deux œuvres aux plages 9 et 10 du CD d'accompagnement.

C'est l'année suivante qu'eut lieu la création du premier volet de la plus gigantesque construction wagnérienne, *Der Ring des Nibelungen* (littéralement « L'Anneau du Nibelung » mais on dit plus couramment « le *Ring* »). Il s'agit d'un cycle de quatre opéras de grande taille (c'est pourquoi on l'appelle aussi la *Tétralogie*) inspirés d'une saga nordique. La célébrité de Wagner commença à se répandre.

Vous en apprendrez davantage sur le *Ring* au chapitre 9. La *Tétralogie* se compose des œuvres suivantes :

- *Das Rheingold* (« L'Or du Rhin »). Création, isolément, à Munich en 1869 ; avec l'ensemble de la *Tétralogie* à Bayreuth en 1876.
- *Die Walküre* (« La Walkyrie »). Création, isolément, en 1870 ; avec l'ensemble de la *Tétralogie* à Bayreuth en 1876. Cet opéra est célèbre pour sa *Chevauchée des Walkyries*, qui a été utilisée dans une foule de films et de publicités. Vous l'avez entendue, par exemple, dans *Apocalypse Now* (F. F. Coppola, 1979), lorsque les hélicoptères de l'armée américaine la diffusent à pleine puissance afin de terroriser les populations indigènes.
- *Siegfried* et *Götterdämmerung* (« Le Crépuscule des dieux »). Création avec l'ensemble de la *Tétralogie* à Bayreuth en 1876.

3. Il ne s'agit pas ici de l'histoire d'une mafia extorquant de l'argent à ceux qui avaient quelque chose à se reprocher en les menaçant de tout révéler, mais d'une confrérie comme il en existait de nombreuses au Moyen Âge, perpétuant une certaine forme de chant. (N.D.T.)

Wagner comprit très tôt que, pour donner tout son éclat à ce cycle, il devait disposer d'un théâtre hors norme. En 1871, il découvrit à Bayreuth un site qui lui convenait fort bien. Pendant les cinq années suivantes, il n'arrêta pas de faire des tournées en Europe pour récolter des fonds. C'est finalement le bon Louis II qui s'y colla, avec un don de 100 000 thalers.

Lorsqu'il put ainsi disposer de la somme nécessaire, Wagner fit réaliser le bâtiment selon ses spécifications précises. Le Festspielhaus est le seul théâtre au monde où la fosse d'orchestre s'enfonce sous la scène, dissimulant l'orchestre aux yeux des spectateurs. Wagner voulait ainsi éviter que le public fût distrait par les mouvements du chef. Cette disposition avait également des raisons acoustiques : cela atténuait la puissance du colossal orchestre wagnérien au profit des chanteurs, et, par le jeu des réverbérations dans une salle principalement en bois, le public avait l'impression d'être enveloppé par le son, qui lui parvenait de tous les côtés à la fois. Par ailleurs, afin de démocratiser son art, il délaissa la traditionnelle salle à l'italienne en fer à cheval (avec ses balcons et ses loges) au profit d'une salle inspirée des théâtres antiques, avec des rangées de fauteuils alignées d'un seul tenant sur un plan légèrement incliné, sans balcons, avec juste quelques loges sur le mur de fond.

Le premier festival eut lieu en 1876 et la salle fut inaugurée au son de la *Tétralogie*. La tradition s'est perpétuée et, chaque année, a lieu une exécution du *Ring* à laquelle les fervents de Wagner vont assister aussi religieusement que d'autres vont à la messe de minuit.

Il est impossible de se faire une idée du caractère monumental et complexe de cet ensemble de quatre opéras tant qu'on ne les a pas entendus (et vus) au moins une fois. Tout s'y mêle : sexe, violence, symbolisme, philosophie. Bref, de quoi tenir occupés les psys pendant plusieurs années.

Pour Wagner, le *Ring* était non seulement un opéra mais aussi une ouverture vers le futur, comme il le disait lui-même. Il avait pensé le cycle comme un ensemble où musique, poésie, drame, mise en scène étaient indissociables : l'œuvre d'art totale. Il avait le sentiment de créer une forme d'art nouvelle et désirait que l'auditoire n'assiste pas aux représentations comme à un simple spectacle mais les considère comme une véritable religion.

Des règles brisées

Pour créer cette nouvelle forme artistique, Wagner répudia la structure de l'opéra traditionnel. Auparavant, un opéra consistait en une alternance de récitatifs et d'airs. Certes, des compositeurs comme Weber avaient déjà fait un pas vers un assouplissement des frontières entre ces deux types d'écriture. Et puis, même en Italie, le récitatif s'était nettement assoupli avec l'abandon de l'accompagnement par trois accords de clavecin au profit d'accompagnements orchestraux beaucoup plus variés et expressifs.

Mais avec le *Ring*, la rupture est consommée. Vous êtes baigné dans un flot de chant ininterrompu, à mi-chemin entre récitatif et air. Toutes les notes qui doivent être chantées sont écrites et il y a une syllabe par note. Il en résulte une impression de grande souplesse vocale quoique nimbée d'un certain flou.

Vous n'êtes plus capable de dire où commence et où finit un air particulier, la musique n'ayant pas été écrite avec des fragments récurrents (du genre couplets et refrains). Mémoriser ce flot ininterrompu n'est pas du gâteau pour les musiciens ni pour les chanteurs.

Ce qu'ils pensent de Wagner

Beaucoup de gens ne supportent pas la musique de Wagner. Si vous êtes l'un de ceux-ci, rassurez-vous, vous êtes en bonne compagnie. Rossini ne disait-il pas : « Il y a quelques bons moments chez Wagner mais de si horribles quarts d'heure ! » Les Français ont eu la dent encore plus dure et Baudelaire a écrit : « J'aime Wagner… mais j'aime encore plus le bruit que fait un chat quand il est pendu à une fenêtre par la queue et qu'il tente désespérément de s'agripper aux carreaux avec ses griffes. » Et Debussy : « Wagner, un beau coucher de soleil que l'on a pris pour une aurore. » Enfin, l'humoriste américain Mark Twain a écrit : « La musique de Wagner est bien meilleure qu'on pourrait le croire à l'entendre. »

Wagner savait très bien que sa musique n'était pas construite selon les règles habituelles. Histoire de lui donner un semblant de structure, il conçut le *Leitmotiv* (« thème conducteur »), court fragment musical associé à un personnage, un objet ou une situation.

Pour bien comprendre de quoi il s'agit, il suffit d'aller au cinéma et d'assister à une projection de *La Guerre des étoiles* (Georges Lucas, 1977). L'auteur de la musique, John Williams, n'a rien fait d'autre : il y a le thème de la Princesse Leia, celui de Luke Skywalker, celui d'Obi-Wan Kenobi et même celui de Maître Yoda.

Mais chez Wagner, il ne s'agit pas juste de poteaux indicateurs. Ces *Leitmotive* subissent des transformations. Par exemple, si le thème associé à tel héros était héroïque et vaillant lorsque celui-ci était dans sa jeunesse conquérante, il va se transformer en lamentation sinistre si le personnage commence à avoir de petites misères. Se repérer parmi les quelque 150 *Leitmotive* du *Ring* (et même, déjà, en faire le relevé exact) est un vrai jeu de piste, auquel se livrent avec délices les wagnériens les plus acharnés. Mais une telle érudition n'est pas nécessaire à la compréhension de l'ouvrage. Ces motifs et leurs transformations sont plutôt là pour affiner l'écoute. Et n'ayez crainte, parmi la forêt de thèmes conducteurs qui jalonnent la *Tétralogie*, une bonne part est aisément repérable.

Le maniaque du moindre détail

Wagner s'est investi en totalité dans ses opéras. Peut-être en raison des déceptions qu'il avait connues au début de sa carrière, il s'est attaché à tout contrôler de bout en bout, depuis les lumières et la mise en scène jusqu'à la salle de spectacle elle-même. Nous n'envions pas le décorateur qui dut créer les chevaux volants pour la chevauchée des Walkyries et simuler le monde sous-marin dans lequel s'ébattent les filles du Rhin.

Cependant, en dépit des efforts qu'il déploya pour créer un spectacle multimédia équilibré, c'est sa musique qui continue à soulever les foules un bon siècle plus tard. Dans l'ouverture de *L'Or du Rhin*, par exemple, on peut entendre un simple accord répété pendant plusieurs minutes en vagues ondoyantes par l'orchestre et qui dépeint les profondeurs du fleuve. Citons encore la puissante *Chevauchée des Walkyries*, le rempart de feu à la fin de *La Walkyrie*, le suicide de Brünnhilde dans la scène finale du *Crépuscule des dieux*, la *Mort d'amour* d'Isolde, l'*Enchantement du Vendredi saint* dans *Parsifal*. Voilà de la musique absolument imbattable sur le plan de l'intensité dramatique. Vos cheveux s'en dressent sur votre tête.

Johann Strauss fils

Revenons maintenant dans le monde de l'opéra de divertissement où nous allons faire la connaissance d'un certain Johann Strauss (1825-1899), le fils de son père presque aussi célèbre que lui (l'auteur de la *Marche de Radetzky* qui couronne chaque année le Concert du Nouvel An à Vienne).

Johann Strauss fils, c'est l'auteur de ces valses viennoises si irrésistibles (*Le Beau Danube bleu*, *Légendes de la forêt viennoise*, *Sang viennois*, *La Valse de l'Empereur*, etc.). Aussi célèbre pour ses rouflaquettes que pour l'élégance de ses compositions, celui qu'on a surnommé « le roi de la valse » a promené son orchestre dans presque toutes les villes d'Europe et a connu chaque fois un succès triomphal.

Mais Strauss n'a pas écrit que des valses. Il a composé seize opérettes dont la plus célèbre est *Die Fledermaus* (« La Chauve-Souris »), qui réussit ce miracle de plaire à la fois aux amateurs débutants et aux lyricomaniaques les plus aguerris. On continue de jouer fréquemment cette opérette ainsi que *Der Zigeunerbaron* (« Le Baron tzigane »), où la valse se mêle à un exquis parfum hongrois.

Si vous pensez qu'il y a des valses dans ses opérettes, vous avez raison et c'est probablement là une des causes de leur succès. Ce ne sont pas des satires de la société contemporaine comme celles qu'écrivait Offenbach, mais des œuvres de pur divertissement.

Richard Strauss

Ce Strauss-là, c'est le sérieux de la famille. Enfin, quand nous disons « famille », ce n'est pas exact, car il n'y a absolument aucun lien de parenté entre eux: ils portent simplement le même patronyme, lequel, en Allemagne, est très courant (il signifie à la fois « bouquet » et « autruche »). Subtilité, d'ailleurs : la véritable orthographe de leur nom de famille diffère légèrement : Richard s'écrit bien *Strauss*, mais Johann s'écrit censément *Strauß*, avec cette belle lettre mystérieuse que même les Allemands abandonnent progressivement au profit du *ss* qui la remplace.

Richard Strauss (1864-1849) a commencé à composer très jeune puisqu'il a composé sa première symphonie à l'âge de quatorze ans.

Ainsi parlait Richard

Plus tard, Strauss adopta une ligne de conduite fortement influencée par Wagner. Il était fermement convaincu qu'après Wagner il n'était plus possible de composer la même musique qu'avant. Pour lui, l'avenir était dans l'opéra et le *poème symphonique*, pièce orchestrale bâtie sur une histoire particulière, sorte d'opéra miniature sans paroles. (Pour plus de détails sur ce genre musical, nous vous suggérons de vous reporter à notre *Musique classique pour les Nuls*.)

Le plus fameux de ses poèmes symphoniques est *Also sprach Zarathustra* (« Ainsi parlait Zarathoustra »), que le film *2001, Odyssée de l'espace* (Stanley Kubrick, 1968) a largement popularisé. On peut l'entendre au début du film, lorsque les hommes des cavernes contemplent l'énorme parallélépipède noir venant de l'espace. Trois longues notes de trompette retentissent, suivies d'un accord massif de tout l'orchestre sous lequel on perçoit le grondement menaçant des timbales et la résonance de l'orgue. Bien entendu, ce n'est pas à ce monolithe que pensait Strauss lorsqu'il écrivit son œuvre. Il essayait de peindre en musique les révélations du prophète Zarathoustra (qui vécut au ve siècle avant J.-C.).

Strauss disait qu'il était capable de dépeindre en musique n'importe quel objet. Il dit une fois, à propos de son poème symphonique *Don Juan* : « Si vous ne pouvez pas vous rendre compte au travers de ma musique que la deuxième maîtresse de Don Juan est une rouquine, alors j'ai tout raté. »

Strauss vient à l'opéra

Les quinze opéras que Strauss a écrits révèlent la même maîtrise que celle qu'il a déployée dans ses poèmes symphoniques. On y retrouve la marque de son héros, Richard Wagner, dans le langage musical, dans l'usage (quoique moins développé) du *Leitmotiv*, dans l'orchestre colossal de certains ouvrages et dans le flot continu de musique (on ne distingue pas la frontière entre les différentes sections). Sans compter des sujets tout à fait amoraux.

L'un de ses plus fameux opéras est *Salomé*, inspiré d'une histoire biblique. Cet ouvrage repose sur un texte d'Oscar Wilde, censuré à son époque en Angleterre. C'est peut-être pour cette raison, d'ailleurs, que Strauss s'y est intéressé. Il y est question d'une princesse hystérique, Salomé, qui est prise d'une passion dévorante pour le futur saint Jean-Baptiste. Comme il lui résiste, elle obtient du roi Hérode qu'il lui fasse trancher la tête et que celle-ci lui soit apportée sur un plateau. Lorsqu'elle lui est présentée, elle l'embrasse sauvagement en public. Dégoûté, le roi la fait périr.

Et encore, on vous a caché quelques autres détails croustillants…

Comme vous le pensez bien, en 1905, un tel sujet était considéré comme très osé. Tout au moins par les Anglais et les Américains. Mais les Allemands l'apprécièrent beaucoup. Le Metropolitan Opera de New York refusa pendant vingt-sept ans de jouer l'opéra. (Des détails, encore des détails, toujours des détails sur *Salomé* au chapitre 9.)

Le deuxième opéra de Strauss, *Elektra*, est inspiré de la mythologie grecque, et le livret n'en est pas moins chaud. C'est l'histoire d'un frère et d'une sœur (aux relations probablement incestueuses) qui projettent de tuer leur mère et leur beau-père. Composée au temps de Freud, cette histoire absolument chaotique a de quoi donner du fil à retordre aux meilleurs psys.

Puis vint en 1911 *Der Rosenkavalier* (« Le Chevalier à la rose ») que beaucoup considèrent comme le chef-d'œuvre de Strauss. Adieu meurtre et inceste, ici il s'agit d'une comédie romantique où l'on entend des airs de valse inspirés de ceux de Johann. (Richard n'ignorait pas qu'à Vienne, en 1740, époque de l'action, la valse n'avait pas encore été inventée.)

Même dans ses passages les plus légers, la musique de Strauss continue de porter l'empreinte de Wagner. Les lignes mélodiques sont souvent d'une incroyable complexité avec beaucoup d'ornements, et l'orchestration est dense, beaucoup d'instruments jouant souvent ensemble. Cette musique a la réputation d'être très difficile à interpréter et constitue, pour cette raison, une base de choix pour les concours de recrutement d'instrumentistes.

Strauss lui-même était un chef d'orchestre hors pair, ce qui peut expliquer qu'il ait été l'un des rares compositeurs à s'enrichir de son vivant. Il dirigeait fréquemment sa propre musique ainsi que celle de son idole, Wagner. Vous ne vous seriez jamais douté de son génie en le voyant diriger. Il dirigeait assis, sobrement, impassible, précis et sans passion, remuant peu sa baguette. Il déclara une fois que le pouce gauche d'un chef ne devait jamais quitter la poche de son gilet.

Alban Berg

La musique dense et complexe de Richard Strauss influença beaucoup celle d'Alban Berg (1885-1935), Viennois d'origine. Si Strauss, dans ses partitions les plus sauvages, approche du chaos, on peut dire que Berg l'atteint tout à fait. Si vous êtes habitué aux mélodies de la musique classique qu'on peut fredonner et dans lesquelles le rythme est nettement perceptible, les compositions de Berg vont commencer par vous faire fuir.

Comme beaucoup de compositeurs du début du XXe siècle, Berg a composé de la musique *atonale*, c'est-à-dire qui n'est écrite dans aucune tonalité définie, qu'il n'y a pas de note ou d'accord sur lequel on se sente durablement stable et qui serve de point de mire (comme les bruyants accords à la fin d'une symphonie de Beethoven). Cette musique est dissonante : on a constamment l'impression qu'elle est pleine de fausses notes. Mais tout cela est relatif : ces notes ne sont fausses que par rapport au système tonal, auquel Berg ne se réfère plus. Dire qu'il met des fausses notes, c'est un peu comme dire que Picasso ne sait pas dessiner parce que votre neveu de douze ans fait des portraits plus ressemblants. Pour Berg et ses contemporains, une telle musique traduisait parfaitement le climat de l'Europe après la Première Guerre mondiale.

Berg a utilisé l'étrangeté sauvage de ce type de musique pour explorer quelques-uns des sujets les plus sombres des psychoses humaines et du désespoir, plus encore que Strauss ne l'avait fait. Il a composé deux opéras bien connus, *Wozzeck* (1925) et *Lulu* (1935) qui fut terminé par Friedrich Cerha en 1979. On trouve, dans ces deux cauchemars, de l'inceste, des enfants illégitimes, du sadisme, de la violence, des meurtres et un suicide.

Comprenez-vous maintenant, cher lecteur, pourquoi les gens aiment tant l'opéra ?

Chapitre 7

L'opéra russe

Dans ce chapitre :

- Mikhaïl Glinka, créateur de la musique russe.
- Piotr Ilitch Tchaïkovski, le meilleur de tous les Russes.
- Les continuateurs de Tchaïkovski.

Le premier opéra qui ait été représenté en Russie y avait été importé d'Allemagne par le tsar Alexis aux alentours de 1650. Plus tard, la Grande Catherine fonda une compagnie d'opéra italien à Saint-Pétersbourg et commanda l'écriture d'une œuvre spéciale (dont elle avait écrit le livret) pour son couronnement. Cet opéra, *La Victoire de Minerve*, demanda deux semaines pleines pour sa représentation. Aussi ne faut-il pas s'étonner qu'on n'en parle plus guère de nos jours.

Au XIXe siècle, cependant, les compositeurs du monde entier redécouvrirent le folklore de leur pays et commencèrent à rejeter les traditions austro-allemandes et italiennes au profit d'un style propre. Ce fut le début d'une vague de nationalisme russe, et celui qui l'inaugura s'appelle Mikhaïl Glinka.

Mikhaïl Glinka et ses amis

Alors, qu'est-ce qui fait qu'un opéra russe est russe ? C'est à Mikhaïl Glinka (1804-1857), surnommé « le père de l'opéra russe », qu'il faut poser la question.

Comme on peut l'entendre dans les deux opéras de Glinka, *Une vie pour le Tsar*[4] (1836) et *Rousslan et Ludmilla* (1842),

4. Rebaptisé pour des raisons évidentes *Ivan Soussanine* à l'époque du régime soviétique. (N.D.T.)

la musique russe se reconnaît à une peinture à grands traits brillants et des mélodies d'un caractère à la fois dramatique et majestueux. Le rythme en est modelé sur la prosodie slave, et les mélodies simples et faciles à fredonner sont rafraîchissantes si on les compare aux motifs musicaux complexes et élaborés que l'on rencontre dans les opéras allemands de l'époque.

Mettez-m'en cinq !

Glinka fut admiré comme un héros par d'autres compositeurs russes de son époque qui décidèrent de bannir toute influence de l'Europe occidentale de leur musique pour inventer une musique authentiquement russe. Ils formèrent ce qu'on a appelé le groupe des Cinq, composé de : Mily Balakirev (1837-1910), qui est le véritable initiateur du groupe bien qu'il n'écrivît jamais un seul opéra, César Cui (1835-1918), Alexandre Borodine (1833-1887), Modeste Moussorgski (1839-1881) et Nikolaï Rimski-Korsakov (1844-1908).

Tous étaient de bons musiciens, mais seul Balakirev était un véritable professionnel. Cui était professeur de génie militaire, Borodine chimiste, Moussorgski fonctionnaire, et Rimski-Korsakov officier de marine. C'est le marin qui devint le plus accompli dans le royaume symphonique, et le fonctionnaire le meilleur compositeur d'opéra.

De nos jours, Moussorgski est considéré comme un des plus importants compositeurs russes d'opéra. Celui qu'il a écrit en 1874, *Boris Godounov*, est considéré comme l'opéra nationaliste russe par excellence. Nous vous en reparlerons au chapitre 9.

Ce qui rend cet opéra unique, c'est qu'on n'y trouve aucune trace de l'opéra italien. L'histoire est décomposée en *tableaux* plutôt qu'en scènes d'action traditionnelles et, au lieu d'airs plaisants et soignés, on y trouve des accents rudes, un caractère populaire marqué. Le style de Moussorgski était si unique, si inouï dans son âpreté que certains compositeurs – Rimski-Korsakov en tête – crurent lui rendre service en réécrivant ses partitions dans un style plus séducteur, plus « politiquement correct ». Mais on reconnaît aujourd'hui la valeur et l'originalité de ce qui, à l'époque, passait pour de la maladresse.

Contrairement à ce que pensent certains nouveaux venus à la musique, Rimski-Korsakov n'est pas le nom d'un duo de professionnels comme le sont Roux-Combaluzier, Otis-Pifre et Edoux-Samain dans un autre domaine, mais celui d'un personnage unique dont le nom complet est Nikolaï Andreïévitch Rimski-Korsakov. Sa musique est élégante, raffinée et colorée, et a un parfum russe certain. Il a écrit des opéras inspirés par le folklore de son pays, dont le plus connu est *Le Coq d'or*. Moins connus sont *Sadko*, *La Nuit de mai* et *Sniegourotchka* (« La Fille de neige »).

Piotr Ilitch Tchaïkovski

Le meilleur de tous n'était pas membre du groupe des Cinq. C'était un homme au tempérament introverti, névrosé, vulnérable qui a passé sa vie entière dans la souffrance.

Piotr Ilitch Tchaïkovski (1840-1893) était, lui aussi, un nationaliste convaincu. Bien que bon connaisseur des formes européennes de la musique, il a composé des œuvres au caractère indubitablement slave. Mais il ne cherchait pas particulièrement à retrouver des racines folkloriques.

Les parents de Tchaïkovski le destinaient au droit et, après ses études dans cette voie à Saint-Pétersbourg, il exerça pendant quelque temps des fonctions officielles au ministère de la Justice. Rapidement, il se tourna vers la musique et entra au conservatoire de Saint-Pétersbourg, où il se distingua assez pour devenir professeur au nouveau conservatoire créé à Moscou. Mais cela ne lui suffisait pas pour vivre décemment.

Par chance, la riche veuve d'un propriétaire d'une compagnie de chemin de fer, Nadejda von Meck, s'intéressa à sa musique et lui versa régulièrement une pension grâce à laquelle il put s'adonner sans réserve à la composition. Le versement de cette pension était subordonné à une singulière condition : il ne devait jamais chercher à la rencontrer. Et effectivement, ils ne se rencontrèrent jamais. Au bout de treize ans, sa protectrice cessa brutalement de le subventionner. Entre-temps, il lui avait dédié plusieurs œuvres, notamment sa *Quatrième Symphonie*, qui porte la dédicace : « À ma meilleure amie ».

Nobody knows the trouble I've seen[5]

L'un des problèmes de Tchaïkovski était son homosexualité. À son époque, en Russie, cela constituait un crime passible d'exil en Sibérie. Dans la plus grande partie de sa vie, il cacha désespérément sa véritable nature. Plusieurs historiens pensent d'ailleurs que sa mort n'est pas due au choléra mais à un suicide consécutif à une affaire de mœurs. Quoi qu'il en soit, on devine aisément que le désespoir qui perce dans la musique de Tchaïkovski n'est pas sans rapport avec la dissimulation constante dans laquelle il était contraint de se réfugier.

À un certain moment, Tchaïkovski crut qu'il pourrait « se guérir » en se mariant. Il épousa donc une de ses anciennes élèves qui avait montré de l'attachement pour lui. Mais ce fut un mariage désastreux et, après son divorce, il fut encore plus malheureux qu'avant.

La musique d'une âme désespérée

Malgré ses tourments personnels, la musique de Tchaïkovski (symphonies, ballets, opéras et ouvertures) devint très rapidement populaire et sa renommée se répandit dans le monde entier. C'est lui qui dirigea l'orchestre lors de l'inauguration du Carnegie Hall de New York, en 1891.

Quelle est la raison de cette popularité ? En un mot comme en cent : la *mélodie*. C'était incontestablement son plus grand don. Dans la tradition inaugurée par Glinka, toute sa musique n'est que mélodie.

Deux caractéristiques semblaient le destiner à être l'un des meilleurs compositeurs d'opéra de son temps. D'abord, le sens du dramatique dont témoignent d'ailleurs ses symphonies et sa musique de ballet (le thème d'amour de *Roméo et Juliette* – celui que vous entendez en musique de fond pour chaque

5. Titre d'un ***gospel*** (sorte de chant religieux afro-américain) très connu, qui pourrait se traduire par : « Personne ne sait quels sont mes problèmes. » (N.D.T.)

baiser échangé au cinéma ou à la télé – en est un des plus beaux exemples). Ensuite, son existence même n'a été qu'un long drame, avec mariage raté et vie secrète tourmentée.

Cependant, parmi les dix opéras qu'il a écrits, deux seulement ont surnagé : *Eugène Onéguine* (1878) et *La Dame de pique* (1890), le premier étant celui qui a connu le plus grand succès (vous le retrouverez évoqué au chapitre 9).

Les continuateurs de Tchaïkovski

L'opéra russe n'est pas mort avec Tchaïkovski. Trois autres maîtres méritent qu'on leur consacre quelques lignes.

Stravinsky

Le premier est Igor Stravinsky (1882-1971), dont le ballet *Le Sacre du Printemps* fit scandale lors de sa création, à Paris, en 1913. Son opéra *The Rake's Progress* (littéralement : « La Carrière du libertin », mais on utilise généralement son titre original) fut créé à Venise en 1951 ; il est toujours au répertoire aujourd'hui. En 1924, il fit créer à Paris un ouvrage monumental, *Œdipus rex*, sur un livret de Cocteau d'après Sophocle. Le texte récité par le narrateur est en français, et toutes les parties sont en latin.

Prokofiev

Sergueï Prokofiev (1891-1953) est plus connu pour ses œuvres orchestrales et son ballet *Roméo et Juliette*, mais il laisse des opéras remarquables. Enfant précoce, il avait déjà composé de nombreuses partitions lorsqu'il entra au conservatoire de Saint-Pétersbourg, en 1904. Son esprit indépendant s'y heurta aux idées très conservatrices du directeur, Alexandre Glazounov. Après la révolution d'Octobre, il obtint l'autorisation de voyager à l'étranger, et il séjourna par intermittence en Amérique, puis à Paris, rentrant définitivement en Russie en 1936. De retour au pays, de nouveau en contact avec les racines de son inspiration, il se trouva cependant en marge de la politique artistique officielle et fut l'objet, en 1948, d'une censure directe et sévère. Staline lui cassa les pieds jusqu'au dernier souffle : les deux hommes moururent le même jour, et inutile de dire que la disparition du pauvre Prokofiev passa inaperçue.

Prokofiev laisse sept opéras. Ses deux grands chefs-d'œuvre sont *Guerre et Paix*, d'après le roman de Tolstoï, et un récit de possession diabolique, *L'Ange de feu*. Brillant, inventif, le langage de Prokofiev se caractérise souvent par son esprit ironique, voire acerbe, que l'on retrouve dans deux autres ouvrages tout à fait délicieux : *Les Fiançailles au couvent* et *L'Amour des trois oranges*, inspiré par une pièce de Gozzi, créé à Chicago en 1919.

Chostakovitch

Le troisième grand Russe du XXe siècle est Dimitri Chostakovitch (1906-1975), sans doute le plus grands des compositeurs qui choisirent de rester en Union soviétique. Cela ne l'empêcha pas de connaître de nombreux déboires avec le régime. Tout jeune, en 1928, il composa un premier opéra intitulé *Le Nez*. Pour illustrer cette nouvelle absurde de Gogol, il recourut largement à la parodie. Le plus grand handicap de l'opéra est son plateau démesuré, puisque l'ouvrage offre en tout 78 rôles parlés ou chantés, dont quelques-uns peuvent toutefois être confiés à une même personne.

Chostakovitch acquit quelques années plus tard une certaine renommée avec son opéra *Lady Macbeth de Mtzensk* (1934), que Staline condamna comme étant « du chaos et non de la musique ». Dès lors, il fut en butte à toutes sortes de tracasseries administratives et sa musique fut bannie des manifestations officielles. Il fit son autocritique et se vengea en composant des symphonies à double sens, très critiques derrière leur apparente soumission au régime. Pour satisfaire aux exigences des instances supérieures, il changea le titre de son opéra « chaotique » en *Katerina Ismaïlova*. Depuis lors, l'opéra a retrouvé son titre original sous lequel il connaît, principalement dans son pays, un grand succès.

Chapitre 8

Pendant ce temps-là, dans le reste du monde…

Dans ce chapitre :

- L'éveil des nations tchèque, hongroise et polonaise.
- En Espagne, *zarzuela* et opéra.
- L'opéra anglais et la floraison tardive de l'opéra américain.

L'éveil des nations d'Europe centrale et orientale

Nous avons évoqué plus haut la manière dont les opéras de Verdi exaltaient la fibre nationaliste italienne, pendant que l'Italie préparait son unité nationale. Dans les mêmes années, à partir de 1840 environ, dans les pays soumis à la couronne des Habsbourg (notamment la Bohême et la Hongrie) ou à celle des tsars de Russie (la Pologne), l'opéra prit un essor considérable lors des grands élans nationalistes. Au carrefour de la littérature, de l'histoire et de la peinture, ce genre participa d'une manière fondamentale à l'édification des cultures nationales. Comme ce fut le cas avec Verdi, les opéras faisaient vibrer le public par des sujets nationaux ou historiques à l'arrière-plan politique explicite ; il soutenait également le renouveau des langues nationales, jusque-là boudées par les élites au profit de l'allemand ou du russe.

Les compositeurs de ces pays s'appuyèrent largement sur les modèles italiens et français, qu'ils pimentèrent d'échos plus ou moins authentiques de leur musique nationale (les recherches ethnomusicologiques n'étaient pas encore très pointues en ce temps-là). Certains d'entre ces musiciens jouèrent en outre un rôle crucial dans l'édification d'opéras et la création de troupes et d'orchestres professionnels. Cette production se révèle souvent d'une excellente qualité. Dans leurs pays respectifs, ils sont toujours fêtés comme des héros de la nation, à l'égal de ces meneurs politiques dont ils ont, souvent, aiguillonné l'ardeur. Mais la langue et la spécificité des sujets choisis firent barrage à une diffusion internationale que certains auteurs, d'ailleurs, ne recherchaient pas.

La Hongrie

La Hongrie eut elle aussi fort à faire pour reconquérir son indépendance nationale face à l'Autriche, imposer sa langue et sa culture à l'intérieur de ses propres frontières. Dès 1820, des prototypes d'opéras hongrois se jouèrent çà et là. Mais le véritable fondateur de l'opéra national hongrois fut Ferenc Erkel (1810-1893). Ses opéras historiques soulevèrent les foules. *Hunyadi László* (1844) met en scène un grand héros national et *Bánk bán* (« Le Ban Bánk ») repose sur une pièce longtemps censurée, tant son message anti-autrichien était limpide. Ces deux ouvrages ont un parfum magyar très séduisant, issu de la musique envoûtante des orchestres tziganes hongrois (qui inspira aussi les *Rhapsodies hongroises* pour piano de Liszt ou les *Danses hongroises* de Brahms). Erkel régna sur l'opéra hongrois jusqu'à sa mort et ses derniers ouvrages témoignent d'un rapprochement avec le langage de Wagner. Il est également l'auteur de l'hymne national hongrois.

Dans les générations suivantes, plusieurs compositeurs firent une carrière internationale et composèrent principalement en allemand, langue plus facile à exporter : Károly Goldmark (1830-1915), l'auteur de *La Reine de Saba*, et deux rois de l'opérette viennoise, Franz Lehár (1870-1948), le compositeur de *La Veuve joyeuse* et du *Pays du sourire*, et Imre Kálmán (1882-1953), qui écrivit *Princesse Csárdás*.

Les deux grands noms de l'opéra hongrois au début du XXe siècle furent Béla Bartók (1881-1945) et Zoltán Kodály (1882-1967). Pièce de théâtre mêlée de musique, dans l'esprit du *Singspiel* allemand, *Háry János* de Kodály est une œuvre très populaire en Hongrie dans laquelle un vieux soldat fanfaron raconte ses exploits imaginaires (notamment sa victoire sur un Napoléon assez pathétique). On en joue régulièrement des extraits rassemblés en suite d'orchestre, tout à fait délicieux. L'unique opéra de Bartók, *A Kékszakállú herceg vára* (« Le Château de Barbe-Bleue »), est une œuvre beaucoup plus dense et profonde qui s'inscrit dans le courant symboliste, comme *Pelléas et Mélisande* de Debussy. Vous en apprendrez davantage sur cette partition au chapitre 9.

Des Tchèques bien approvisionnés

À l'écart des principales nations, une petite nation, la Bohême (qui forme avec la Moravie l'actuelle République tchèque) ne restait pas à l'écart des grands courants musicaux. Parmi ses compositeurs marquants, il faut citer Bedrich Smetana (1824-1884), Antonín Dvorák (1841-1904) et Bohuslav Martinu (1890-1959).

Smetana a été un des premiers compositeurs nationalistes de son pays et sa musique est empreinte d'un caractère typiquement bohémien avec ses rythmes et ses mélodies empruntés au folklore. Son opéra comique *La Fiancée vendue* est souvent représenté non seulement dans son pays mais aussi dans le reste du monde.

Dvorák fut influencé par Smetana. Il a écrit beaucoup de musiques agréables où se mêlent des rythmes forts et des thèmes nostalgiques et un opéra, *Rusalka*, toujours joué de nos jours.

Enfin, Martinu. Né dans un clocher d'église dans une petite ville de Bohême, Martinu s'installa en 1923 à Paris. En 1940, l'arrivée de l'armée allemande l'obligea à fuir aux États-Unis. Son intention de rentrer en Tchécoslovaquie achoppa en raison des événements politiques et il passa ses dernières années à l'étranger, décédant en Suisse en 1959. L'éclectisme de Martinu se reflète dans ses seize opéras, où figurent des ouvrages surréalistes comme *Julietta* (d'après Georges Neveux) et *Les Trois Souhaits*, ainsi que *La Passion grecque*, inspirée par Nikos Kazantzakis, une sombre histoire de vendetta parmi les villageois qui jouent la Passion du Christ, un peu comme dans *Paillasse* de Leoncavallo.

Leos Janácek (1854-1928), quant à lui, était morave, et très fier de l'être. Pour lui, le centre du monde était Brno, et se faire représenter à Prague avait déjà l'allure d'un triomphe international. De fait, son talent mit longtemps à se faire connaître à l'étranger, mais quel talent ! À l'origine instituteur, il a composé dans un style plus moderne que Dvorák. Il laisse des opéras magnifiques, dont *Jenufa*, *Katia Kabanová*, *L'Affaire Makropoulos* et *La Petite Renarde rusée* sont les plus connus.

L'art lyrique reste très vivace en Hongrie. Les noms d'auteurs contemporains comme Emil Petrovics ou Sándor Szokolay ont passé les frontières hongroises à plusieurs reprises, sans compter György Ligeti, qui a composé l'un des chefs-d'œuvre récents de l'opéra : *Le Grand Macabre*.

La Pologne

Comme en Hongrie et en Bohême, c'est au milieu du XIXe siècle qu'a émergé l'opéra polonais, avec Stanislaw Moniuszko (1819-1872). Son opéra majeur, *Halka*, fut créé à Vilnius en 1848 avant de triompher dix ans plus tard à Varsovie, dans une version largement remaniée. La première moitié du XXe siècle est dominée par la figure de Karol Szymanowski, auteur dans les années vingt de deux magnifiques ouvrages : *Hagith* et *Król Roger* (« Le Roi Roger »). Témoignant de la fascination exercée sur le compositeur par l'Orient, *Le Roi Roger*, situé dans la Sicile médiévale, fait écho au conflit que le philosophe Nietzsche voyait entre Apollon et Dionysos, entre le rationnel serein et l'irrationnel passionné.

Plus près de nous, la tradition de l'opéra polonais se poursuit avec notamment Krzysztof Penderecki, dont les ouvrages ont cependant été créés hors de Pologne.

En Espagne, zarzuela et opéra

L'Espagne fut source d'inspiration pour de nombreux auteurs étrangers. On ne compte plus les ouvrages qui se passent à Séville, et nous ne parlons pas seulement du fameux *Barbier* de Rossini… Elle a également développé un répertoire propre. Le grand genre populaire national, la *zarzuela*, combine chant, danse et dialogues parlés ; son histoire est ancienne, mais elle connut son heure de gloire dans la seconde moitié du XIXe siècle. À l'instar de leurs confrères d'Europe centrale ou orientale, les compositeurs espagnols se sont souvent appuyés sur des sources populaires pour donner à leurs opéras un parfum national. Les deux plus grands noms de l'opéra espagnol sont Enrique Granados et Manuel de Falla.

Granados

Enrique Granados (1867-1916) se fit connaître en Espagne comme pianiste et compositeur de zarzuelas, mais laisse aussi un opéra important, *Goyescas*, inspiré par les pièces homonymes qu'il avait composées pour le piano, qui rendent hommage au peintre Goya. Il mourut en mer, dans la Manche, lorsque le bateau qui le ramenait d'Amérique à Liverpool fut torpillé par un sous-marin allemand.

Falla

Manuel de Falla (1876-1946) est l'un des rares compositeurs espagnols à s'être taillé une réputation internationale. Après un revers de fortune, il assura l'entretien de sa famille à Madrid en composant des zarzuelas. Sa première partition scénique importante fut le drame lyrique *La vida breve* (« La Vie brève »), créé à Nice en 1913. Inspiré par un épisode du *Don Quichotte* de Cervantès, l'opéra pour marionnettes *El retablo de maese Pedro* (« Les Tréteaux de maître Pierre ») date de 1922.

Et chez nos voisins anglais ?

L'histoire de l'opéra en Angleterre ressemble à un gruyère : trois périodes vastes, et un gros trou au milieu.

La première période est la fin du XVIIe siècle. Henry Purcell (1659-1695) composa de nombreuses musiques de scène et contribua à un genre auquel les musicologues ont donné le nom de *semi-opéra*, un drame parlé entrecoupé de morceaux chantés accompagnés de mises en scène fastueuses et faisant souvent intervenir le merveilleux. L'un des ouvrages les plus séduisants, dans ce genre, est *King Arthur* (« Le Roi Arthur »), dont vous connaissez peut-être l'air le plus saisissant, l'*Air du Génie du froid*. Le chant du Génie est fait de syllabes entrecoupées de silences, comme s'il hoquetait ; l'effet est particulièrement original. Vous avez peut-être entendu cet air chanté par Klaus Nomi ou, plus récemment, dans une publicité pour une célèbre marque de café.

Le seul véritable opéra est de Purcell, c'est *Dido and Aeneas* (« Didon et Énée »), créé en 1690 dans une école de jeunes filles. Il se termine par une des plus belles pages de l'histoire de l'opéra, la lamentation de Didon mourante.

Un Saxon à Londres : Haendel

Au XVIIIe siècle, il ne se trouva aucun compositeur anglais pour composer des opéras. La haute société s'était prise de passion pour l'opéra italien et son *star system*, avec ses castrats et ses sopranos mégalomanes et fantasques. Et c'est un Allemand, passé faire ses classes en Italie (où il avait reçu le surnom du « Saxon », *il Sassone*), qui en devint le grand spécialiste : Georg Friedrich Haendel (1685-1759).

Haendel se fit connaître à Londres en 1711, avec le triomphe du sixième de ses 46 opéras, *Rinaldo*. Il s'était établi en Angleterre pour y faire fortune et y réussit bientôt. Il obtint le soutien d'un groupe de nobles qui formèrent en 1719 l'Académie royale de musique, dans le but de pourvoir en opéras italiens le King's Theatre (le « Théâtre du Roi ») à Haymarket. Haendel en devint naturellement le compositeur attitré. *Giulio Cesare in Egitto* (« Jules César en Égypte ») marqua en 1724 le point culminant de la compagnie. Ensuite, l'histoire est moins glorieuse : la compagnie fut menée à la faillite, et Haendel avec elle, par divers problèmes financiers qu'augmentaient les rivalités personnelles entre les membres de la troupe : les deux sopranos vedettes, Francesca Cuzzoni et Faustina Bordoni, en arrivaient à se crêper le chignon sur scène, devant le public ébahi, ce qui leur valut le surnom de *rival queens* (« reines rivales »). Le nouveau roi, George II, finit par dissoudre la compagnie en 1728. Pour l'Académie royale, Haendel avait écrit quinze nouveaux opéras, dont certains comme *Tamerlano* avaient fait sensation.

L'opéra, à cette époque, était avant tout une affaire commerciale, et Haendel s'y entendait pour caresser chanteurs et auditeurs dans le sens du poil. Il remaniait ses partitions jusqu'à la dernière minute de la dernière répétition pour complaire aux exigences des premiers, et savait ménager les airs langoureux, les démonstrations pyrotechniques et les effets dramatiques qui satisfaisaient les seconds. Quant au livret, tout le monde s'en fichait pas mal. Rares étaient les auditeurs londoniens qui comprenaient l'italien, et, par-dessus le marché, les surtitrages n'avaient pas encore été inventés. Mais comme les mêmes livrets circulaient éternellement, ressassant toujours les mêmes histoires tirées de la mythologie, on en connaissait suffisamment les grandes lignes pour suivre *grosso modo* le déroulement.

Comme si les malheurs de Haendel n'étaient pas suffisants, en 1728, un dénommé John Gay fit créer un anti-opéra, *The Beggar's Opera* (« L'Opéra des gueux »), qui prenait le contre-pied des opéras italiens et de leur débauche de faste, leurs dieux et leurs déesses. L'œuvre de Gay s'adressait à la classe moyenne et, à la manière du vaudeville français (voir au chapitre 5), calquait de nouvelles paroles (en anglais) sur des airs existants. Cette pièce satirique inspira en 1928 un ouvrage du même type à Bertolt Brecht et Kurt Weill, *Die Dreigroschenoper* (« L'Opéra de quat'sous).

L'Opéra des gueux eut un effet dévastateur. Néanmoins, désireux de se refaire, Haendel fonda dès 1729 une nouvelle Académie royale de musique. Mais une lutte avec la compagnie rivale laissa les deux maisons exsangues et, en 1737, Haendel mit la clef sous la porte, la situation de son corps malade ne valant pas mieux que celle de son porte-monnaie. Pourtant, en 1738, il joua son va-tout et fonda une troisième compagnie, avec laquelle il présenta un ouvrage par an, parmi lesquels l'un de ses plus beaux : *Serse* (« Xerxès »), où figure le fameux *Largo*. Ce fut peine perdue. Le temps de l'opéra italien, le genre sur lequel avait reposé toute sa carrière, était bel et bien fini en Angleterre. En 1741, *Deidamia* fut le dernier de ses 46 opéras.

Heureusement, Haendel avait bien d'autres cordes à son arc. Il se lança à fond dans la composition d'œuvres instrumentales et surtout d'oratorios, des histoires sacrées mises en musique dans un style proche de l'opéra, mais avec moins de vocalises « gratuites », des chœurs plus spectaculaires et plus de gravité. C'est à ce genre qu'appartient sa partition la plus connue, *Messiah* (« Le Messie »), avec son célèbre *Alléluia.* Mais Haendel composa bien d'autres oratorios, comme *Saul*, *Israël en Égypte* ou *Solomon*.

L'Opéra national anglais

Après Haendel survint le plus gros trou de notre gruyère historique. Au XIXe siècle, on vit bien naître quelques ouvrages de compositeurs d'opéra anglais, irlandais et écossais, mais ils ont tous disparu du répertoire, et aucun n'a passé la Manche. Seul un compositeur d'ascendance irlandaise, Arthur Sullivan, continue de triompher, mais c'est grâce à ses opérettes, écrites en collaboration avec W. S. Gilbert.

Au XXe siècle, plusieurs compositeurs s'attachèrent à faire renaître une tradition lyrique anglaise. Leurs ouvrages restèrent longtemps confinés à un public local. C'est avec *Peter Grimes* de Benjamin Britten, en 1945, que l'opéra anglais acquit une audience internationale. (Voir au chapitre 9 les détails sur cet ouvrage.) Tout en étant spécifiquement anglais, le sujet (la confrontation entre un marginal et une communauté fermée) avait des résonances bien plus larges. Il s'ensuivit une série de partitions remarquables, ponctuées par *Death in Venice* (« Mort à Venise »), d'après la nouvelle de Thomas Mann. À la fin du XXe siècle, le répertoire anglais s'est enrichi des ouvrages de Michael Tippett et de ceux d'une jeune génération repoussant les limites de l'opéra traditionnel.

Les États-Unis de l'opéra

Une des raisons qui justifient la popularité tardive de l'opéra aux États-Unis est incontestablement le fait que la plupart des opéras sont écrits dans une langue étrangère. L'Américain moyen se demande, en effet : « Pourquoi n'y a-t-il pas davantage d'opéras écrits dans notre bonne vieille langue ? »

La réponse est simple : tout simplement parce que l'Europe a environ mille ans d'avance sur les États-Unis.

Conséquence : dans les premières années des États-Unis, chanteurs, chefs et producteurs étaient importés d'Europe pour distraire le Nouveau Monde. Et lorsqu'il a existé des compositeurs du cru et qu'ils se sont mis à écrire des opéras, leurs premières tentatives ont été fortement inspirées de ce qui se faisait en Europe (dont ils étaient souvent originaires).

Cependant, l'action de ces œuvres se déroulait en des pays exotiques (pour les Américains) : France médiévale, Afrique du Nord et autres endroits lointains. L'Amérique avait cependant déjà suffisamment de traditions et de problèmes pour fournir le sujet d'une œuvre musicale nationale. La musique afro-américaine, le jazz et la musique de film allaient aider à créer un « son américain » et permettre à des talents nationaux de s'épanouir.

Gershwin et consorts

Prenez par exemple George Gershwin (1898-1937). La plupart de ses œuvres sont ce qu'on appelle à Broadway des *musicals* (comédies musicales) : *Girl Crazy*, *Of These I Sing*, *Let'Em Eat Cake*, *Funny Face* et *Oh, Kay !*

Il a aussi composé une œuvre scénique plus proche de la structure de l'opéra : *Porgy and Bess*, qui trouve tout à fait sa place dans ce livre. Bien que les influences du jazz et de la musique typiquement américaine y soient constamment présentes, c'est un véritable opéra. Les personnages en sont de petites gens, des Afro-Américains pauvres et opprimés. Vous pourrez lire nos commentaires abondants sur cette œuvre au chapitre 9 et en écouter un extrait à la plage 13 du CD d'accompagnement.

Il ne faut pas oublier le compositeur de ragtime Scott Joplin (1868-1917), popularisé en France par la musique du film *L'Arnaque* qui utilise quelques-uns de ses ragtimes les plus célèbres. Il a écrit deux opéras dont le premier a été perdu. Le second, *Treemonisha* connaît parfois des reprises.

Deux des plus grands compositeurs dans le style « sérieux » sont Samuel Barber (1910-1981) et Aaron Copland (1900-1990). L'opéra *Vanessa* du premier est considéré dans son pays comme un des plus importants du répertoire moderne. Il en a écrit un autre, *Antony and Cleopatra*, à l'occasion de l'inauguration du New Metropolitan Opera de New York. *The Tender Land*, d'Aaron Copland, dont l'action se déroule pendant la crise économique de 1929, connaît des reprises périodiques tant aux États-Unis qu'à l'étranger.

L'opéra américain se porte bien, merci

Après la fin de la Seconde Guerre mondiale, l'économie américaine a connu un grand bond en avant, ce qui a créé un climat optimiste favorable à l'éclosion de la *comédie musicale*, genre dans lequel dialogues et airs alternent avec la même importance. Les paroliers y sont sur le même plan que les compositeurs.

Voici quelques titres qui ne diront sans doute rien à ceux de nos lecteurs qui ont moins d'une cinquantaine d'années, à moins que ce ne soient des passionnés de la Cinémathèque (la plupart d'entre eux ayant donné lieu à une adaptation cinématographique) : *Show Boat*, *My Fair Lady*, *Hello Dolly*, *West Side Story*... Plus près de nous, on trouve *Rent* ou *Les Misérables*. Beaucoup de gens pensent que la comédie musicale représente la contribution majeure de l'Amérique au genre musical qu'est l'opéra.

Mais cette éclosion de comédies musicales n'a pas empêché les opéras traditionnels américains de germer çà et là. *Susannah* (1955) de Carlisle Floyd en est un exemple. Sur une histoire dépourvue de toute sophistication, on trouve des éléments folkloriques typiques comme des *square dances* et des airs populaires des Appalaches.

Plus récemment, John Adams a secoué le monde musical avec son opéra minimaliste *Nixon in China*. Philipp Glass a écrit quatre opéras très intéressants : *Einstein on the Beach* (« Einstein à la plage »), *Satyagraha* (chanté en sanscrit, qui a pour sujet le mouvement de résistance non-violent de Gandhi), *Akhnaten* (sur le pharaon, époux de Néfertiti, Akhenaton) et *The Voyage* (associant le voyage de Christophe Colomb avec les voyages dans l'espace).

Un autre compositeur américain particulièrement doué est John Corigliano, l'auteur de *The Ghosts of Versailles* (« Les Fantômes de Versailles ») : un opéra où l'on glisse sans effort d'une époque à l'autre et où interviennent les personnages des *Noces de Figaro* dans une atmosphère joyeuse de voyage à travers le temps.

Troisième partie

Guide des opéras les plus connus

Dans cette partie...

Tout le reste de ce livre est consacré à l'opéra en général : les gens, la forme artistique, l'orchestre, la musique, les paroles. L'opéra, c'est davantage que des mots et de la musique. C'est aussi un livret qui raconte une histoire. Si vous écoutez un opéra sur l'autoradio de votre voiture, vous perdez la moitié de votre plaisir.

Cette partie est la plus importante du livre. À la fois parce que c'est elle qui comporte le plus de pages et parce que, comme nous venons de le souligner, un opéra dont on ignore le livret, c'est un jour sans soleil. Dans le chapitre 9, nous résumerons le livret des 50 opéras que, d'après nous, vous avez le plus de chances d'entendre, que ce soit dans une salle de spectacle, à la télévision ou en disque. Le chapitre 10, quant à lui, vous présentera en détail les morceaux du CD d'accompagnement.

Chapitre 9

Les 50 plus grands moments de l'opéra

Dans ce chapitre :

- Analyse des opéras les plus connus.
- Les plus célèbres scènes d'amour, de folie et de mort.
- Faits, anecdotes, personnages et potins pour étonner vos amis.

Dans ce chapitre, vous trouverez les clefs pour apprécier les 50 opéras les plus populaires : résumé de l'action, date et lieu de création, anecdotes…

Ce chapitre a été conçu pour vous venir en aide dans trois directions :

- Vous aider à choisir un opéra que vous souhaiteriez voir (sur cassette vidéo ou dans une salle de spectacle).
- Vous aider à vous préparer à l'opéra que vous allez voir en vous signalant les airs les plus importants, l'entrée des personnages et ainsi de suite afin que vous ayez des points de référence.
- Vous donner des histoires à lire avant de vous endormir pendant plusieurs mois.

En ce qui concerne les noms de ces opéras, nous avons choisi ceux sous lesquels ils sont connus en France. Il n'y a pas de règle absolue : certains conservent toujours leur titre original, tandis que pour d'autres c'est la traduction française qui est le plus usitée, soit parce que la prononciation du titre original est trop difficile pour nous, soit parce que l'usage le veut ainsi. Dans ce cas, le titre étranger figurera accompagné d'un renvoi au titre français. Les opéras russes n'apparaîtront qu'au titre français.

Les titres apparaissent ici dans l'ordre alphabétique sans tenir compte d'un éventuel article défini. Par exemple *L'Enlèvement au sérail* figurera à la lettre « E » et non pas à la lettre « L ».

Aida

Auteur : Giuseppe Verdi. **Livret :** en italien d'Antonio Ghislanzoni. **Première représentation :** Le Caire, 1871.

Ce qu'il faut retenir : L'éternel triangle amoureux, ici en quatre actes, et dans l'Égypte ancienne. C'est un des opéras de Verdi les plus populaires et c'est l'un des plus joués dans le monde. La production en est coûteuse, exigeant différents décors plus grandioses les uns que les autres, mais le jeu en vaut la chandelle. Des passions réellement humaines, un drame intime sur fond de vaste fresque politico-religieuse, bref de quoi retenir constamment l'attention.

Anecdote : Le spectacle était une commande du khédive d'Égypte, Ismaïl Pacha, d'un montant de 20 000 dollars, pour l'inauguration du nouvel Opéra du Caire. Quand la première en Italie eut lieu, un an plus tard, dirigée par Verdi lui-même, ce fut un tel succès qu'il y eut trente-deux rappels.

Anecdote n° 2 : Ghislanzoni écrivit son livret d'après un argument que lui avait fourni le bey, œuvre d'un auteur inconnu. D'aucuns y ont reconnu la main d'Antoine Mariette, le premier déchiffreur de hiéroglyphes.

Acte I. Les vilains Éthiopiens avancent sur Memphis, menaçant l'existence de la *country music*… Euh ! non, petite erreur… Il s'agit ici de Memphis en *Égypte*, non pas de Memphis dans l'État du Tennessee.

Le ténor Radamès, par ailleurs valeureux guerrier, prie pour être désigné comme chef des armées qui vont défendre son pays. Devenir ainsi un héros national l'aiderait, pense-t-il, à séduire l'esclave éthiopienne qu'il adore, Aida (soprano). Radamès chante son air (ne nous demandez pas pourquoi un jeune Égyptien chante en italien).

Celeste Aida, forma divina,	Céleste Aida, beauté divine,
Mistico serto di luce e fior, del mio pensiero	Mystérieux mélange de lumière et de fleurs,
Tu sei regina,	Tu es la reine de mon âme,
Tu di mia vita sei lo splendor.	La radieuse splendeur de ma vie.

Dans le genre chanson d'amour, on n'a jamais rien écrit de mieux !

Deux pépins vont gâter cette idylle. D'abord, la fille du roi, Amneris, a jeté son dévolu sur Radamès. Ensuite, Aida est l'esclave personnelle d'Amneris. Dans le trio *Vieni, o diletta*, Amneris chante traîtreusement à son esclave : « Viens, ma plus chère amie, viens près de moi. Tu ne seras plus mon esclave mais ma sœur, je le proclame. » Mais cette soudaine amitié n'a qu'un but : lui tirer les vers du nez à propos de ses sentiments pour Radamès.

C'est finalement Radamès qui a été choisi pour mener l'armée d'Égypte au combat. Et devinez qui est le chef de l'armée ennemie ? Un certain Amonasro, qui n'est autre que le père d'Aida. Mais chut… c'est encore un secret.

La situation va encore se compliquer pour la pauvre Aida. Si elle souhaite la victoire de son père, ça signifie que son Radamès devra périr. La foule clame : *Ritorna vincitor !* (« Reviens vainqueur ! ») Aida chante son fameux air *Numi pietà, del mio soffrir* (« Dieux miséricordieux, entendez ma peine »). Le premier acte se termine par une danse égyptienne au cours de laquelle Radamès se prépare au combat.

Acte II. Radamès a triomphé, balayant les Éthiopiens et faisant un grand nombre de prisonniers. La scène se remplit de soldats, de prisonniers, de trompettes, d'éléphants (quand le plancher est assez solide pour les supporter) et des trophées rapportés par Radamès. Le roi d'Égypte le félicite et lui offre tout ce qu'il demandera. Radamès voudrait bien répondre : « J'aimerais épouser l'esclave de votre fille, s'il vous plaît. »

Il demande que soient libérés les prisonniers. Il n'en reste que deux : Aida (mais ce n'est pas Radamès qui l'avait capturée) et son papa, qui avait eu la bonne idée de se déguiser en simple officier. En guise de récompense, le roi accorde la main de sa fille au vainqueur, bien embarrassé. La foule applaudit à grands cris : *Gloria all' Egitto !* (« Gloire à l'Égypte ! ») On entend résonner un air guerrier de trompettes que vous avez forcément déjà entendu cent cinquante fois. Tout le monde est heureux sauf, bien sûr, Radamès et Aida.

Acte III. Un temple au clair de lune, au bord du Nil. Survient Aida qui a donné un rendez-vous secret à Radamès. Mais ce dernier est devancé par le père d'Aida. Dans un duo passionné, il persuade sa fille d'extorquer à Radamès le plan qui sera suivi pour la poursuite du combat en lui expliquant que si elle refuse, c'en sera fini du peuple éthiopien, de sa famille et de ses amis. Finalement, après de longues réticences, Aida y consent.

Radamès finit par se montrer. Dans un autre duo passionné, Aida lui suggère de fuir avec elle : *Fuggiam gli ardori inospiti* (« Fuyons ce désert inhospitalier »). Radamès succombe à sa prière, lui indiquant même comment ils pourront fuir en cachette : « Il nous suffira d'emprunter la passe de Napata qui n'est pas gardée ! » Aïe ! c'est précisément le secret militaire qu'il aurait dû taire, car c'était la stratégie qui devait être mise en application le lendemain !

Le roi Amonasro sort alors de sa cachette d'où il a tout entendu. À son tour, la princesse Amneris sort d'une autre cachette d'où elle aussi a tout entendu. Radamès est effondré d'avoir ainsi trahi sa patrie.

Acte IV. La princesse Amneris propose à Radamès d'intercéder en sa faveur. Mais il ne veut rien entendre : *Sol bramo di morir* (« Mon seul désir est de mourir »). Les prêtres le condamnent, chantant à plusieurs reprises « Traître ! » ponctuant la plainte désespérée d'Amneris, toute d'amour et de chagrin.

Le spectacle se termine dans un décor divisé en deux niveaux. Au-dessus : le temple où la princesse Amneris sanglote, appuyée sur le rocher qui condamne la crypte dans laquelle a été enfermé Radamès, emmuré vivant. Au-dessous (dans la crypte, donc) : Radamès affrontant bravement la mort et, bientôt, Aida qui l'a rejoint. Ils seront unis dans la mort, avec des adieux déchirants à cette terre, dans le duo magnifique *O terra, addio* (« Ô, terre, adieu »).

Barbier de Séville (Le)

Auteur : Gioachino Rossini. **Titre original :** *Il barbiere di Siviglia.* **Livret :** en italien de Cesare Sterbini, d'après la pièce de Beaumarchais. **Première représentation :** Rome, 1816.

Ce qu'il faut retenir : Comédie romantique et exubérante en deux actes. Action rapide, situations comiques, quiproquos et méprises. Le finale du premier acte fait la part belle au chaos et à la joie. Il faut y assister et pas seulement l'écouter sur un CD. (On retrouve les mêmes personnages dans l'opéra de Mozart *Les Noces de Figaro*, composé antérieurement, mais qui dans le déroulement de la trilogie de Beaumarchais vient après.)

Anecdote : Rossini était un bon vivant et fit beaucoup pour créer l'archétype du bon vivant paresseux. Il allait souvent à l'effort minimum, et c'est ainsi qu'il fit l'économie de la composition d'une ouverture, se contentant de reprendre celle d'un ouvrage précédent qui n'avait pas eu de succès.

Acte I. Le comte Almaviva vient d'arriver à Séville, en Espagne, et y a aperçu fortuitement une jeune beauté, Rosina. Il y retrouve son valet Figaro, qui tient un emploi de barbier et d'homme à tout faire, et lui demande de l'aider dans son entreprise amoureuse. Vous reconnaîtrez certainement le fameux air que Figaro chante quand il entre en scène : *Largo al factotum della città !* (« Place au factotum de la ville ! »)

Rosina est la pupille du vieux docteur Bartolo, lequel envisage de l'épouser pour s'emparer de son héritage. Pour éviter toute suspicion, Figaro propose au comte d'arriver chez Bartolo sous les traits d'un soldat ivre et de lui présenter un billet de logement. Comme le comte veut être aimé pour lui-même et non pour son titre, Figaro annonce à Rosina qu'elle a été remarquée par un jeune homme sans qualité particulière, Lindoro. Rosina, très intéressée, donne à Figaro une lettre d'amour pour le Lindoro en question. (Leur duo se trouve sur la plage 4 du CD. Vous pouvez en lire les paroles au chapitre 10.)

Lorsque le « soldat ivre » pénètre dans son logis, Bartolo veut le jeter dehors. Almaviva réussit cependant à glisser une lettre d'amour à Rosina, à qui il fait savoir discrètement qu'il est Lindoro, et refuse de quitter la place. Entrée de la police, appelée à la rescousse et à qui Bartolo demande d'arrêter le soldat ivre. Almaviva révèle discrètement son identité à l'alguazil en chef qui, respectueux de son rang, bat en retraite. Tout le monde exprime sa stupeur dans un finale endiablé.

Acte II. Le comte Almaviva revient en se présentant cette fois comme Don Alonso, assistant de Don Basilio, le maître de musique de Rosina qui est tombé malade et qu'il vient remplacer. C'est la fameuse leçon de chant dans laquelle le comte feint de donner une leçon de chant à Rosina pendant que Figaro tente de distraire l'attention de Bartolo en le rasant. Figaro s'empare subrepticement de la clef qui ferme la fenêtre du balcon afin que le comte puisse enlever Rosina le soir même. Tout se déroule pour le mieux lorsque Don Basilio entre, apparemment en pleine forme. Figaro et le comte parviennent, en lui graissant la patte, à le persuader de rentrer chez lui.

Almaviva et Rosina discutent de la façon dont va s'opérer l'enlèvement, mais Bartolo les entend. Il décide donc de contrarier leurs plans en épousant sa pupille le soir même et s'en va demander à la police d'arrêter Figaro et « Alonso » comme voleurs lorsqu'ils s'introduiront nuitamment chez lui.

Lorsque Almaviva révèle sa véritable identité, Rosina, enchantée d'apprendre qu'il joint à d'autres estimables qualités celle d'être noble, accepte d'être enlevée. Le notaire arrive pour célébrer le mariage de Bartolo, mais on le persuade facilement de célébrer celui du comte et de Rosina.

À ce moment, Bartolo revient, accompagné des argousins qu'il était allé requérir mais c'est trop tard, le mariage de Rosina et du comte est chose faite. Tout se termine donc bien pour tout le monde, y compris pour Bartolo qui pourra conserver la dot de Rosina.

Bohème (La)

Auteur : Giacomo Puccini. **Livret :** en italien de Giuseppe Giacosa et Luigi Illica, d'après le roman d'Henri Murger *Scènes de la vie de bohème*. **Première représentation :** Turin, 1896.

Ce qu'il faut retenir : Une tragédie douce-amère en quatre actes, l'un des opéras les plus appréciés au monde. Le précurseur de la série télé *Friends*, en quelque sorte : des voisins qui s'essaient à découvrir le véritable amour. C'est le premier succès de Puccini. Mélo à faire pleurer dans les chaumières, mais avec lequel un producteur est assuré d'un bon Audimat.

Anecdote : Les critiques descendirent l'œuvre en flammes lors de sa première, trouvant la musique trop simpliste et l'action vraiment insuffisante. Nul d'entre eux ne se doutait que cet opéra allait devenir l'un des plus représentés au monde.

Acte I. Quatre copains – des artistes, idéalistes et pauvres comme Job – bavardent dans une mansarde à Paris le soir de Noël. Dans la pièce non chauffée, Rodolfo, le poète ténor, accepte de sacrifier son dernier manuscrit qui vient d'être refusé pour faire du feu. Après avoir brocardé leur propriétaire, ils s'en vont festoyer au-dehors, sauf Rodolfo qui s'attarde pour finir un article. On frappe à la porte : c'est Mimi, la voisine, frêle soprano déjà affligée de la toux qui la conduira à la mort.

Au clair de lune, ils cherchent à tâtons sa clef, qu'elle a laissé tomber. C'est le coup de foudre… et le fameux duo *Che gelida manina ! Se la lasci riscaldar* (« Que cette main est froide ! Laissez-moi la réchauffer »). Après ce duo d'amour, ils s'en vont tous deux rejoindre les autres.

Acte II. Au carrefour proche du café, la foule de Noël se presse, joyeuse. Musetta, l'ancienne maîtresse du peintre Marcello, arrive au bras d'un riche et vieux « protecteur ». Ils s'assoient à une table voisine et elle chante un des airs les plus connus de l'opéra, la *Valse de Musette*, flirtant avec Marcello au nez et à la barbe de son vieux beau :

Quando m'en vo soletta per la via,	Quand je m'en vais seule par les rues,
La gente sosta e mira, e la bellezza	Les gens me dévisagent et admirent ma beauté,
Mia tutta ricerca in me,	Regardez-moi,
Ricerca in me da capo a piè.	Contemplez-moi des pieds à la tête.

Une fanfare militaire entre dans le square, à la grande joie de la foule. Les quatre copains portent alors Musetta en triomphe, laissant son vieux compagnon avec la note. Nous sommes ici en pleine comédie.

Acte III. Deux mois après. Dans le froid glacial de l'hiver, dans un café proche de l'octroi, Mimi, plus malade que jamais, retrouve Marcello dont les relations avec Musetta sont loin d'être au beau fixe. Arrive Rodolfo qui raconte à Marcello qu'il envisage de quitter Mimi : *Mimi è une civetta* (« Mimi n'est qu'un amour de passage »). La rupture a lieu au cours d'une scène attendrissante : *Addio, senza rancor* (« Adieu, sans rancune »). Entre-temps, Marcello et Musetta ont, eux aussi, décidé de se séparer. L'acte se termine sur un quatuor de rupture généralisée.

Acte IV. Retour dans la mansarde où Rodolfo et Marcello évoquent avec leurs amis leurs souvenirs du temps où Musetta et Mimi étaient avec eux. Soudain, entre Musetta qui annonce qu'elle vient de trouver Mimi gisant inconsciente dans l'escalier. Les deux garçons se précipitent, la ramènent et l'étendent sur le lit. Musetta au grand cœur enlève ses boucles d'oreilles et les tend à Marcello en lui demandant d'aller les vendre pour acheter des médicaments. Colline, l'un de leurs compagnons, sort aussi pour vendre son « vénérable manteau » et en retirer de quoi acheter de la nourriture. Enfin, c'est au tour de Musetta de sortir afin d'aller chercher un manchon pour réchauffer les mains de Mimi.

Seule avec Rodolfo, Mimi ouvre les yeux et lui murmure faiblement :

Ho tante cose che ti voglio dire,	J'ai tant de choses à te dire,
O una sola, ma grande come il mare,	Ou plutôt une seule, grande comme la mer,
Come il mare profonda ed infinita.	Comme la mer profonde et infinie.
Sei il mio amor… e tutta la mia vita.	Tu es mon amour… et toute ma vie.

Ils se souviennent tous deux de cette première nuit incroyable baignée du seul clair de lune et chantent des passages de leurs airs du début : *Te lo rammenti ?* (« Te rappelles-tu ? ») Retour de leurs amis. Rodolfo entoure les mains de Mimi avec le manchon, mais c'est trop tard. Mimi ferme les yeux. Rodolfo est le dernier à comprendre qu'elle est morte. Il se jette sur son corps en pleurant : « Mimi... Mimi ! »

Si ce spectacle ne vous tire pas des larmes, c'est sans doute qu'il y a quelque chose de détraqué dans vos glandes lacrymales.

Boris Godounov

Auteur : Modeste Moussorgski. **Livret :** en russe de Moussorgski, d'après le drame du même nom d'Alexandre Pouchkine. **Première représentation :** Saint-Pétersbourg, 1874.

Ce qu'il faut retenir : Drame passionnel en quatre actes, inspiré d'une histoire authentique de combats et de coups d'État pour la conquête du trône de Russie. Scènes d'hallucinations et de mort d'une grande intensité dramatique pour Boris, superbes chœurs russes.

Anecdote : C'est le seul opéra que Moussorgski ait terminé parmi une dizaine d'ébauches. C'est peut-être la raison pour laquelle il est surtout connu comme le compositeur d'*Une nuit sur le mont Chauve* et des *Tableaux d'une exposition* (œuvre pour piano plus connue dans l'orchestration qu'en a faite Maurice Ravel).

Moussorgski a longtemps modifié l'agencement des scènes de l'opéra et, plus tard, Rimski-Korsakov s'y mit à son tour. En raison de l'existence de ces multiples refontes successives, vous ne savez jamais quelle version vous allez réellement voir. La version originale de Moussorgski avait été refusée en 1870 par l'Opéra de Saint-Pétersbourg parce qu'il n'y avait pas de premier rôle féminin, pas de ballet, que sa musique était inhabituelle et que le rôle principal n'était pas tenu par un ténor. Le malheureux compositeur passa quatre années à remanier son opéra... qui fut à nouveau refusé. Il fallut que Moussorgski fasse d'autres remaniements pour que l'Opéra de Saint-Pétersbourg finisse par accepter de représenter *Boris Godounov*. Néanmoins, l'opéra fut retiré de l'affiche après vingt-cinq représentations.

Cette œuvre devait connaître d'autres vicissitudes, la dernière étant le rétablissement de la version originale en 1966 par Dimitri Chostakovitch avec sa propre instrumentation.

Acte I. L'action se déroule de 1598 à 1605, en Russie et en Pologne. Le tsarévitch Dimitri a été mystérieusement assassiné. À la mort de son père (le tsar régnant), il n'y a donc plus de descendance directe pour assurer sa succession au trône. Certains soupçonnent Boris Godounov (basse), un parent éloigné du tsar, d'être l'assassin du tsarévitch. Boris parvient à se faire couronner. Entre-temps, le jeune moine Grigori (ténor) remarque qu'il a l'âge qu'aurait eu le fils du tsar défunt, ce qui lui donne une idée.

Acte II. Deux religieux ivres arrivent dans une petite auberge à la frontière de la Lituanie, suivis par Grigori, qui prétend être le tsarévitch. Ce dernier, qui a la police aux trousses depuis qu'il s'est échappé de son monastère, se sauve par la fenêtre.

Le tsar Boris inculque à son jeune fils Feodor de bons principes puisqu'il doit normalement lui succéder. Ensuite, dans un somptueux monologue, il marmonne une douloureuse plainte évoquant l'horreur des cinq années de règne qu'il vient de connaître et il exprime ses remords d'avoir tué le tsarévitch Dimitri.

Le conseiller de Boris, le prince Chouïski, avertit son maître qu'en Pologne un prétendu tsarévitch est en train de lever une armée. Boris, pourtant bien persuadé de l'avoir tué, commence à perdre pied. Il a des hallucinations, s'imaginant voir le fantôme de sa victime. C'est l'occasion d'une des plus puissantes scènes de folie de l'histoire de l'opéra.

Acte III. La belle princesse polonaise Marina (mezzo-soprano), la maîtresse du faux Dimitri, songe à l'épouser pour devenir tsarine. Elle le persuade donc de marcher sur Moscou en échange de son amour.

Acte IV. La Russie est dans un état de chaos et de famine. Dans une forêt des environs de Moscou, les paysans persécutent les partisans de Boris et l'idiot du village (ténor, naturellement). Ils acclament le faux Dimitri et ses soldats qui traversent le village, avançant sur Moscou, laissant derrière eux l'Innocent (un jeune garçon simplet) qui chante une complainte tragique dans laquelle il annonce une longue suite de malheurs pour le pays.

Au Kremlin, la Douma (le Sénat) s'est réunie pour savoir que faire du prétendant (prétendu) Dimitri. Boris surgit, en proie à ses hallucinations, croyant toujours voir un fantôme. Lorsqu'un vieux moine, Pimène, annonce qu'un berger aveugle a recouvré la vue sur la tombe de Dimitri (le vrai), ce superstitieux de Boris, qui perd de plus en plus la boule, a une attaque. Mourant, il désigne du doigt son fils Feodor, criant : « Voici votre tsar ! » Puis il meurt pour de bon et s'écroule sur les marches du trône. La foule remarque alors : « Il est mort. »

Carmen

Auteur : Georges Bizet. **Livret :** en français d'Henri Meilhac et Ludovic Halévy, d'après une nouvelle de Prosper Mérimée. **Première représentation :** Paris, 1875.

Ce qu'il faut retenir : Tragédie en quatre actes d'un amour obsessionnel où la musique est entrecoupée de dialogues. Dans certaines productions, les dialogues sont remplacés par des récitatifs, dont la musique fut écrite par Ernest Guiraud, un élève du compositeur, après la mort celui-ci. On admire dans cet ouvrage un finale à faire se dresser les cheveux sur la tête, au cours duquel la mort de Carmen a lieu en surimpression avec les clameurs provenant de l'arène.

Anecdote : La première de *Carmen* a été l'un des plus fameux flops de tous les temps. On cria au scandale, jugeant le sujet inconvenant pour ne pas dire plus. Le public fut complètement désorienté par un spectacle aussi sensuel et aussi violent. Bizet mourut trois mois plus tard, désespéré par son échec. Ironiquement, de nos jours, *Carmen* est l'opéra français le plus représenté dans le monde.

Acte I. L'action se déroule sur une place, à Séville, non loin d'une manufacture de cigarettes, près d'un corps de garde. Les soldats attendent que le temps passe, lorsqu'une jeune paysanne arrive, Micaela (soprano). « Jupe bleue et nattes tombantes », elle vient dire bonjour à son ami de cœur, le brigadier José (ténor). Comme il n'est pas là, elle s'en va. Il arrive au moment de la relève de la garde. La cloche sonne, annonçant la reprise du travail. Les cigarières rentrent dans la manufacture tout en flirtant avec les soldats et les passants.

La plus aguicheuse d'entre elles, Carmen (mezzo-soprano), est particulièrement sollicitée. Dans une célèbre habanera (une danse espagnole langoureuse), *L'amour est enfant de Bohême*, elle dévoile son caractère capricieux. (Cet air se trouve sur la plage 12 du CD d'accompagnement.) Sur le chemin de la manufacture, elle s'intéresse particulièrement à José et lui jette la fleur qu'elle avait à l'oreille.

Retour de Micaela. José lui demande des nouvelles de chez eux : *Parle-moi de ma mère*. Soudain éclate un vacarme en provenance de la manufacture. Sur ordre de son lieutenant, José va voir ce qui se passe. C'est Carmen qui s'est prise de querelle avec une de ses collègues. On en est venu aux mains, puis les couteaux ont fait leur apparition. Pas trop de dégâts, mais le lieutenant ordonne à José d'emmener la fautive en prison. Cette dernière, qui n'en a – on la comprend – pas très envie, achève de vamper José qui devra la laisser fuir lorsqu'elle le bousculera. Subjugué par une passion naissante, il va s'exécuter. Tandis que José et le rideau tombent, Carmen s'enfuit.

Acte II. Un mois plus tard, à l'intérieur de la taverne de Lilas Pastia, dans un faubourg mal famé de la ville, Carmen danse et chante une « chanson bohème » en s'accompagnant de castagnettes pour distraire les clients : *Les tringles des sistres tintaient.*

Survient, vainqueur des dernières courses de taureaux, le torero Escamillo (baryton) escorté par des admirateurs enthousiastes. Tout ce petit monde chante à pleine voix l'air le plus fameux de l'opéra, *Toréador, en garde !* Immédiatement, Carmen se sent attirée par lui. Et réciproquement.

La taverne ferme, les clients sortent. Ne restent que Carmen et quatre comparses, contrebandiers et contrebandières qui, dans un quintette enlevé, trament le plan de leurs prochains méfaits : *Nous avons en tête une affaire*. Arrive José tout récemment sorti de la prison à laquelle il a été condamné pour son coup d'éclat. Carmen recommence à danser pour lui, ayant dans l'idée de l'incorporer dans la bande des contrebandiers. Après quelques mesures, il l'arrête, ayant entendu sonner les clairons de la retraite, car il doit rentrer illico dans sa caserne. Carmen, peu satisfaite de voir comment il se soucie de ses efforts, le raille. Dans un autre air célèbre, *La fleur que tu m'avais jetée*, il lui dépeint alors la profondeur de son amour.

La fleur que tu m'avais jetée

Dans ma prison m'était restée.

Flétrie et sèche, cette fleur

Gardait encore sa douce odeur.

C'est ce moment que choisit le lieutenant Zuniga pour faire son entrée. Dispute entre les deux militaires. Les contrebandiers interviennent avant que ça ne dégénère et ligotent l'officier. Du coup, José se voit obligé d'accompagner les contrebandiers dans leur fuite.

Acte III. La petite troupe a fait halte dans les montagnes. Désœuvrées, par curiosité, les deux bohémiennes se tirent les cartes : *Et maintenant, parlez, mes belles / De l'avenir donnez-nous des nouvelles*. Carmen se mêle à elles et apprend ainsi qu'elle et José devront mourir, « moi d'abord, ensuite lui ». Réapparaît alors Micaela, venue annoncer à José que sa mère se meurt et qu'elle aimerait bien revoir son fiston avant de trépasser. La halte des contrebandiers est une véritable place publique, car c'est maintenant Escamillo qui fait son entrée, à la recherche de Carmen. Violente dispute entre lui et José, séparés par les contrebandiers. Dévoré de jalousie car il voit bien que Carmen regarde tendrement son rival, José part néanmoins avec Micaela dire adieu à sa vieille maman.

Acte IV. Nous sommes de retour à Séville, mais cette fois dans les coulisses des arènes. Escamillo y fait une entrée triomphale, Carmen à son bras. Bref duo d'amour : *Ah ! je t'aime, Escamillo, je t'aime*. La musique annonce le début des combats et la foule se précipite pour s'installer. Restée seule, Carmen voit entrer un José hagard, désespéré, qui la supplie puis la somme de reprendre leur vie commune. Elle refuse et, après un violent et bref échange de propos définitifs, comprenant qu'elle l'a déjà oublié, José la poignarde et se livre : *Vous pouvez m'arrêter, c'est moi qui l'ai tuée*. Il se jette sur le corps de Carmen en pleurant : *Ah ! Carmen ! ma Carmen adorée !*

Cavalleria rusticana

Auteur : Pietro Mascagni. **Traduction du titre :** Chevalerie rustique. **Livret :** en italien de Giovanni Targioni-Tozzetti et Guido Menasci, d'après le drame homonyme de Giovanni Verga. **Première représentation :** Rome, 1890.

Ce qu'il faut retenir : Tragédie en un acte de style vériste, c'est-à-dire au réalisme cru (voir la fin du chapitre 4 pour plus de détails sur le vérisme). Passion dévorante, airs somptueux, action facile à suivre (un homme aime la femme d'un autre et meurt en duel).

Anecdote : Professeur de piano crève-la-faim mais compositeur inspiré, Mascagni écrivit cet opéra en un acte pour un concours d'opéra, dans l'espoir de se tirer de la misère, mais renonça finalement à le présenter. C'est sa femme qui envoya secrètement l'œuvre au jury, et Mascagni remporta la palme et, du même coup, la gloire et la fortune. Plus tard, il écrivit d'autres œuvres qui n'eurent guère de succès.

L'action : Nous sommes en Sicile dans un petit village de pêcheurs, au XIXe siècle.

Depuis les coulisses, on entend Turridu (ténor) chanter son amour pour Lola (mezzo-soprano) dans une célèbre sicilienne : *O Lola, bianca come fior di spino*… (« Ô, Lola, jolie comme une fleur des champs »). Il se souvient des jours anciens où il soupirait pour elle ; mais, pendant qu'il était à l'armée, elle en a épousé un autre, Alfio. Turiddu, lui, a finalement convolé avec Santuzza.

La gentille Santuzza (soprano) est à la recherche de son mari et demande à sa belle-mère, Mamma Lucia, si elle l'a aperçu. Arrive le charretier Alfio (baryton), qui chante son amour pour sa bien-aimée Lola. « Ah, qui peut être plus heureux qu'un charretier ? » chantent les villageois.

Alfio propose que tous se rendent à l'église. Restée seule avec la Mamma, Santuzza lui raconte toute l'histoire dans son fameux air *Voi lo sapete* (à ne pas confondre avec le *Voi che sapete* de Chérubin dans *Les Noces de Figaro* de Mozart) : Turiddu la rejette et son amour pour Lola n'a pas faibli. Lucia, abasourdie, se rend à l'église prier pour que le Seigneur vienne en aide aux deux époux.

Turridu revenu, Santuzza l'accuse d'aimer toujours Lola mais lui jure qu'elle, elle continue à l'aimer. « Pourquoi me suis-tu partout ? » l'interpelle brutalement Turridu qui, pour être sûr d'être bien compris, la jette à terre. En pleurant, elle le maudit. Lorsque survient Alfio le charretier, Santuzza lui révèle qu'il est cocu. Il l'en remercie en criant *Vendetta*, qu'il est inutile de traduire. Place à la musique, l'orchestre joue ici un célèbre *Intermezzo*, bien connu des concerts dominicaux.

En sortant de l'église, Turridu, Lola à son bras, salue les villageois avec une brillante chanson à boire, *Viva il vino spumeggiante* (« Vive le vin qui pétille »). Alfio provoque Turridu en duel. Pour marquer son acceptation, ce dernier mord Alfio à l'oreille (vieille coutume sicilienne, tout comme dans les films de gangsters). Ils quittent la scène. Peu après, une femme accourt en criant *Hanno ammazzato compare Turridu !* (« Compère Turridu a été tué ! ») Mamma Lucia et Santuzza s'évanouissent.

Château de Barbe-Bleue (Le)

Auteur : Béla Bartók. **Titre original :** *A Kékszakállú herceg vára* (littéralement : « Le Château du duc Barbe-Bleue »). **Livret :** en hongrois de Béla Balázs. **Première représentation :** Budapest, 1918.

Ce qu'il faut retenir : Sombre drame féerique en un acte. N'espérez pas y trouver d'air facile à fredonner… ni même d'air du tout ! Aucune pause, aucun entracte, bref aucun endroit où l'on puisse applaudir : la musique se déroule comme une grande arche, elle vous prend en étau et ne vous lâche plus. Écouté d'une oreille distraite, cela vous semblera peut-être parfois discordant. Si vous prenez la peine de plonger dans cet univers étrange, vous risquez fort d'être fasciné.

Anecdote : Depuis l'époque de sa composition jusqu'en 1948, cet opéra a été joué moins de douze fois. Après la Seconde Guerre mondiale, cependant, il est devenu plus populaire, peut-être parce que : a) il ne demande que deux chanteurs ; b) il ne dure qu'une heure.

Anecdote n° 2 : Quand nous disons que *Le Château de Barbe-Bleue* ne nécessite que deux chanteurs, c'est une légère entorse à la réalité. Bartók et Balázs font précéder l'opéra d'un prologue, déclamé par un récitant. Cela fait un troisième cachet à régler, pour un boulot qui dure à peine cinq minutes. Sans compter qu'il faut payer à l'artiste un billet d'avion de Budapest, parce que, hors les autochtones, peu d'acteurs maîtrisent la langue magyare. Moralité : nombreux sont les producteurs peu scrupuleux qui font l'impasse sur ce texte, pourtant essentiel. Pour deux raisons : d'une part, la beauté et le rythme particulier de la langue, qui jettent une ombre de mystère tandis que s'élèvent les premiers accords, lents et comme hors du temps, de l'orchestre ; d'autre part, parce que ce poème, inspiré par les chants des chamans ancestraux, donne la clef de l'ouvrage : « Le rideau de cils se lève devant nos yeux [...] Où est la scène, dehors ou dedans, mesdames et messieurs ? »

Alors que la psychanalyse connaît ses premières heures de gloire, l'ouvrage apparaît ainsi comme la quête désespérée de Judit qui, au nom de l'amour, veut tout connaître de la psychologie de son homme : qui il est, dans sa gloire et ses zones d'ombre, qui il a aimé avant elle. Or, c'est bien connu, trop de connaissance tue l'amour... Au nom de l'amour, lui aussi, Barbe-Bleue tente par tous les moyens de dissuader Judit de trop fouiller ; il ouvre en premier les deux portes qui correspondent aux facettes les plus odieuses de sa personnalité : cruel et sanguinaire... Il dévoile ensuite trois aspects plus riants : sa richesse, son amour des belles choses, sa puissance, en espérant que cela suffira à Judit. Le sang qui teinte tout devrait servir d'avertissement à Judit, mais elle n'en a cure. Rien ne peut dégoûter une femme amoureuse. Et lorsqu'elle découvre que son époux conserve vivace, dans sa mémoire, le souvenir de ses trois précédentes épouses, elle les rejoint, devenant à son tour un souvenir...

L'action : Dans le hall d'un grand château sombre, il y a sept grandes portes closes. Le duc Barbe-Bleue (basse) et sa nouvelle femme Judit (soprano) font leur entrée. (Ce sont les deux seuls personnages, aussi, pour une fois, ne devriez-vous pas avoir trop de mal à suivre l'action.) Les murs lugubres du château suintent, la nuit et le froid règnent dans le hall gothique. Judit, mue par un amour et une confiance inébranlables, est décidée à dépasser cette impression, à découvrir les richesses que masque tant de sévérité. La porte qui la relie au monde extérieur se referme, et désormais sa préoccupation est d'ouvrir les sept portes pour laisser la lumière envahir le hall.

Avec réticence, Barbe-Bleue lui donne une clef. Lorsqu'elle introduit cette clef dans la serrure de la porte numéro 1, le château fait entendre un gémissement sinistre, mais elle ne s'arrête pas pour autant et ouvre la porte. Il s'agit de la salle des tortures, dont les murs apparaissent soudain éclaboussés de sang. L'ouverture de chaque porte se déroule en trois temps : la première impression de Judit, traduite par de magnifiques pages musicales, puis le sang qui surgit (avec d'horribles dissonances à l'orchestre), et la réaction de Judit à cette vision.

Barbe-Bleue lui demande si elle a peur, mais c'est une sacrée bonne femme et il lui en faudrait davantage. Elle ouvre la porte numéro 2 et tombe sur… la salle des armes, elle aussi ensanglantée.

Derrière la porte numéro 3, Judit découvre le trésor de Barbe-Bleue. Les ruissellements du célesta et le timbre délicat de deux violons solos peignent son extase à la vue de la quantité d'or et de pierres qui s'offre à sa vue. Mais soudain, tout se teinte de sang. Ça devient une habitude…

Judit va alors à la quatrième porte, qui ouvre sur un jardin extraordinaire. Là aussi, du sang. Sur les racines et les feuilles. La cinquième porte révèle l'immense domaine de Barbe-Bleue. Son ouverture est saluée par de majestueux accords de l'orchestre au complet, que renforce l'orgue. Le sang teinte fugitivement les nuages. Derrière la sixième porte se trouve un grand lac. « Ce lac est rempli de larmes », dit Barbe-Bleue à sa femme. Ne vous inquiétez pas, il y a un peu de sang aussi.

Prenant Judit dans ses bras, Barbe-Bleue la supplie de ne pas ouvrir la dernière porte. Amoureusement blottie contre lui, elle lui demande alors s'il a aimé d'autres femmes. Devant son refus de répondre, elle se défait de son étreinte et, croyant avoir compris la signification de tout ce sang, l'accuse du meurtre de ses anciennes épouses.

Le ton sur lequel elle réclame la clef ultime ne souffre aucun refus. Barbe-Bleue s'exécute tristement, et Judit découvre stupéfaite trois femmes vivantes, et richement parées.

Barbe-Bleue raconte qu'il a rencontré sa première épouse à l'aurore, la seconde dans un midi éclatant, la troisième dans le calme du crépuscule. Quant à Judit, elle lui vint lors d'une nuit semée d'étoiles. Tandis que les portes se referment et que la nuit envahit à nouveau le château, il coiffe sa dernière épouse d'une couronne somptueuse et la revêt d'un manteau d'étoiles : « Tu étais belle, belle cent fois ! C'est toi qui étais la plus belle ! » Ployant sous le poids de sa parure, Judit disparaît, résignée, derrière la septième porte, qui se referme sur elle.

Resté seul en scène, Barbe-Bleue chante : « Et maintenant, ce sera toujours la nuit. »

Chauve-Souris (La)

Auteur : Johann Strauss fils. **Titre original :** *Die Fledermaus*. **Livret :** en allemand de Carl Haffner et Richard Genee, d'après une comédie d'Henri Meilhac et Ludovic Halévy (les auteurs – entre autres – du livret de *Carmen*). **Première représentation :** Vienne, 1874.

Ce qu'il faut retenir : Comédie romantique en trois actes. La plupart des effets comiques proviennent : a) de l'ivresse, b) d'une usurpation d'identité et c) d'un ressort bien connu de l'opérette : l'inconstance masculine et féminine. Cette œuvre extrêmement populaire est en réalité une opérette, les dialogues parlés y sont nombreux. Johann Strauss fils était surnommé le roi de la valse. C'est lui qui écrivit *Le Beau Danube bleu*, *Sang viennois*, la *Valse de l'Empereur* et bien d'autres valses très connues. On ressent parfaitement cet esprit vif et pétillant dans toute l'œuvre, et tout spécialement dans l'ouverture, que l'on joue souvent isolément en concert.

Anecdote : Comme beaucoup d'opéras maintenant mondialement célèbres, *La Chauve-Souris* ne remporta pas un grand succès à ses débuts. Elle ne connut que seize représentations. Mais cette fois, ce n'était pas la faute de l'œuvre elle-même. Le 7 mai 1873, à la suite d'un krach boursier, beaucoup de gens furent ruinés. On comprend que, dans ces conditions, rares étaient les Viennois ayant envie de dépenser le peu qu'il leur restait pour aller s'amuser au spectacle.

Acte I. Vienne, à la fin du XIXe siècle. Lorsque le rideau se lève, nous entendons seulement la voix du ténor Alfred, l'ancien ami de la jolie Rosalinde (soprano), lui chantant une sérénade depuis les coulisses.

La soubrette de Rosalinde, la pétulante Adèle (soprano), a reçu une invitation pour un bal costumé donné par un Russe excentrique, le prince Orlofsky (rôle travesti, mezzo-soprano). Elle demande à Rosalinde de lui accorder sa soirée, prétextant que sa tante est malade. Mais Rosalinde a d'autres soucis. Son mari, Eisenstein (ténor), doit aller en prison pendant huit jours pour avoir insulté un représentant du gouvernement, et la sentence est exécutoire le soir même. Rosalinde songe que, son mari parti, elle pourra facilement rejoindre Alfred.

Apparaît le docteur Falke, vieux compagnon de beuverie d'Eisenstein. Il propose à ce dernier d'aller au bal costumé du prince Orlofsky. « Tu pourras y aller déguisé, lui dit-il, profiter de ta dernière soirée et gagner ta prison le matin suivant. »

Eisenstein en est tout frétillant, ne pensant plus du tout au dernier bal costumé auquel le docteur Falke et lui avaient assisté. Cette nuit-là, le bon docteur avait revêtu un déguisement de chauve-souris et avait un peu trop forcé sur la boisson. Eisenstein l'avait laissé seul regagner son domicile au petit matin, après avoir traversé les rues de la ville dans son ridicule déguisement. Depuis lors, Falke nourrit des projets de vengeance et il voit là une occasion de montrer à tous leurs amis qu'Eisenstein est un coureur de jupons invétéré.

Rosalinde a rendez-vous avec Alfred. Il arrive, tout heureux, pour souper : *Trinke, Liebchen, trinke schnell !* (« Bois, ma chérie, bois vite ! ») On frappe à la porte : c'est le directeur de la prison, Frank, qui embarque Alfred, le prenant pour Eisenstein puisqu'il est seul avec la femme de celui-ci. Rosalinde se garde bien de le détromper.

Acte II. La fiesta du prince Orlofsky bat son plein, les invités boivent et chantent tout leur saoul. Étrangement, ce prince russe résidant en Autriche parle français. Comprenne qui pourra !

Traditionnellement, surtout à l'occasion de représentations pour le Nouvel An, la soirée chez Orlofsky donne lieu à un mini-gala de *guest stars* venant faire trois pas de danse ou pousser la chansonnette. Un spectacle dans le spectacle, en somme. Succès garanti !

Eisenstein remarque une des invitées qui ressemble fort à la soubrette de sa femme, Adèle. « Ridicule », lui dit celle-ci en riant, sur un air de valse. Eisenstein, qui est déjà un peu parti, ne reconnaît pas sa propre épouse déguisée en princesse hongroise et commence à flirter de très près avec elle. Falke propose que toute l'assemblée communie fraternellement : *Drum lasset uns alle ein grosser Verein von Schwestern und von Brüdern sein !* (« Aussi voulons-nous former une grande communauté de frères et de sœurs ! ») Tous sont d'accord et se mettent à chanter sur un air de valse lente.

Lorsque la pendule sonne les six heures du matin, Eisenstein et Frank (qui faisait partie, lui aussi, des invités du prince) se rappellent qu'ils devraient se trouver tous deux à la prison, chacun de son côté des barreaux. Ignorants de leurs identités respectives, ils s'en vont ensemble dans cette direction.

Acte III. Lorsqu'il arrive à la prison, Eisenstein a la surprise d'apprendre qu'un autre (Alfred) y occupe déjà sa place. Il emprunte alors la perruque, les lunettes et la robe de son avocat, Blind, pour pouvoir pénétrer dans la prison et voir qui a été embastillé à sa place. Mais voici qu'arrive Rosalinde qui recherche le vrai Blind pour tenter de faire sortir Alfred de prison. Eisenstein, toujours déguisé en Blind, interroge chacun dans un grandiose trio, découvre l'infidélité de Rosalinde et devient de plus en plus furieux.

C'est au tour du docteur Falke de se pointer en compagnie des autres invités du prince. Il explique à Eisenstein la farce qu'il vient de lui jouer. Rosalinde profite de l'occasion pour dire que son rendez-vous avec Alfred faisait partie de la blague. Eisenstein se satisfait de cette explication et c'est la réconciliation générale. Rosalinde entraîne tout ce petit monde dans un finale endiablé où le champagne coule à flots : *Champagner hat's verschuldet* (« C'est la faute au champagne »). Espérons qu'ils trouveront quelqu'un pour les ramener chez eux !

Chevalier à la rose (Le)

Auteur : Richard Strauss. **Titre original :** *Der Rosenkavalier.* **Livret :** en allemand de Hugo von Hofmannsthal. **Première représentation :** Dresde, 1911.

Ce qu'il faut retenir : Comédie romantique douce-amère légère, valsante, en trois actes. C'est l'opéra allemand le plus populaire des années 1900. On n'y reconnaît plus le compositeur d'*Elektra* ou de *Salomé*, ces héroïnes psychotiques et meurtrières. Ici, pas de sang, pas de meurtre. Pas même de jeune barjot.

Anecdote : La popularité durable de cet opéra vient en grande partie des valses qu'on y entend à plusieurs endroits. Même si le Strauss du *Chevalier à la rose* (Richard) n'a rien à voir avec celui de *La Chauve-Souris* (Johann fils). Peu importe que l'action de cette œuvre soit censée se dérouler au milieu du XVIIe siècle, à une époque où la valse viennoise n'existait pas encore.

Acte I. Octavian (mezzo-soprano) et la Maréchale, princesse von Werdenberg (soprano) s'éveillent au petit matin dans la chambre d'icelle. (Ce n'est pas du tout ce que vous pensez : Octavian est en réalité un rôle travesti de jeune garçon.) Par malchance, la Maréchale est déjà en puissance d'époux. Et voilà que se font entendre des pas derrière la porte. Pour ne pas compromettre sa maîtresse, Octavian se déguise en femme de chambre et se cache.

Heureusement, l'importun n'est autre que le cousin de la princesse, cet imbécile et vantard de baron Ochs (basse). Bien qu'il soit sur le point d'épouser la toute jeune Sophie (soprano), cela ne l'empêche pas de flirter avec la « femme de chambre » de la Maréchale, allant jusqu'à lui proposer de sortir avec lui. Aujourd'hui, la princesse a une matinée chargée : flûte, concert, coiffeur, majordome, orphelins, paparazzi… bref, rien d'extraordinaire.

Le baron Ochs tend à la princesse une rose d'argent, lui demandant, comme il est d'usage, de la faire remettre en guise de fiançailles à la future mariée, puis il sort. Restée seule, la princesse songe avec tristesse qu'elle avance en âge (pensez donc, elle a déjà trente-deux ans !) et qu'elle va inévitablement perdre Octavian qui n'en a que dix-sept : *Die Zeit, die ist ein sonderbar Ding* (« Le temps est une étrange chose »). À la fin de son air, Octavian revient. Il ne comprend pas cette mélancolie et la quitte. La princesse lui envoie alors un page avec la rose d'argent pour qu'il la remette à la fiancée du baron.

Acte II. Sophie, la jolie fiancée, est très excitée à la pensée de son prochain mariage et de la remise de la rose d'argent. Dans un splendide duo, Octavian lui tend ce bijou et, crac, ce qui devait arriver arrive : elle tombe immédiatement amoureuse du jeune messager. (À propos, entre-temps, il a repris ses habits masculins.)

Malheureusement, le baron arrive à ce mauvais moment et provoque Octavian en duel. Ils se battent, et Octavian entaille légèrement la main de son adversaire. À cette égratignure, le baron réagit comme s'il avait perdu un bras. Du coup, Sophie, dégoûtée du peu de courage de cet homme plus tout jeune, refuse de l'épouser. Ce qui ne fait pas du tout l'affaire de son papa, désargenté, et qui comptait bien sur ce mariage pour redorer son blason. Il déclare qu'elle devra épouser le baron ou entrer au couvent. Octavian n'a pas dit son dernier mot. Il prépare un coup en faisant parvenir au baron un billet de la part de la « femme de chambre » de la princesse, billet par lequel elle lui accorde un rendez-vous.

Acte III. Nous sommes maintenant dans une auberge. Octavian, de nouveau habillé en femme, a préparé le terrain à l'aide d'une mise en scène destinée à effrayer le baron. Celui-ci arrive, tout émoustillé, et commence à faire une cour pressante à la jeune « femme de chambre », mais il est pris de panique lorsqu'il voit des fantômes apparaître à la fenêtre (une mise en scène soigneusement réglée par Octavian et ses complices). Il appelle la police mais, ne voulant pas qu'on le croie déjà en train de tromper Sophie, prétend qu'Octavian est en réalité Sophie. Hélas pour lui, voilà que surgit la véritable Sophie. Le baron, coincé, prétend qu'il ne la connaît pas. Son père et elle, dégoûtés, annulent le mariage.

À DÉCOUVRIR

La Maréchale parvient à dénouer cet imbroglio. Octavian se montre tel qu'il est, au grand embarras du baron, et présente timidement la nouvelle élue de son cœur à la Maréchale, son ancienne *amie*. Dans un trio plein d'envolée, la princesse chante avec désespoir qu'elle vient de perdre Octavian plus tôt qu'elle ne le craignait. Elle se consolera avec le père de Sophie et, de leur côté, les jeunes amants chantent : *Ist ein Traum, kann nicht wirklich sein* (« C'est un rêve, il ne peut pas en être autrement »).

Entre le jeune page de la princesse qui vient chercher un mouchoir que Sophie a laissé tomber. Il le trouve et quitte la scène. Qu'est-ce que cela peut bien laisser présager ? À vous de nous le dire…

Contes d'Hoffmann (Les)

Auteur : Jacques Offenbach. **Livret :** en français de Jules Barbier et Michel Carré, d'après des contes d'E. T. A. Hoffmann. **Première représentation :** Paris, 1881.

Ce qu'il faut retenir : Opéra fantastique en cinq actes (ou trois actes, prologue et épilogue). Trois histoires singulières s'enchaînant plus ou moins bien, nimbées dans une amère désillusion, encadrées d'un prologue et d'un épisode.

Anecdote : Comme vous pouvez le lire au chapitre 5, Offenbach était le roi de la satire et il écrivit plusieurs opérettes et opéras bouffes brocardant les institutions de son époque. Mais il désirait laisser une œuvre *sérieuse* à la postérité. Il mit alors en chantier *Les Contes d'Hoffmann*. Malheureusement, il ne put jamais voir jouer son œuvre, car il mourut avant de l'avoir achevée. Quelqu'un d'autre la termina, y opérant un profond remaniement et supprimant un acte. De nos jours, on reprend parfois la version originale d'Offenbach, mais d'autres metteurs en scène « inspirés » s'ingénient à bousculer l'ordre naturel des actes au détriment de l'intelligibilité de l'action.

Anecdote n° 2 : En fait, l'idée qu'Offenbach n'a composé qu'un seul opéra sérieux a volé en éclats avec la remise à l'honneur d'un grand opéra romantique allemand très ambitieux, *Die Rheinnixen* (« Les Fées du Rhin »). Commande du Hofopertheater de Vienne, il tomba aux oubliettes après sa création. Fort marri par cet insuccès, Offenbach récupéra quelques morceaux de cet opéra pour les recaser à droite et à gauche. C'est ainsi que, paré de nouvelles paroles, le *Chant des elfes* devint la fameuse *Barcarolle*.

Anecdote n° 3 : Traditionnellement, les rôles des quatre « mauvais génies » d'Hoffmann (Lindorf, Coppélius, le docteur Miracle et Dapertutto) sont tenus par le même interprète. De même, un ténor unique incarne les quatre serviteurs (Andres, Cochenille, Frantz et Pitichinaccio). Il est en revanche moins systématique de confier les quatre rôles de soprano (Stella, Olympia, Antonia et Giulietta) à la même chanteuse, car ils requièrent des qualités vocales sensiblement différentes.

Prologue. Le démoniaque Lindorf (basse) et son valet Andres (ténor) entrent dans la taverne de maître Luther. Le valet apporte à Hoffmann, un poète, une lettre d'une chanteuse appelée Stella qui joue à l'Opéra tout proche. Pour 40 thalers, Lindorf extorque la missive au valet peu scrupuleux. Dans cette lettre, Stella invite le poète à venir la voir après la représentation. Lindorf ricane méchamment.

Des étudiants chahuteurs chantent *Drig ! drig ! drig ! maître Luther! Tison d'enfer! À nous ta bière, à nous ton vin ! à nous ta bière, à nous ton vin*. Ils ont atterri dans la taverne entre deux actes du *Don Giovanni* que joue l'Opéra voisin. Hoffmann (ténor) arrive, accompagné de son ami Niklausse (mezzo-soprano, rôle travesti car il symbolise la muse du poète). Hoffmann déclare son désespoir de voir que Stella est remontée sur scène.

Lorsque les étudiants lui demandent de chanter quelque chose, Hoffmann entonne une curieuse chanson dans laquelle il est question d'un gnome bossu appelé Kleinzach, *Il était une fois à la cour d'Eisenach*. Après force libations, Hoffmann accepte de raconter ses trois dernières aventures amoureuses (une par acte de l'opéra). Très intéressés, les étudiants se soucient peu de manquer la suite de *Don Giovanni*. Au cours de chaque acte, le magicien Lindorf apparaîtra sous les traits d'un personnage différent mais toujours malveillant et toujours magique. Pour nous y retrouver plus facilement, nous continuerons de l'appeler Lindorf.

Acte I. (Olympia) Un savant fou, Spalanzani (ténor), a construit une poupée, Olympia, représentant, grandeur nature, une fort jolie jeune femme. Notre ami Hoffmann en est tombé éperdument amoureux au premier regard, en dépit des mises en garde de son ami Niklausse. Le sinistre Lindorf, qui a pris l'apparence d'un marchand d'optique, Coppélius, vend à Hoffmann une paire de lunettes très spéciales grâce auxquelles Olympia lui apparaîtra encore plus séduisante. Il a aussi vendu à Spalanzani deux yeux de verre pour en parer Olympia. Spalanzani lui signe un chèque pour régler son acquisition.

Lorsque les invités arrivent à la soirée donnée par Spalanzani pour présenter sa « fille », la poupée Olympia chante de façon assez mécanique le fameux air *Les oiseaux dans la charmille*. Éperdu d'amour, Hoffmann l'acclame avec chaleur mais, lorsqu'il veut saisir sa main, il déclenche maladroitement un mécanisme et elle se met à tournoyer sur elle-même, perdant tout contrôle. Niklausse avertit son ami que si Olympia ressemble à une poupée, c'est qu'elle est *réellement* une poupée.

Survient alors Lindorf/Coppélius, furieux. Le chèque que lui avait remis Spalanzani est en bois ! Olympia danse toujours éperdument, de plus en plus vite, chantant de plus en plus haut et finissant par quitter la scène. On entend alors le bruit d'un mécanisme qui se brise. Lindorf sort de la chambre d'Olympia en ricanant. Hoffmann s'y précipite, affolé, et revient peu après, tenant, dépité, un morceau d'Olympia. Les invités se gaussent de lui.

Acte II. (Antonia) La jolie Antonia Crespel est, comme beaucoup d'héroïnes d'opéra, atteinte de tuberculose. Lorsqu'elle achève sa chanson triste *Elle a fui, la tourterelle*, son père (baryton) lui reproche de chanter car cela n'arrange pas du tout sa santé. M. Crespel (luthier de son état) ordonne à son domestique Frantz d'interdire à quiconque de venir voir Antonia.

Arrive Hoffmann, ayant passé outre l'interdiction, qui se joint à Antonia dans un duo d'amour qui ne fait que la rendre encore plus malade. Retour du papa, accompagné par le diabolique docteur Miracle (alias Lindorf) qui, par la force de sa magie, fait chanter à Antonia quelques notes très aiguës. Hoffmann, de son côté, la supplie de ne pas chanter. Mais le docteur Lindorf, attrapant un violon, entraîne la malheureuse dans des vocalises effrénées qui auront vite raison de ce qui lui restait de vie.

Acte III. (Giulietta) Nous sommes à Venise, capitale de l'amour. Plus précisément à une réception donnée chez elle par une fabuleuse beauté, Giulietta, qui exerce la profession de demi-mondaine. Pour l'instant, la belle fait de la gondole en coulisse avec Niklausse. Ils roucoulent en chantant la fameuse *Barcarolle* :

Belle nuit, ô nuit d'amour,

Souris à nos ivresses,

Nuit plus douce que le jour,

Ô belle nuit d'amour.

Hoffmann, qui fait partie des convives, n'est pas insensible au charme de la maîtresse de maison. Cela met en rage Schlemil, son amant en titre. Nouvelle apparition de Lindorf (sous les traits de Dapertutto), qui annonce le plan qu'il vient de concevoir : Hoffmann va tomber amoureux de Giulietta et cela engendrera la mort de Schlemil. Pour parvenir à ses fins, il va se servir d'un diamant magique : *Scintille, diamant, miroir où se prend l'alouette…*

Au moyen de ce diamant, Lindorf ordonne à Giulietta de s'emparer du reflet d'Hoffmann pour sa collection. Comme prévu, Hoffmann tombe amoureux de Giulietta, allant jusqu'à accepter de lui abandonner son reflet, ne serait-ce que pour pouvoir chanter ensemble un duo d'amour.

Schlemil et Hoffmann se battent pour la clef de la chambre de Giulietta et Hoffmann tue son rival. Il s'empare alors de la clef, mais c'est trop tard. Giulietta est déjà partie dans une gondole avec un nouvel amant et ils s'en vont au loin.

Épilogue. Nous sommes de retour dans la taverne du prologue où Hoffmann conclut : *Voilà quelle fut l'histoire*. Niklausse explique alors que les trois amours d'Hoffmann sont en réalité Stella, la chanteuse d'opéra. C'est alors que paraît la muse de la Poésie, qui conseille à Hoffmann de se consacrer tout entier à son art en délaissant tout amour charnel.

Stella pénètre dans la taverne. On voit bien que c'est la même que les trois femmes idéalisées par le poète dans chacun de ses contes. Mais Hoffmann a sombré dans l'ivresse, et c'est Lindorf qui va quitter la taverne, Stella à son bras. Elle jette une fleur à Hoffmann qui est complètement dans les vapes et ne s'en aperçoit même pas.

Così fan tutte

Auteur : Wolfgang Amadeus Mozart. **Traduction littérale du titre :** *Ainsi font-elles toutes*. **Livret :** en italien de Lorenzo Da Ponte. **Première représentation :** Vienne, 1790.

Ce qu'il faut retenir : Comédie en deux actes mettant en scène l'inconstance féminine. Un tel titre laisse peu de chances à cette œuvre de figurer dans la liste des opéras favoris des ligues féministes. On trouve ici beaucoup plus d'ensembles (duos, trios, quatuors) merveilleusement agencés que de grands airs confiés à un (une) soliste.

Anecdote : De nombreux metteurs en scène d'opéra ont connu le succès en mettant en valeur le côté sérieux et dérangeant de cette histoire apparemment sans grande consistance.

Acte I. Deux jeunes officiers, Ferrando (ténor) et Guglielmo (baryton), bien faits de leur personne, sont fiancés à deux sœurs, Dorabella (mezzo-soprano) et Fiordiligi (soprano). Pour simplifier, nous allons appeler ces deux couples A et B, dans cet ordre.

Les deux garçons discutent avec leur vieux copain Alfonso, célibataire endurci et cynique, de la fidélité féminine et en particulier de celle des sœurs dont ils sont épris. Sont-elles inconstantes et frivoles, se jetant à la tête du premier venu, comme en est persuadé Alfonso ou sont-elles réellement éprises et fidèles comme le croient sincèrement les deux jeunots ?

Dans une étonnante suite de trois trios, Alfonso fait un pari avec ses deux amis. Qu'ils prétendent être obligés de quitter la ville, puis qu'ils s'en reviennent déguisés en Albanais et tentent de séduire chacun l'amie de l'autre. Ferrando et Guglielmo ont tellement confiance en leurs promises qu'ils acceptent sans barguigner. Alfonso, lui, est moins sûr de leur constance.

Nous sommes maintenant chez l'élément féminin des couples A et B. Alfonso surgit et leur annonce que leurs amants, A et B, appelés par le devoir militaire, doivent s'embarquer *illico presto*. Les deux femmes sont effondrées. Une fois les deux officiers partis, Alfonso chante une condamnation sans appel de toutes les femmes en général. Il en a visiblement fait l'expérience.

Despina, la jeune soubrette des deux femmes, est pour le moins aussi cynique. Alfonso n'a aucun mal à la convaincre de prêter son concours au bateau qu'il est en train de monter. Réapparition des deux garçons déguisés en Albanais. Ferrando (A) tente en vain de séduire Fiordiligi (B), laquelle proteste avec la plus grande véhémence : *Come scoglio immoto resta contro i venti e la tempesta* (Comme le roc reste inébranlable sous les assauts du vent et de la tempête… »). Guglielmo (B) ne perd pas non plus de temps et attaque Dorabella (A) bille en tête avec son air *Non siate ritrosi* (« Ne soyez pas réticentes »). Sans le laisser finir, les deux femmes, indignées, quittent la pièce. « OK, vous avez gagné la première manche, reconnaît Alfonso, mais la partie n'est pas finie. »

Le ciel bleu et la baie de Naples en toile de fond, nos « Albanais » font irruption dans le jardin de leurs belles. Comme preuve de leur amour désespéré, ils feignent d'avaler le contenu d'une fiole de poison et « tombent dans le coma ». Costumée en docteur, Despina survient à propos pour les soigner et les guérir comme par magie. À leur réveil, les garçons s'émerveillent, croyant être au ciel et demandent aux « déesses » (A et B) de les embrasser pour compléter le traitement. Bien entendu, Miss A et Miss B refusent avec indignation et s'en vont.

Acte II. Despina essaie de convaincre ses patronnes qu'elles sont en train de manquer une bonne occase en ne profitant pas de l'absence de leurs fiancés. Miss A et Miss B reconnaissent qu'il n'y aurait rien de mal à causer avec les Albanais.

POUR VIRTUOSES

Dans ce jardin au bord de la mer, Messieurs A et B ouvrent grand le robinet du charme, allant même jusqu'à louer les services d'une barque chargée de musiciens professionnels spécialistes de la sérénade. Monsieur B donne à Miss A un médaillon en forme de cœur en remplacement de celui qu'elle portait et qui renfermait le portrait de Monsieur A, en chantant un air sentimental et primesautier : *Il core vi dono* (« Je vous donne le cœur »). Pendant ce temps, Monsieur A chante une sérénade à Miss B. Sans résultat malgré les notes incroyablement élevées de son fameux air *Ah, lo veggio*. Miss B y répond par un air à la fois tendre et éblouissant : *Per pietà, ben mio, perdona* (« Par pitié, mon bien-aimé, pardonne »).

Miss B propose alors à sa sœur de s'habiller toutes deux en soldats et de rejoindre leurs fiancés. Mais Monsieur A, ayant surpris ce propos, se précipite en jurant qu'il va se tuer si elle s'en va. Succombant à son impressionnante voix de ténor « albanais », elle tombe dans ses bras et tous deux chantent leur avenir. Il semble qu'Alfonso soit bien près de gagner son pari. (On peut s'interroger sur l'insistance qu'ont apportée ces messieurs à perdre ce pari.)

Pendant ce temps, Monsieur B a vu comment sa propre fiancée succombait à Monsieur A et il n'est pas content du tout. « Qu'elles aillent au diable ! » s'écrie-t-il. Alfonso jubile. « Répétez avec moi », chante-t-il : « Ainsi sont-elles toutes. » (*Così fan tutte.*)

Pour enfoncer le clou, la soubrette annonce que les deux sœurs ont décidé d'épouser les Albanais sur-le-champ. Les caprices de leurs fiancées font bouillonner les garçons. Despina, déguisée en notaire cette fois, apporte les contrats de mariage et chante sur un air caquetant des paroles farcies de termes pseudo-juridiques.

À ce moment, coup de tonnerre (et grand fracas d'orchestre) : on annonce le retour des véritables *boyfriends*. Les « Albanais » se précipitent au-dehors, les femmes s'évanouissent et (après un rapide changement de costumes) revoici nos deux héros sous leur apparence naturelle. Alfonso leur raconte « l'infidélité » de leurs fiancées en leur montrant les contrats de mariage. Après avoir suffisamment tourmenté leurs belles amies, Messieurs A et B leur révèlent le fin mot de l'histoire en chantant une parodie des airs que chantaient les « Albanais ».

Tout est pardonné (nous sommes ici dans une comédie musicale, non pas dans un drame vériste) et les couples se reforment. Mais qui épousera qui, l'histoire ne le dit pas…

Le Crépuscule des dieux

Voir *Le Ring (Le Crépuscule des dieux).*

Don Giovanni

Auteur : Wolfgang Amadeus Mozart. **Traduction du titre :** *Don Juan.* **Livret :** en italien de Lorenzo Da Ponte. **Première représentation :** Prague, 1787.

Ce qu'il faut retenir : Deux actes bien difficiles à classer comme peut le laisser à penser le sous-titre italien « *dramma giocoso* » (drame joyeux). D'un côté, des intermèdes plutôt gais ; de l'autre, l'histoire d'un maniaque du sexe, assassin et violeur qui reçoit finalement un épouvantable châtiment. Musique absolument sublime, spécialement dans les ensembles au cours desquels plusieurs personnages chantent simultanément des idées et des paroles différentes dans un enchevêtrement mélodique.

POTINS DE COCKTAILS

Anecdote : En regardant la liste des personnages, vous remarquerez beaucoup de *Don* et de *Donna*. Rien de surprenant puisqu'en Espagne où se déroule l'action ce sont les équivalents respectifs de Monsieur et de Madame. Finalement, c'est l'histoire des démêlés de Monsieur Jean avec Madame Elvire et Madame Anne. Chanté en italien, évidemment, bien que nous soyons en Espagne.

Acte I. Le valet de Giovanni, Leporello (qui sert de lièvre) se plaint de la vie que lui fait mener son maître : *Notte e giorno faticar, per chi nulla sa gradir…* (« Se fatiguer jour et nuit pour quelqu'un qui ne remercie jamais… ») Sans compter la détestable conduite de ce séducteur impénitent. Soudain, Giovanni jaillit d'une maison, poursuivi par une femme qu'il vient d'essayer de violer, Anna. Le père de celle-ci, un ancien soldat, provoque le séducteur en duel et reçoit un coup mortel. Le fiancé d'Anna, Ottavio, arrive enfin, essaie de la réconforter et jure de le venger. Voici donc les Vengeurs n° 1 et n° 2.

SUR LE CD

Bientôt, Giovanni trouve une autre victime possible dans la personne d'une jeune femme qu'il entend sangloter non loin. C'est Elvira, qui le reconnaît immédiatement comme celui qui l'a abandonnée le lendemain matin de leur nuit d'amour (voici la Vengeresse n° 3). Ayant tardivement reconnu Elvira, Giovanni se défile habilement, laissant le soin à Leporello de lui expliquer les raisons de cet abandon : *Via, dille pur tutto* (« Allez, dis-lui tout »). Et c'est le fameux air du Catalogue (plage 2 du CD d'accompagnement) dans lequel Leporello informe Elvira que Giovanni, au jour d'aujourd'hui, a couché avec 640 filles en Italie, 231 en Allemagne, 100 en France, 91 en Turquie et 1 003 en Espagne. (Giovanni étant supposé avoir vingt-deux ans, cela représente une moyenne de 3,9 femmes par week-end depuis sa puberté.)

Au deuxième tableau, nous sommes près de la résidence de Giovanni, à plusieurs kilomètres de là, au milieu d'un groupe de joyeux paysans qui se préparent à célébrer le mariage de Zerlina, une très belle paysanne, avec son fiancé Masetto. Immédiatement « intéressé » par Zerlina, Giovanni ordonne à Leporello de faire visiter sa demeure et d'y inviter tout le monde, excepté elle, pensant ainsi avoir le champ libre pour ses entreprises.

À DÉCOUVRIR

Lorsqu'ils sont seuls, Giovanni et Zerlina chantent un superbe duo : *Là ci darem la mano* (« Là-bas, tu me donneras la main »). Ces manœuvres d'approche sont brutalement interrompues par l'arrivée d'Elvira (la Vengeresse n° 3). Elle avertit Zerlina de ce qui l'attend. Pour ne rien arranger, ce sont les Vengeurs n° 1 et n° 2 (Anna et son soupirant Ottavio) qui surviennent à cet instant : *Mi par ch'oggi il dimonio si diverta* (« On dirait qu'aujourd'hui le démon se divertit »). Mais ce n'est pas fini. Anna raconte alors à Ottavio l'horrible nuit qu'elle a connue avec Giovanni dans l'un des plus difficiles récitatifs dramatiques de l'opéra :

Tacito a me s'appressa,	Sans un mot, il vient plus près de moi,
e mi vuol abbraciar ; sciogliermi cerco,	et il veut m'enlacer ; plus je tente de me dégager
ei più mi stringe, grido :	et plus il resserre son étreinte, je crie :

non viene alcun ! Con una mano,	personne ne vient ! D'une main,
cerca d'impedire la voce	il tente de me faire taire
e coll'altra m'afferra	et de l'autre il me tient si serrée
stretta così, che già mi credo vinta.	que je me crois déjà en son pouvoir.

On entend soudain Zerlina pousser un cri depuis la chambre à coucher. Il semble que ses relations avec Giovanni aient évolué plus vite qu'elle ne l'imaginait. Aïe ! trois des invités retirent leur masque : ce sont les Trois Vengeurs (Anna, Ottavio et Elvira) venus perturber la réception dans le but de tirer vengeance du maître des lieux. Le tonnerre gronde lorsqu'ils dénoncent les méfaits de Giovanni.

Acte II. Dans l'idée d'échapper plus aisément à l'ire de ses poursuivants, Giovanni décide que Leporello et lui vont échanger leurs vêtements. C'est alors qu'une horde de paysans armés et en colère lui tombe dessus. Sous l'apparence de Leporello, il les envoie dans des directions différentes sur la piste supposée de Giovanni. Seul Masetto reste près de lui et il montre au faux Leporello les armes dont il projette de se servir pour venir à bout de Giovanni. Mal lui en prend, car ce dernier s'en empare et rosse le pauvre Masetto.

Maintenant, Giovanni et Leporello se retrouvent dans un cimetière et se racontent ce qui leur est arrivé. Soudain, une statue se met à parler : *Dell'empio chi mi trasse al passo estreme / Qui attendo la vendetta !* (« De l'impie qui m'a conduit au trépas / J'attends ici la vengeance ! ») C'est la statue du Commandeur, le père de Donna Anna, que Giovanni a tué au début du premier acte. Giovanni rit et invite la statue à souper.

SUR LE CD

Nous sommes maintenant dans la salle à manger de Giovanni. Soudain, on entend des pas sourds ébranler le sol : c'est la statue du Commandeur qui se dirige implacablement vers lui. (Voyez au chapitre 10 les paroles de cette scène et écoutez-les sur la plage 3 du CD d'accompagnement.)

La scène se remplit alors de goules psalmodiant son sort funeste. Le sol s'entrouvre, laissant échapper des flammes, et des démons surgissent pour s'emparer de Giovanni et l'entraîner dans les enfers pendant qu'il s'écrie :

Chi l'anima mi lacera ?	Qu'est-ce qui déchire mon âme ?
Chi m'agita le viscere ?	Et me secoue les entrailles ?
Che strazio, ohimè, che smania !	Ah ! quel tourment, quelle tristesse !
Che inferno, che terror !	Quel enfer, quelle terreur !

Le chœur infernal lui fait savoir que cela n'est rien à côté de ce qui l'attend.

Dans une scène finale qui a été souvent coupée au cours du XIXe siècle, les Vengeurs entrent en scène pour dire la morale de l'histoire tandis que Leporello, philosophe, s'en va à l'auberge, en quête d'un meilleur patron. Chacun voit midi à sa porte !

Elektra

Auteur : Richard Strauss. **Livret :** en allemand de Hugo von Hofmannsthal. **Première représentation :** Dresde, 1909.

Ce qu'il faut retenir : Tragédie violente en un acte. Spectacle à sensation inspiré du mythe grec d'Électre. Dans quel autre opéra peut-on voir un fils découper sa mère en morceaux tandis que sa sœur crie « Frappe encore ! » ? Le dernier quart d'heure est particulièrement atroce, musicalement et dramatiquement. Pas vraiment quelque chose qui pourrait déclencher chez vous un fou rire, mais de surprenants effets orchestraux et de puissantes émotions. Bref, une soirée que vous n'êtes pas près d'oublier.

POTINS DE COCKTAILS

Anecdote : Richard Strauss, le compositeur, était réellement un spécialiste des émotions fortes. Lors d'une répétition de cet opéra, à un certain moment, il hurla à l'orchestre : « Plus fort, j'entends toujours la chanteuse ! »

Un peu d'histoire : L'histoire d'Électre est une longue histoire. Lorsque le roi Agamemnon a regagné son royaume après la guerre de Troie, il découvrit que sa femme, Clytemnestre, ne lui avait pas été fidèle. Soucieuse de ne plus se voir reprocher ce petit accroc à son contrat de mariage, celle-ci s'empressa de tuer son époux et s'empara du trône (avec l'aide de son amant). Son fils Oreste s'enfuit. Clytemnestre – qui aurait eu du mal à remporter le titre de « Mère de l'année » – réduisit ses filles Chrysothemis et Électre à un état de semi-esclavage, les obligeant à coucher et à manger avec les chiens.

L'action : Les domestiques parlent d'Elektra, la fêlée de la maison, qui se conduit comme un chat, hurle comme un chien et reçoit régulièrement des raclées. Ils grommellent : *Allein ! Weh, ganz allein !* (« Seule, hélas, toute seule ! ») Entre Elektra (soprano tonitruant), qui tient des propos incohérents dans lesquels il est question d'exercer une vengeance sur sa chère maman. Un jour, chante-t-elle, elle va s'allier à son frère Oreste, parti sans laisser d'adresse, et ils tueront leur mère meurtrière et adultère. (Sa sœur Chrysothémis, soprano plus léger, n'est pas très portée sur la vengeance.)

Maman fait son entrée. Le script précise : « Sa figure jaunâtre, bouffie, est pâle. Ses paupières sont anormalement écarquillées et elle semble avoir du mal à les garder ouvertes. » Mmmmm, quel délicieux spectacle ! La reine mère demande à Elektra si elle ne pourrait pas faire quelque sacrifice pour soulager ses insomnies. « Oh, si, certainement, répond Elektra dédaigneusement, tout ira mieux lorsque mon frère et moi vous aurons tuée. »

La sœur Chrys se précipite en pleurs. Son frère Oreste vient de mourir, piétiné par ses propres chevaux. Elektra, qui n'est pas ce que vous pourriez appeler une jeune fille équilibrée, rampe sur le sol comme un animal sauvage. Soudain une silhouette indécise se montre : c'est Oreste qui, somme toute, n'était pas si mort que ça. Dans ce qu'on appelle la scène de l'identification, Elektra devient folle et s'écrie d'une voix délirante de gaieté : « Oreste ! Oreste ! Oreste ! » Ils conviennent de venger le meurtre de leur père. Tout de suite, là, maintenant !

Oreste disparaît dans la maison. Nous entendons la reine mère hurler lorsqu'il la frappe. « Frappe, frappe encore ! » hurle Elektra, pour l'encourager. Le petit personnel se réveille et demande ce qui peut bien se passer. Lorsque Aegistus (Égyste, l'amant de la reine) paraît, Elektra, hors d'elle, l'agresse carrément. Il se précipite dans le palais. Un moment après, il apparaît à la fenêtre, la hache d'Oreste plantée dans le dos, criant : « Au secours ! Au meurtre ! Personne ne m'entend ? » — « Mon Père vous entend ! » exulte Elektra.

Le palais sombre dans le chaos et on voit Elektra, ayant totalement perdu les pédales, se mettre à danser sur la tombe de son père (qui se trouve sur la scène) dans une frénésie démente. Après quoi, brusquement, elle se fige et tombe raide morte. Le rideau se ferme Chrysothémis frappant désespérément à la porte du palais et hurlant « Oreste ! Oreste ! »

La semaine prochaine : *Le Chanteur de Mexico.*

Élixir d'amour (L')

Auteur : Gaetano Donizetti. **Titre original :** *L'elisir d'amore.* **Livret :** en italien de Felice Romani. **Première représentation :** Milan, 1832.

Ce qu'il faut retenir : Opéra-comique en deux actes, plein d'esprit et dont le succès ne se dément pas. Livret astucieux, musique bondissante et un air de ténor célèbre : *Una furtiva lagrima* (« Une larme furtive »).

POTINS DE COCKTAILS

Anecdote : Donizetti n'était pas de ces auteurs scrupuleux qui corrigent sans cesse leur manuscrit : il écrivit l'opéra entier en deux semaines.

Acte I. L'action se passe dans un village italien, au début du XIXe siècle. Adina est cette sorte de soprano que nous avons tous rencontrée : belle, riche, exigeante et capricieuse, en un mot attirante. Le pauvre fermier Nemorino (ténor) compte parmi ses soupirants : *Quanto è bella !* (« Qu'elle est belle ! ») chante-t-il. Lorsque, au cours de ses lectures, elle tombe sur l'histoire de Tristan et Yseult (que nous retrouverons plus loin, dans ce chapitre, sous la plume de Richard Wagner), elle la lit à tout le village. Nemorino voudrait bien savoir comment se procurer un tel philtre d'amour, car il a un rival en la personne du sergent Belcore (littéralement « joli cœur »), baryton bravache et sûr de lui qui vient justement d'offrir un bouquet de fleurs à Adina.

Survient le docteur Dulcamara, un charlatan ambulant au tempérament joyeux qui propose un remède censé guérir toutes les maladies : *Udite, udite, o rustici* (« Écoutez, écoutez, ô gens du pays »). Nemorino retourne ses poches et lui en achète une bouteille. En réalité, cet élixir n'est qu'une bouteille de vin ordinaire que Nemorino va promptement vider. L'élixir produit son effet : Nemorino est ivre ; il se met à danser et à chanter de telle façon que Adina, dégoûtée, décide d'épouser au plus vite son rival, le sergent Belcore.

Acte II. Tout le village se prépare à célébrer la noce d'Adina qui retarde l'instant fatal, car elle aimerait bien que Nemorino soit là pour mieux s'en venger. Ce dernier vient se plaindre au docteur Dulcamara que son élixir n'a pas produit l'effet escompté. Le bon docteur lui en propose alors une seconde bouteille, mais Nemorino est fauché. Le sergent Belcore, bon militaire, lui suggère alors de s'enrôler pour toucher la prime d'engagement. C'est ce que fait Nemorino illico. Il paie alors le docteur Dulcamara et engloutit la seconde bouteille aussi vite que la première. Le peu de lucidité qui lui restait disparaît très vite.

Le bruit se répand que Nemorino est devenu subitement riche. Du coup, les filles du village le regardent d'un autre œil et Adina n'est pas la dernière à faire de même. Nemorino est tout content de constater que la potion fait enfin son effet et il chante à Adina le grand air de cet opéra : *Una furtiva lagrima* (« Une larme furtive »), où le basson sanglote de concert avec le chanteur.

Adina rachète l'engagement qu'avait signé Nemorino au sergent Belcore, qui accepte cette renonciation comme un soldat. Elle tombe dans les bras de Nemorino, ce qui permet au docteur Dulcamara de liquider sans difficulté tout son stock de potion magique.

Enlèvement au sérail (L')

Auteur : Wolfgang Amadeus Mozart. **Titre original :** *Die Entführung aus dem Serail*. **Livret :** en allemand de Johann

Gottlieb Stephanie, d'après un autre opéra. **Première représentation :** Vienne, 1782.

Ce qu'il faut retenir : C'est le premier opéra de Mozart qui ait connu un réel succès. Il se présente sous la forme d'un *Singspiel*, sorte de comédie musicale où les dialogues parlés alternent avec les airs chantés.

Anecdote : L'héroïne s'appelle Constance. Au moment où il a écrit cette œuvre, Mozart était lui-même amoureux d'une charmante jeune femme nommée Constance qu'il devait épouser peu après la première de *L'Enlèvement*. Coïncidence ? À vous de le dire.

Acte I. L'action se passe en Turquie, au XVIe siècle. Belmonte, jeune noble espagnol (ténor), cherche à pénétrer dans la maison du redoutable pacha Selim (rôle parlé). Celui-ci a enlevé sa tendre amie Constance (soprano), la servante d'icelle, Blonde (blonde), et le valet de Belmonte, Pedrillo (ténor).

Osmin (basse), le gardien du sérail, est tombé amoureux de Blonde, au grand dépit de Pedrillo qui l'aime aussi (et qui a été le premier en date de ses soupirants). Osmin se dispute avec Pedrillo, employé comme jardinier par le pacha.

Belmonte est tout heureux de retrouver Pedrillo, et moins heureux d'apprendre que le pacha fait les yeux doux à Constance. Belmonte est donc plus déterminé que jamais à venir au secours de sa bien-aimée : *O wie ängstlich, o wie feurig !* (« Avec quelle anxiété, quelle ardeur ! »)

Sous les acclamations de bienvenue du chœur, Selim et Constance arrivent dans une barque. Pedrillo présente Belmonte au pacha comme un jeune architecte de valeur. Après quelques ruses, Belmonte et son valet pénètrent dans la demeure du pacha.

Acte II. Blonde repousse les avances de ce gros rustre d'Osmin. De son côté, le pacha n'arrive à rien avec Constance qui le repousse également : « *Martern aller Arten* » (« Tortures de toutes sortes »). Pedrillo établit un plan d'évasion et entreprend d'enivrer Osmin au cours du duo *Vivat Bacchus*. Tout ce petit monde est prêt à s'évader. Fin de l'acte dans un ensemble joyeux.

Acte III. Pedrillo dresse une échelle tandis que, pour tromper l'ennemi, Belmonte, jouant le rôle de Pedrillo, chante une sérénade à Blonde. Belmonte et Constance s'échappent, mais Pedrillo est pris. Osmin exprime sa jubilation dans un chant de triomphe lorsque Belmonte et Constance sont repris.

Constance plaide leur cause auprès du pacha. De son côté, Belmonte l'informe que son père est un riche Espagnol qui acceptera de payer une rançon. Il aurait mieux fait de se taire, car il ne savait pas que son père était l'ennemi mortel du pacha. Face à la mort, les deux tourtereaux chantent *Welch' ein Geschick !* (« Quel cruel destin ! »)

Par bonheur pour eux, le pacha se montre magnanime (après tout, on arrive à la fin de la pièce !) et décide de rendre la liberté à ses captifs. Tous se réjouissent, à l'exception d'Osmin qui coupe la parole à tout le monde pour laisser exploser sa rage d'être contraint de retourner à sa lourde tâche – superviseur d'un palais rempli de filles sexy.

Entführung aus dem Serail (Die)

Voir *Enlèvement au sérail (L').*

Eugène Onéguine

Auteur : Piotr Ilitch Tchaïkovski. **Livret :** en russe de Konstantin Stépanovitch Chilovski et du compositeur, d'après le roman en vers d'Alexandre Pouchkine. **Première représentation :** Moscou (Théâtre du Bolchoï), 1879.

Ce qu'il faut retenir : Tragédie romantique en trois actes racontant un amour désespéré. Ce fut, parmi les dix opéras qu'écrivit Tchaïkovski, celui qui rencontra le plus grand succès. Comme dans toute l'œuvre du compositeur, la musique est ici incroyablement entraînante, chargée d'émotion et ardente. Il y a peu d'action ou d'effets spéciaux, mais beaucoup d'émotion et de désespoir dans cette histoire d'amour non partagé.

Anecdote : Au début de l'opéra, Eugène laisse passer l'occasion de s'emparer du cœur de la jeune et jolie Tatiana, et il va le regretter toute sa vie. Lorsqu'il écrivit cet opéra, Tchaïkovski était lui-même poursuivi par une de ses anciennes élèves qui clamait l'amour désespéré qu'elle ressentait pour lui. Peut-être sous l'influence de l'opéra, Tchaïkovski décida de l'épouser, mais, ce ne fut pas ce qu'on peut appeler un mariage heureux (tous les détails au chapitre 9).

Acte I. Nous sommes à la fin du XVIIIe siècle, dans une propriété terrienne, en Russie. La belle Tatiana (soprano) a dix-sept ans et s'exerce au chant avec sa sœur Olga (contralto) lorsque le fiancé de celle-ci arrive, ténor nommé Lenski, accompagné de son voisin et ami de toujours, Eugène (baryton).

Le même soir, Tatiana confie à sa nourrice qu'elle ne parvient pas à s'endormir car elle est tombée amoureuse. Ensuite, c'est la scène de la lettre, dans laquelle elle écrit une lettre d'amour tout en chantonnant. Seule la musique nous dit ce qu'elle écrit. (Inutile de vous montrer le texte russe : il est écrit en caractères cyrilliques, et bien peu d'entre vous seraient capables de le lire.)

Je vous ai contemplé d'un regard doux déjà fatal

Qui m'a déchiré le cœur…

Non, non, ça ne va pas… recommençons.

Le matin suivant, elle demande à sa nourrice d'apporter la lettre à ce mec bien foutu qu'elle a remarqué : Eugène. Plus tard, il la rencontre dans le jardin, la remercie pour la lettre mais lui déclare qu'elle n'est pas sa tasse de thé. Point, à la ligne. Il n'est pas dans des dispositions appropriées pour répondre à cette passion. Elle est anéantie et humiliée.

Acte II. Une réception est donnée en l'honneur de l'anniversaire de Tatiana. Eugène danse avec elle mais le cœur n'y est pas. Les invités désapprouvent la conduite d'Eugène, qu'ils considèrent comme un crétin trop imbu de sa personne. Comme s'il voulait leur en donner la preuve, Eugène invite alors Olga, la sœur de Tatiana, à danser, ce qui ne plaît pas du tout au fiancé de celle-ci, Lenski. Eugène ne fait rien pour arranger les choses. « Pourquoi ne danses-tu pas, Lenski ?

Tu as l'air d'une statue. » Ils se querellent et finalement décident de régler cette affaire sur le pré.

Le matin suivant, près d'un ruisseau, dans les bois, Eugène et Lenski se dressent face à face. Eugène tire, Lenski tombe, mort.

Acte III. Eugène vient de passer six années à errer, seul, en proie au remords d'avoir tué son ami. Il assiste à un bal et qui voit-il entrer ? Tatiana, qui a maintenant épousé le prince Grémine (basse), qui se trouve être – ô coïncidence – un cousin d'Eugène. Les deux hommes bavardent ensemble et le prince confie à Eugène (dans un air qui est particulièrement apprécié par les basses) que Tatiana a apporté amour et beauté dans sa vie jusqu'ici solitaire. Maintenant qu'Eugène peut contempler Tatiana âgée de vingt-trois ans et qui n'est donc plus une fillette, c'est à son tour de chanter dans un air empreint de désespoir la tristesse d'un amour non partagé : « Est-ce bien elle que j'ai rejetée lorsqu'un certain jour elle m'a révélé la passion qu'elle avait pour moi ? »

Le jour suivant, Eugène lui ouvre son cœur, implore son pardon et lui demande de lui accorder une seconde chance. Mais, à travers ses larmes, elle lui déclare que c'est maintenant trop tard, qu'elle est mariée et qu'elle se doit à son époux. Ils s'aiment cependant tous les deux et regrettent (en chantant, bien sûr) ce qui aurait pu être. Au dernier moment, Tatiana se reprend et le congédie, le cœur brisé : « Je ne romprai jamais mon serment ! Je lui serai toujours fidèle ! Adieu pour toujours ! »

Eugène reste seul, conscient d'avoir tout gâché.

Falstaff

Auteur : Giuseppe Verdi. **Livret :** en italien d'Arrigo Boito, d'après deux pièces de Shakespeare : *Les Joyeuses Commères de Windsor* (surtout) et *Henry IV* (un peu). **Première représentation :** Milan, 1893.

Ce qu'il faut retenir : Comédie lyrique en trois actes, la seule de Verdi qui ait connu le succès. (Il avait écrit, dans les mois les plus noirs de sa jeunesse, un premier opéra bouffe, *Un giorno di regno* – « Un jour de règne » – qui, comme son titre prémonitoire l'indiquait, fut un four.) Ce crasseux chenapan de Falstaff espère réussir à extorquer quelque argent à des femmes du voisinage en jouant sur la fibre amoureuse, mais ce sont elles et leurs maris qui riront les derniers. À soixante-dix-neuf ans, le compositeur fait preuve d'une vivacité et d'une imagination incroyables. Il déploie un vaste éventail de passions humaines, du burlesque le plus franc au cocasse doux-amer des monologues de Falstaff sur l'honneur et sur le vin, du lyrisme tendre du duo entre Fenton et Nanetta à la furie impressionnante du monologue de Ford, à l'acte II. L'orchestre est d'un raffinement rare, aussi scintillant que léger, et la musique se déroule avec une fluidité extraordinaire, dans un vaste élan où rien n'est jamais figé.

Anecdote : *Falstaff* est le dernier opéra de Verdi. Son librettiste, Arrigo Boito, était lui aussi compositeur, mais lorsque son opéra *Mefistofele* connut un échec retentissant, il en conçut une grande amertume et abandonna la composition, se contentant désormais d'écrire des livrets pour d'autres compositeurs. (Dans des révisions ultérieures, *Mefistofele* obtint le succès et on le joue encore de nos jours.)

Acte I. L'histoire se déroule au début du XVIe siècle, à Windsor, en Angleterre, sous le règne de Henry IV (rien à voir avec *notre* Henri IV à nous, celui de la poule au pot). Dans une joyeuse auberge (l'auberge de la Jarretière), Sir John Falstaff, baryton obèse, s'entretient avec deux individus à l'allure louche, Bardolfo et Pistola. Entre le vieux docteur Caïus, qui accuse Falstaff d'avoir semé la pagaille dans sa maison, rossé ses domestiques et volé son argent. Falstaff oppose à ces accusations les plus farouches dénégations.

Falstaff annonce qu'il a mis le grappin sur deux bourgeoises du voisinage, Mrs Ford et Mrs Page et leur écrit une lettre d'amour à toutes deux. Les deux femmes ne tardent pas à découvrir qu'elles ont reçu chacune la même lettre. Elles jurent de se venger. *Quell'otre ! Quel tino !* (« Cette outre ! Cette cuve ! ») s'écrient-elles ensemble et en italien ! En fait, presque tout le monde lui en veut : Mr Ford, le docteur Caïus (qu'il a volé), un jeune homme nommé Fenton et même les deux larrons avec lesquels il s'entretenait précédemment.

Pour que vous ne perdiez pas le fil, sachez que le jeune Fenton aime la fille de Ford, Nanetta (et réciproquement), mais que celle-ci est promise au vieux Caïus. Dès qu'ils sont seuls, ils chantent un duo d'amour *Labbra di foco ! Labbra di fiore !* (« Lèvres de feu ! Lèvres en fleur ! »)

Mrs Ford, Mrs Page et leur amie Mrs Quickly (littéralement : « Madame Rapide ») tiennent une réunion à laquelle se joignent Ford, le docteur Caïus, Bardolfo, Pistola, Fenton et Nannetta. Ces derniers en profitent pour chanter un nouveau duo d'amour. Les conspirateurs projettent de rendre visite à Falstaff sous un déguisement. Tout le monde en rit d'avance et l'acte se termine par un grand ensemble à neuf voix.

Acte II. Nous sommes de retour à l'auberge où Mrs Quickly dit à Falstaff de rendre visite à Mrs Ford entre 2 et 3 heures de l'après-midi, lorsque son mari sera sorti. Falstaff est tout content de lui : *Va, vecchio John, va !* (« Va, vieux John, va ! »)

Le prochain à lui rendre visite est « Mastro Fontana », qui n'est autre que Mr Ford déguisé. Il offre à Falstaff une bonbonne de vin de Chypre et une bourse bien garnie pour qu'il l'aide à séduire Mrs Ford qui lui bat froid : *Quella crudel beltà* (« Cette beauté cruelle »). Falstaff répond qu'il a déjà arrangé un rendez-vous avec Mrs Ford. Sans se douter que sa femme a, de son côté, préparé son propre complot contre Falstaff, Mr Ford s'en prend à l'inconstance de la gent féminine : *E sogno ? O realtà ? Due rami enormi…* (« Est-ce un songe ou une réalité ? Deux cornes énormes… ») Lui et Falstaff se livrent au petit duo : « Après vous » — « Je n'en ferai rien », au moment de quitter la pièce.

Nous revenons chez Ford. Arrive Falstaff qui se vante auprès de Mrs Ford de sa minceur lorsqu'il était jeune (*Quand'ero paggio del Duca di Norfolk* – « Quand j'étais page du duc de Norfolk »). Lorsque Mr Ford fait son entrée, les femmes se dépêchent de cacher Falstaff derrière un paravent puis dans un panier à linge. Mr Ford fouille la maison, accusant sa femme d'adultère. Mrs Ford ordonne à ses domestiques d'aller jeter le contenu du panier à linge dans la rivière, au grand amusement de tous.

Acte III. Nous revoici dans la taverne, où nous voyons un Falstaff trempé et tout meurtri en train de récupérer tout doucement à l'aide de quelques godets de boissons alcoolisées. Il se lance dans un grand monologue assez amer sur les vicissitudes de ce monde impie, vantant finalement les mérites de l'alcool qui fait tout vibrer dans un grand trille : *Mondo ladro, mondo rubaldo, reo mondo !* (« Monde voleur, monde trompeur, monde vil ! ») Mrs Quickly arrive et le persuade de tenter à nouveau sa chance auprès de Mrs Ford. Le plan conçu par les conspiratrices demande que Falstaff, déguisé en Chasseur noir, la rencontre à minuit dans une gorge de la forêt hantée.

Le voici qui arrive, portant des andouillers et revêtu d'une lourde cape. Tous les conspirateurs, déguisés en créatures surnaturelles, vont et viennent devant un Falstaff terrifié et lui tombent dessus. Chacun le bat comme plâtre jusqu'à ce qu'il crie grâce. Alors, tous se démasquent et se mettent à rire, sauf Falstaff qui ne voit pas ce que la situation a de drôle. Mr Ford autorise les deux jeunes amoureux, Fenton et Nannetta, à se marier. Entraîné par Falstaff, tout ce petit monde entonne alors une fugue (au sens de Jean-Sébastien Bach) : *Tutto nel mondo è burla. L'uom è nato burlone !* (« Tout dans le monde n'est qu'une farce. L'homme est né farceur ! »)

Faust

Auteur : Charles Gounod. **Livret :** en français de Jules Barbier et Michel Carré. **Première représentation :** Paris, 1859.

Ce qu'il faut retenir : Tragédie surnaturelle en cinq actes d'après la légende allemande de Faust, l'homme qui vendit son âme au diable en échange de la jeunesse et des femmes et vécut suffisamment vieux pour le regretter amèrement.

POTINS DE COCKTAILS

Anecdote : Ce *Faust* est l'un parmi une vingtaine d'opéras reposant sur la légende de Faust. C'est aussi celui qui a connu le plus de succès. En 1934, rien qu'à Paris, il avait déjà été joué plus de 2 000 fois. Au début du xxe siècle, il avait été représenté si souvent au Metropolitan Opera de New York qu'un critique avait surnommé cette salle le *Faustspielhaus*, allusion au célèbre *Festspielhaus* de Bayreuth, temple de l'idolâtrie wagnérienne.

Acte I. Faust, vieux philosophe et chimiste (ténor) aux tendances suicidaires, déplore de n'avoir jamais réussi, malgré une vie de recherche, à percer le sens de la vie. Il maudit ceux qui sont heureux ou amoureux, puis invoque le nom de Satan. Au cri de *Me voici !*, un de ses suppôts, Méphistophélès (basse) apparaît alors et offre à Faust tout ce qu'il peut désirer : gloire, puissance, Rolls-Royce… bref, n'importe quoi. Mais la seule chose que demande Faust, c'est la jeunesse, le « trésor qui les contient tous ». Que disent les petites lignes du contrat ? « Tant que Faust sera sur la terre, le Diable le servira mais, ensuite, c'est lui qui servira le Diable. »

Voyant Faust hésiter, Méphistophélès lui présente la vision d'une ravissante beauté nommée Marguerite, laquelle file, installée à son rouet. Subjugué (*Ô merveille !*), Faust signe alors le contrat et boit la potion magique. Le voilà changé en beau jeune homme.

Acte II. Une kermesse s'est installée dans la ville. Étudiants, villageois et soldats y chantent joyeusement des chansons à boire. Valentin et son ami Siebel viennent s'y promener. Valentin, baryton qui doit partir pour la guerre, s'inquiète au sujet de sa sœur Marguerite dans un air célèbre, *Avant de quitter ces lieux*. Siebel (rôle travesti, mezzo-soprano), jeune soupirant timide de Marguerite, lui répond de ne pas se faire de souci : il veillera sur elle.

Pour chasser la tristesse, Wagner grimpe sur une table et entonne sa *Chanson du rat* (*Un rat plus poltron que brave*). Il est interrompu par Méphistophélès, qui loue le veau d'or et porte un toast à Marguerite : *Le veau d'or est toujours debout.* Cela ne convient pas à Valentin, qui a compris qui était Méphisto. Il tente de frapper le Diable avec son épée mais celle-ci se brise net. Les autres hommes présents brandissent alors leurs épées de telle sorte qu'elles forment le signe de la croix comme dans les films de vampires. Le Diable est forcé de s'en aller, ce qu'il fait en maugréant *Nous nous reverrons*. Faust estime qu'il est temps de lui faire rencontrer Marguerite. Méphistophélès s'exécute et fait apparaître la jeune fille. La voilà qui sort de l'église, tandis que résonne une valse enivrante (*Ainsi que la brise légère*). Méphistophélès éloigne Siebel, permettant à Faust d'approcher sa belle. Mais elle le repousse. Méphisto promet d'aider son protégé, tandis que la valse reprend de plus belle.

Acte III. Dans le jardin de Marguerite. Siebel cueille quelques fleurs : elles se fanent tout juste comme l'avait prédit le Diable. Mais lorsqu'il trempe ses doigts dans un récipient d'eau bénite le charme est annulé. Il cueille alors un bouquet tout frais qu'il laisse sur le pas de la porte de Marguerite (*Faites-lui mes aveux*) au moment où Faust et Méphistophélès allaient entrer. Méphistophélès, sentant que le brave Faust manque d'expérience pour courtiser les filles, dépose un coffret rempli de bijoux à côté des fleurs de Siebel.

Marguerite paraît. Elle s'interroge sur l'identité du beau jeune homme croisé le matin même (*Chanson du roi de Thulé*). Elle découvre les fleurs laissées par Siebel et les trouve gentilles. Mais le coffret de bijoux, ça, c'est autre chose ! Dans le célébrissime *Air des bijoux* (*Ah, je ris de me voir si belle en ce miroir…*), cheval de bataille de maintes cantatrices au nombre desquelles la Castafiore chère à Hergé, elle commence à se parer des pierres précieuses. Le Diable lui jette un sort et elle tombe immédiatement amoureuse de Faust. Celui-ci disparaît avec elle dans la maison et Méphistophélès ricane diaboliquement.

Acte IV. Séduite et abandonnée par Faust, Marguerite est délaissée de tous (il faut dire qu'elle est tombée enceinte, et que c'est plutôt mal vu). Seul Siebel lui reste fidèle ; elle lui avoue aimer encore l'ingrat. À l'église, elle tente de prier, mais la voix de Méphistophélès et un chœur de démons lui annoncent qu'elle est damnée pour l'éternité. Elle s'évanouit.

Les soldats rentrent du front (*Gloire immortelle de nos aïeux*) ; parmi eux se trouve Valentin, auquel Siebel apprend bientôt ce qui est arrivé. Faust et Méphistophélès font leur entrée. Le premier veut revoir Marguerite. Pour attirer la jeune femme, le second entonne une sérénade (*Vous qui faites l'endormie*). Valentin survient et provoque Faust en duel. Mais Faust a la magie pour lui et n'a aucun mal à tuer Valentin qui, dans un dernier souffle, maudit sa sœur. (Comme si elle n'avait déjà pas assez d'ennuis…)

Acte V. Après un ballet cauchemardesque d'esprits maléfiques (ajouté après coup pour faire plaisir à l'Opéra de Paris et parfois coupé), nous parvenons à la prison où gît Marguerite. Elle a été incarcérée parce que, devenu folle, elle a tué son enfant. Son esprit est tellement troublé qu'elle ne sait même plus où elle se trouve. Elle prie :

Anges purs, anges radieux !

Portez mon âme au sein des cieux !

Méphistophélès s'écrie « Tout est fini ! Tout est fini ! » au moment où Faust tente de convaincre Marguerite de fuir avec lui. Marguerite voit du sang sur les mains de Faust, le maudit et meurt. Méphistophélès entraîne Faust dans l'enfer pendant qu'un chœur d'anges chante et que Marguerite s'envole vers le paradis.

Peut-être que la prochaine fois, elle fera plus attention…

Fidelio

Auteur : Ludwig van Beethoven. **Livret :** en allemand de Joseph von Sonnleithner, révisé en 1806 par Stephan von Breuning et en 1814 par Georg Friedrich Treitschke, d'après *Léonore, ou l'Amour conjugal*, de Jean-Nicolas Bouilly. **Première représentation :** Vienne, 1805 (*Leonore*) pour la première version, 1806 pour la seconde (*Leonore* révisé) et 1814 pour la version définitive (*Fidelio*).

Ce qu'il faut retenir : Une histoire en deux actes de libération d'un prisonnier par la vertu de l'amour conjugal avec – le cas n'est pas si fréquent – un *happy end*. Beethoven – comme vous le savez peut-être – est bien plus connu pour ses symphonies que comme compositeur d'opéra. Aussi, ce qu'il y a de mieux dans *Fidelio*, ce sont probablement les parties orchestrales et les chœurs. Dans cet opéra, on trouve en outre quelques dialogues parlés.

POTINS DE COCKTAILS

Anecdote : *Fidelio* est le seul et unique opéra écrit par Beethoven. Il lui coûta énormément de peine (« Cet opéra me vaudra la couronne de martyr ») et il le remania plusieurs fois. On ne compte pas moins de seize versions successives du premier air de Florestan, il existe 346 pages remplies de notes musicales et quatre ouvertures différentes, toutes complètes. Même après les premières représentations, le compositeur continua à retravailler son œuvre, allant jusqu'à combiner les trois actes en deux et à réécrire plusieurs des airs. L'opéra s'appelait à l'origine *Leonore*, mais Beethoven dut en changer le titre car il existait déjà plusieurs opéras de ce nom. Le nom est resté attaché aux trois ouvertures abandonnées, souvent interprétées isolément en concert sous les noms d'*ouvertures Leonore I*, *II* ou *III*. La quatrième est tout simplement appelée *ouverture de Fidelio*.

Anecdote n° 2 : L'intrigue de *Fidelio* est inspirée d'un fait réel survenu pendant la Révolution française, et la partition elle-même doit beaucoup à l'opéra révolutionnaire français, dont les représentants majeurs furent Luigi Cherubini (un Italien) et Étienne Nicolas Méhul (né à Givet, dans les Ardennes, et qui, à trois kilomètres près, aurait donc pu être belge).

L'histoire : À Séville, au début du XVIIIe siècle. (On aimerait savoir comment les personnages de *Fidelio*, le barbier de Rossini, les cigarières de *Carmen* et le vengeur de *La forza del destino* arrivent à coexister dans cette ville sans jamais se rencontrer…)

Avant le début de l'opéra, Florestan, un noble révolutionnaire espagnol a été jeté en prison. Le gouverneur de la prison, Pizarro, a été jusqu'à répandre la rumeur de sa mort. Mais la courageuse et fidèle épouse de Florestan n'y croit pas. Elle s'habille en homme et se fait engager comme aide du geôlier sous le nom de Fidelio.

Acte I. Dans une sinistre prison espagnole. Leonore/Fidelio est arrivée à arracher quelques informations au geôlier Rocco et elle a appris qu'un prisonnier était incarcéré dans la cellule la plus retirée. Elle persuade Rocco de la/le prendre avec lui lors de ses rondes.

Le méchant gouverneur de la forteresse, Pizarro, apprend par un courrier que le ministre Don Fernando doit effectuer une prochaine inspection. C'est le moment de faire disparaître le prisonnier une fois pour toutes. *Ha ! Welch' ein Augenblick* (« Ah ! quel moment ! ») chante-t-il.

Pizarro ordonne donc au gardien Rocco de tuer le prisonnier. Celui-ci refuse, pensant peut-être que l'étiquette d'assassin sans pitié ferait mauvais effet dans son CV. « Bon, eh bien, je vais le faire moi-même, déclare Pizarro, prépare une tombe pour lui. »

Leonore est quelque peu alarmée. Suffisamment pour vociférer au tueur :

Abscheulicher ! Wo eilst du hin ?	Monstre ! Où cours-tu si précipitamment ?
Was hast du vor in wildem Grimme ?…	Que vas-tu faire dans une telle fureur ?…

Komm' Hoffnung, lass den letzten Stern	Viens, espoir, ne laisse pas faiblir la dernière étoile
der Müden nicht erbleichen.	qui brille pour l'accablé de fatigue.
O komm', erhell' mein Ziel	Ô viens, éclaire le but
Sei's noch so fern, so fern.	Dont je suis encore si loin, si loin.
Die Liebe, sie wird's erreichen.	L'amour m'aidera à l'atteindre.

Folle d'inquiétude, Leonore convainc Rocco d'autoriser les prisonniers à faire une petite promenade au crépuscule pendant quelques minutes. Ils émergent dans le soleil couchant, aveuglés et chantant un chœur passionné. Comme elle voit que son époux n'est pas du nombre, elle persuade Rocco (finalement bien naïf) de la laisser l'aider à creuser la tombe. Au moins aura-t-elle une chance de voir son mari !

Acte II. Nous rencontrons enfin Florestan, enchaîné et décharné, chantant *Gott, welch' Dunkel hier, o grauenvolle Stille !* (« Dieu, qu'il fait sombre ici, quel silence abominable ! ») Leonore, creusant la tombe avec Rocco, le repère et manque de s'évanouir. C'est tout ce qu'elle peut faire pour éviter de s'écrier : « C'est moi, chéri ! »

Le vilain Pizarro surgit, prêt à tuer Florestan. Au moment où il lève sa dague, Leonore se jette devant Florestan en criant : *Töt' erst sein Weib !* (« Commence par tuer son épouse ! ») Tout le monde est abasourdi (n'ayant apparemment jamais remarqué que Monsieur Fidelio chante depuis deux heures d'une voix de soprano). Pizarro s'apprête à la tuer lorsque, s'emparant d'un pistolet, elle lui dit : « Un mot de plus et tu es mort ! »

C'est à ce moment qu'arrive le ministre. Florestan et sa femme chantent un joyeux duo : *O namenlose Freude !* (« Ô, joie sans nom ! ») Les langues se délient devant le ministre qui se trouve être un vieil ami de Florestan. Inutile de dire combien le ministre est horrifié d'apprendre les noirs desseins de Pizarro. L'œuvre se termine sur un jaillissement de chants joyeux du chœur tandis que le couple en extase regarde vers l'avenir dans l'attente d'une réhabilitation prochaine.

Flûte enchantée (La)

Auteur : Wolfgang Amadeus Mozart. **Titre original :** *Die Zauberflöte*. **Livret :** en allemand d'Emanuel Schikaneder. **Première représentation :** Vienne, 1791.

Ce qu'il faut retenir : *La Flûte enchantée* est un *Singspiel*, c'est-à-dire un ouvrage en allemand où alternent passages chantés et parlés, mais aussi passages comiques ou plus graves. L'œuvre est en deux actes, empreinte de symbolisme. La musique en est si belle qu'elle laisse les musicologues et les autres compositeurs pantelants, bavant d'admiration. D'autant plus que Mozart l'écrivit tout naturellement, sans effort.

Anecdote : Mozart et Schikaneder étaient tous deux francs-maçons. Comme *La Flûte enchantée* est remplie de singuliers personnages, de symboles apparemment dépourvus de sens et de rituels spécifiques, les analystes en ont conclu qu'elle était probablement inspirée des rites de la franc-maçonnerie. Par exemple, les deux couples (Pamina/Tamino et Papagena/Papageno) traversent (avec des fortunes diverses) un parcours initiatique. Les accords répétés de l'ouverture représenteraient quelqu'un en train de frapper à la porte de la Loge à laquelle appartenait Mozart. Certains historiens vont même jusqu'à prétendre que Mozart (qui mourut à l'âge de trente-cinq ans) fut assassiné pour avoir révélé trop de choses sur la franc-maçonnerie.

Acte I. Dans l'Égypte ancienne, à une époque indéterminée, le prince Tamino (ténor), poursuivi par un dragon, s'évanouit en plein milieu de la scène. Il est sauvé par trois dames vêtues de noir qui sont les servantes de la Reine de la Nuit. Lorsque Tamino reprend conscience, il découvre à ses côtés un étrange personnage revêtu de plumes. C'est l'oiseleur Papageno (baryton), lui aussi au service de la Reine de la Nuit, qui prétend avoir tué lui-même le dragon.

Retour des Dames de la Nuit qui, pour punir l'oiseleur de ce mensonge, posent un cadenas sur sa bouche. Elles montrent à Tamino le portrait de la fille de la Reine de la Nuit, Pamina. Il en tombe immédiatement amoureux et entonne son air *Dies Bildnis ist bezaubernd schön* (« Ce portrait est prodigieusement beau »). Pamina a été capturée par le grand prêtre Sarastro (basse profonde). « Délivre ma fille », chante la Reine de la Nuit (soprano colorature) dans un feu d'artifice de difficultés vocales meurtrières, « et elle sera à toi ». Pour aider Tamino dans sa tâche, elle lui donne une flûte en or et, à Papageno, un jeu de clochettes en argent. Les deux hommes partent pour leur quête, accompagnés de trois Garçons (rôles confiés soit à de véritables jeunes garçons, soit à des chanteuses au soprano léger).

Dans le palais du grand prêtre Sarastro, le Maure Monostatos (ténor) est chargé de garder Pamina. Il ne peut s'empêcher de porter sur elle des regards chargés de convoitise et irait même plus loin sans l'intervention opportune de Papageno, qui le fait fuir et rassure Pamina en lui promettant qu'elle sera bientôt délivrée.

Entre-temps, les trois Garçons ont guidé Tamino jusqu'à un bois sacré où se trouvent trois temples. Dans le troisième, un officiant lui explique que Sarastro n'est pas réellement le Grand Méchant Loup et que c'est au contraire la Reine de la Nuit qui a le mauvais rôle. Entre Sarastro (basse) en personne, salué par le chœur. Pamina accuse Monostatos d'avoir tenté de la violenter. Pour sa punition, ce dernier est condamné par Sarastro à recevoir soixante-douze coups de fouet. Il ordonne ensuite aux deux jeunes amants de se diriger vers le Temple des Épreuves où ils devront faire la preuve de leur sagesse, montrant ainsi qu'ils sont dignes du bonheur.

Acte II. Le deuxième acte présente les épreuves auxquelles sont soumis Tamino et Papageno, auxquels on retire leurs instruments magiques. La première épreuve est le silence. Les trois Dames tentent en vain de les faire parler et les prêtres viennent leur annoncer qu'ils ont passé la première épreuve avec succès. La Reine de la Nuit vient exhorter Pamina à poignarder Sarastro, mais celui-ci explique à la jeune fille que le bonheur provient de l'amour, et non de la vengeance. La seconde série d'épreuves commence, et les deux candidats doivent à nouveau se taire. Mais Papageno ne peut s'empêcher de bavarder avec une vieille femme qui prétend avoir dix-huit ans et être sa fiancée, Papagena. Les trois Garçons viennent rendre à Tamino et Papageno leurs instruments. La flûte de Tamino attire Pamina. Mais, confrontée au silence de Tamino, la jeune fille pense qu'il ne l'aime plus et souhaite mourir. Sarastro envoie le couple affronter ensemble la dernière série d'épreuves. Pamina essaie en vain d'obtenir une parole de son prince, qui semble sourd et muet à ses remontrances. Papageno, quant à lui, a échoué. Il ne connaîtra pas les joies réservées aux initiés, mais s'en moque bien d'ailleurs. Il ne rêve qu'à son bonheur conjugal auprès d'une gentille petite femme. Il déchante quand apparaît l'affreuse vieille qui, sous la menace, lui arrache un serment de mariage. Elle se transforme alors en une jeune fille très désirable, Papagena. Mais lorsque Papageno veut l'embrasser, on la lui arrache des bras.

On comprend que Pamina, déboussolée par une intrigue aussi complexe et des personnages aussi peu courants, songe au suicide. Les trois Garçons arrêtent son geste et la rassurent quant à l'amour que lui porte Tamino. Tamino retrouve le droit de parler à sa bien-aimée, et les deux jeunes gens sont réunis pour les dernières épreuves, le Feu et l'Eau, dont, annoncent les Hommes en armure, ils triompheront par le pouvoir de la musique. Ils les traversent en effet grâce à la flûte magique.

Mais tout n'est pas dit. La Reine de la Nuit, résolue à toute extrémité, dans son second grand air (sans doute le plus célèbre et le plus difficile en raison des grands écarts entre notes qu'il contient et du fait que la cantatrice doit monter jusqu'au contre-*fa*) donne à sa fille un poignard avec lequel elle devra tuer Sarastro. Puis elle disparaît. Entrée de Monostatos, toujours lubrique, qui s'empare du poignard et veut l'utiliser sur Pamina, laquelle continue de le repousser. Coup de théâtre : voici Sarastro en personne qui intervient, chasse Monostatos et rassure Pamina dans un air d'une grande majesté, l'un des plus beaux jamais écrits pour une voix de basse. Au dernier tableau, on verra Papageno retrouver Papagena avec l'aide de ses clochettes (traditionnellement confiées à l'orchestre, au *Glockenspiel*), Tam et Pam seront félicités par Sarastro qui bénira leur union et tout se terminera dans la joie sous le regard attendri des trois Garçons.

Force du destin (La)

Auteur : Giuseppe Verdi. **Titre original :** *La forza del destino.* **Livret :** en italien de Francesco Maria Piave. **Première représentation :** Saint-Pétersbourg, 1862.

Ce qu'il faut retenir : Tragédie véritablement horrible en quatre actes où à peu près tout le monde meurt à la fin. Une histoire incroyablement tarabiscotée farcie de mortels malentendus qui auraient pu être éclaircis en moins de cinq minutes, et de longs passages décousus où il ne se passe rien du tout. Par bonheur, la musique est suffisamment belle pour que l'ensemble puisse tenir debout, tout spécialement au finale du deuxième acte.

Anecdote : Dans le scénario original de cette œuvre, tout le monde, absolument tout le monde mourait à la fin, y compris le héros, Alvaro, qui se jetait du haut d'une falaise pour être certain qu'il ne resterait plus personne sur la scène. Verdi écrivit à son librettiste : « Nous devrions revoir le dénouement et trouver un moyen d'éviter tous ces cadavres. » De nos jours, c'est presque toujours la version révisée qui est représentée, celle dans laquelle Alvaro reste vivant, quoique très fortement perturbé.

Acte I. Séville (la plaque tournante de tout opéra qui se respecte), à la fin du XVIIIe siècle. Le père de la jolie soprano Leonora la surprend seule dans sa chambre avec son tendre ami Alvaro. Comme il désapprouve cette liaison, il pense tout de suite au pire. « Votre fille est aussi innocente qu'un ange », proteste Alvaro qui, pour prouver sa bonne foi (?), jette (maladroitement) son pistolet (chargé) par terre. Catastrophe, le coup part, tuant accidentellement le papa qui a la force de maudire sa fille avant de trépasser.

Acte II. Dans une auberge à Hornachuelos. Depuis ce fâcheux incident, dix-huit mois ont passé, et Leonora a perdu tout contact avec son soupirant. La vengeance est à leurs trousses en la personne de Carlo (baryton), le frère de Leonora, qui se trouve précisément dans cette auberge déguisé en étudiant. Sur la route du monastère où elle compte se réfugier, Leonora pénètre dans l'auberge et prend peur en apercevant son frère. Heureusement, elle est déguisée en homme et accompagnée du muletier Trabuco, il y a donc peu de chances qu'il la repère dans la foule bigarrée. Tout ce petit monde écoute la gitane Preziosilla faire un éloge vibrant de la guerre et du joli son du tambour. Carlo bombarde de questions le pauvre muletier qui a amené sa sœur à l'auberge (il ne l'a pas reconnue mais a quand même des doutes). Il s'en va ensuite à son tour.

Second tableau : un monastère au clair de lune. Atteignant le but de son long voyage, Leonora tombe à genoux et chante une superbe prière, qui compte parmi les plus grands moments de la musique de Verdi : *Madre, pietosa Vergine* (« Mère, Vierge pleine de grâce »). Elle est accueillie par le bougon et comique Frère Melitone, qui la conduit au prieur (le Père Gardien, basse). Dans un duo magnifique et d'une grande puissance, le Père Gardien (auquel Leonora a avoué sa véritable identité) accepte de l'abriter dans une grotte isolée, où il fera en sorte que personne ne l'approche.

Acte III. Au champ de bataille près de Velletri, en Italie. De son côté, Alvaro s'est engagé dans l'armée sous un nom d'emprunt, tâchant ainsi d'oublier ses malheurs (« Séville, Leonora, tristes souvenirs... »).

Il sauve bientôt la vie d'un soldat qui se trouve être Carlo, le frère de Leonora, c'est-à-dire son pire ennemi. Mais ils ne se reconnaissent pas (c'est vrai que le temps a passé) et deviennent les meilleurs amis du monde. Jusqu'à ce que survienne une nouvelle coïncidence : Alvaro est blessé et, craignant le pire, dans un célèbre duo, il demande à Carlo de brûler une lettre qui se trouve dans ses affaires au cas où il viendrait à mourir. Carlo accepte mais, de nature curieuse, il trouve non loin de la lettre un portrait de sa sœur Leonora. Une fois rétabli, Alvaro est provoqué en duel par Carlo. Ils sont séparés par des soldats.

Il faut signaler que toute la petite compagnie de Hornachuelos a suivi ses héros jusqu'en Italie. Preziosilla, Trabuco, les vivandières s'en donnent d'ailleurs à cœur joie, entre deux batailles. Melitone essaie bien de remettre un peu d'ordre dans tout cela dans un *Sermon* mi-râleur mi-cocasse, mais Preziosilla le laisse s'énerver tout seul et conclut l'acte en chantant un nouveau chant guerrier : son célèbre *Rataplan*.

Acte IV. Retour à l'ermitage, où Melitone, plus rapide que l'éclair, nous a précédés. Dans un beau duo, il se plaint au Père Gardien du travail qu'il a et de l'attitude étrange d'un nouveau moine, Frère Raffaele, auquel, selon ses termes, les aléas de la vie ont « fêlé le cerveau ». Vous l'aurez deviné, Raffaele n'est autre qu'Alvaro, réfugié au monastère par crainte des représailles de Carlo, et qui ignore la présence de sa bien-aimée à quelques kilomètres de là (sinon, nul doute qu'il se porterait volontaire pour aller la ravitailler). La cloche de la porte d'entrée retentit. Devinez qui c'est ? Carlo, déguisé en moine, qui est à la recherche d'Alvaro dont il a fini par retrouver la trace. Alvaro demande pardon à genoux à Carlo. Dans un duo enflammé, Carlo le traite de couard et ils quittent la scène pour aller en découdre.

Nous entendons Carlo pousser un cri : il vient d'être tué par Alvaro. Horrifié d'avoir tué le père et le frère de celle qu'il aime toujours, Alvaro va frapper à la porte de la grotte (c'est le livret qui le dit) pour qu'un (véritable) moine vienne donner l'absolution au mourant. C'est alors que Leonora reconnaît son amour de toujours. Aux premiers mots qu'il prononce : « Je viens de tuer Carlo », elle s'enfuit, anéantie, pour tomber pile sur son frère à qui il reste encore assez de force pour la tuer. Dans un dernier sursaut, elle chante : *Nell'ora estrema perdonar non seppe… E l'onta vendicò nel sangue mio.* (« Dans ses derniers moments, il n'a pas su pardonner… Il a vengé sa honte dans mon sang. ») En mourant, elle assure à Alvaro que la malédiction paternelle est maintenant levée. Bien piètre consolation… Alvaro se met à blasphémer. Le Père Gardien l'invite à s'incliner devant la volonté divine. Dans la version originale, Alvaro se donne la mort.

Freischütz (Le)

Auteur : Carl Maria von Weber. **Titre original :** *Der Freischütz.* **Livret :** en allemand de Johann Friedrich Kind, d'après le *Gespensterbuch* (« Livre des fantômes ») de Johann August Apel et Friedrich Laun. **Première représentation :** Berlin, 1821.

Ce qu'il faut retenir : Un véritable thriller en trois actes avec, curieusement, un *happy end*. Cet opéra est considéré comme le premier grand opéra romantique allemand (caractérisé par le recours aux légendes, l'irruption du surnaturel, le rôle de la nature, et tout particulièrement de la forêt, et une musique faisant une large place à des harmonies nouvelles). La scène de la Gorge aux Loups, au deuxième acte, est justement célèbre.

Anecdote : Le titre, *Der Freischütz*, signifie littéralement « Le Franc-Tireur ». Mais il est d'usage de conserver le terme allemand. L'ouverture, page symphonique d'anthologie, présente l'essentiel des grands thèmes mélodiques de l'opéra.

Acte I. Dans les profondeurs des forêts de Bohême (à peu près là où se trouve maintenant la République tchèque), les forestiers se livrent à un concours de tir. Le ténor Max, dont la réputation de tireur d'élite est pourtant établie, se fait battre par un simple paysan. Il est consterné de cette baisse de forme, tout particulièrement parce que son chef, et futur beau-père, la basse Kuno lui a dit : « Si tu ne gagnes pas le concours de tir de demain, tu n'auras pas ma fille Agathe. » C'est pour Max une idée affreuse car il aime la douce Agathe plus que la vie même. (Elle est encore plus belle que la pierre qui porte son nom.)

Arrive Kaspar (basse), l'ami de Max, qui lui fait une étrange proposition : « Que dirais-tu, camarade, si je te donnais aujourd'hui même le moyen de tirer droit au but demain, t'assurant du même coup la main d'Agathe ? »

Max ne le croit pas. Kaspar lui suggère alors d'essayer de descendre avec son propre fusil un aigle qui passe au-dessus de leur tête. Max fait feu et, en dépit de l'obscurité, l'aigle tombe à ses pieds. C'est à cause d'une balle infaillible, qui fait mouche par magie, explique Kaspar. Si Max veut bien le rencontrer à minuit dans la légendaire Gorge aux Loups, ils fondront sept balles pour le concours de tir. Max est quelque peu décontenancé par les manières de Kaspar mais il accepte. Kaspar termine l'acte par un air à faire frémir, au demeurant difficile à chanter. Il se trouve qu'il a fait un pacte avec un certain Samiel, qui n'est autre que le Diable en personne.

Acte II. La jolie Agathe (une soprano) est troublée. Elle prie, accoudée à sa fenêtre, au clair de lune, en chantant *Leise, leise, fromme Weise ! Schwing dich auf zum Sternenkreise.* (« Doucement, doucement, pieuse chanson ! Monte vers la voûte étoilée. ») Lorsqu'elle aperçoit Max rentrant chez lui, elle est tout extasiée. Mais il lui déclare qu'il ne fait que passer parce qu'il doit aller à la Gorge aux Loups pour… eh bien, pour rapporter un cerf qu'il a tué dans la journée. Oui, oui, c'est ça : un cerf !

Malgré l'avertissement que lui prodigue Agathe (« On dit que cet endroit est hanté »), Max suit son idée. Un chœur d'esprits invisibles psalmodiant des paroles à vous donner la chair de poule, dans lesquelles il est question de toiles d'araignées rougies par le sang et de jeune épousée morte, les attend, lui et Kaspar. Ce que Max ne sait pas, c'est que Kaspar a vendu son âme au Diable et qu'il espère prolonger sa propre vie en fournissant à celui-ci une prochaine victime.

Accompagnées par une musique effrayante et diabolique, des apparitions et des manifestations épouvantables se produisent alors : la mère de Max, décédée, lui prodigue ses avertissements, des fantômes d'animaux crachent des flammes et des étincelles, Agathe elle-même tombe d'une falaise. Mais ces présages sont trop subtils pour Max. Il rejoint Kaspar et ils se mettent à psalmodier des paroles magiques tout en fondant leurs balles.

Acte III. Nous sommes maintenant au lendemain, en plein jour, pendant le concours de tir. Au début de l'acte, on entend le célèbre *Chœur des Chasseurs*. Paraît Agathe, parée pour la noce. Ses demoiselles d'honneur chantent joyeusement. Chacun espère que Max va remporter le concours de tir. Tout le village est présent. Max a déjà utilisé six de ses balles magiques. Kaspar est monté sur un arbre pour contempler Max perdant à jamais son âme. Le prince Ottokar (qui a laissé son sceptre à la maison), en l'honneur de qui se tient le concours, propose à Max de tirer sur une blanche colombe qui passe à ce moment dans le ciel. Au moment où il va tirer, Agathe surgit de derrière un arbre et s'écrie : *Schiess nicht ! Ich bin der Taube !* (« Ne tire pas ! Je suis la colombe ! ») car elle sait (comment ? mystère !) que la colombe, c'est elle ! Max, probablement troublé par cette curieuse métaphore, fait feu.

Chacun de son côté, Kaspar et Agathe tombent sur le sol. Le chœur se met à chanter sur un ton qui ne laisse rien présager de bon. Mais Agathe se relève car elle n'était qu'évanouie alors que Kaspar, lui, est bel et bien mort. Par un heureux coup du sort, la septième balle qui était destinée à Agathe a atteint Kaspar qui, avant d'expirer, trouve encore la force de chanter : *Du, Samiel, schon hier ? So hieltst du dein Versprechen mir ?* (« Toi, Samiel, déjà ici ? Est-ce ainsi que tu as tenu parole ? »)

Puis Max avoue de quelle façon il a gagné le concours avec ses balles truquées. Le prince le condamne alors à l'exil. Mais c'est le jour de chance de Max. Un mystérieux ermite apparaît et suggère qu'au lieu d'être banni du royaume, Max soit mis à l'épreuve pendant une année, à l'issue de laquelle, s'il se conduit bien, il pourra épouser Agathe. Cette solution reçoit l'agrément général et tout est bien qui finit bien.

Götterdämmerung

Voir *Ring (Le Crépuscule des Dieux).*

Hippolyte et Aricie

Auteur : Jean-Philippe Rameau. **Livret :** en français de Simon-Joseph Pellegrin, d'après les *Phèdre* de Racine, Euripide et Sénèque. **Première représentation :** Paris (Académie royale de musique), 1733.

Ce qu'il faut retenir : Tragédie en musique en un prologue et cinq actes. La création d'Hippolyte et Aricie eut un retentissement considérable. C'était le premier opéra de Rameau, qui avait déjà cinquante ans, et il concrétisait les promesses des différents traités d'harmonie et de composition publiés par le compositeur, révélant au public des sonorités proprement inouïes. L'orchestre y joue un rôle crucial, comme en témoigne la symphonie descriptive *Le Frémissement des flots*, à l'acte III, accompagnant l'invocation de Thésée à Neptune pour déchaîner les flots.

Anecdote : La fièvre causée par la création d'*Hippolyte et Aricie* engendra l'une des plus violentes et des plus célèbres polémiques de l'histoire du théâtre français, la querelle des lullistes et des ramistes (les premiers défendant la tradition héritée de Lully contre la modernité de Rameau).

Prologue. Les prologues des « tragédies en musique » consistent souvent en longs débats entre dieux. En l'occurrence, pour faire court, l'Amour (soprano) vient semer la pagaille dans le domaine de Diane (soprano), où règne normalement la chasteté. Jupiter (baryton) est appelé pour régler le différend : l'Amour triomphe quand il doit triompher, nul ne peut entraver sa route (en la matière, le roi des dieux s'y connaît). Diane craint par-dessus le marché que Cupidon s'en prenne à Hippolyte, son protégé. Il ne manquerait plus qu'il tombe amoureux. Elle descend sur terre voler à son secours.

Acte I. Dans le temple de Diane, des cérémonies sont organisées en l'honneur de la déesse. On y découvre Aricie (soprano) princesse prisonnière dont le guerrier Thésée a massacré toute la famille. Cela n'empêche pas Aricie d'être éprise de son fils Hippolyte, qui l'aime en retour mais est aimé par sa jalouse belle-mère Phèdre (soprano), épouse de Thésée. (Vous suivez toujours ?) Thésée a voué Aricie au culte de Diane, ce qui rend impossible l'amour qu'éprouve Hippolyte (haute-contre) pour elle (faudrait pas fâcher papa). Mais en fait Thésée est absent depuis longtemps (où ? c'est la surprise de l'acte II). Et la reine Phèdre vient seule assister à la prise de voile, ce qui lui permet de faire état de toute sa cruauté lorsque Aricie ose protester timidement : elle ne tient pas plus que cela à devenir nonne, vu qu'elle est amoureuse d'un jeune homme. Diane intervient juste à temps avant qu'elle ne détruise le temple. Puis, ayant bien sûr deviné de qui Aricie était éprise, elle laisse libre cours à sa jalousie auprès de sa confidente, Œnone (soprano). La reine se radoucit cependant en apprenant que son imprudent mari s'est rendu aux Enfers pour y affronter Pluton, et qu'il n'en reviendra plus.

Acte II. Nous retrouvons donc Thésée (basse) au royaume des morts. Il tente de venir en aide à son ami Pirithoüs, retenu captif par le dieu des Morts pour avoir voulu enlever son épouse, Proserpine. (Quelle idée, aussi…) Tisiphone (haute-contre), l'une des Furies, l'y accueille : « Pirithoüs gémit sous d'éternelles chaînes ; tremble, le même sort t'attend. » Mais rien n'effraie Thésée, qui se présente devant Pluton (basse) et sa cour infernale. Inflexible, Pluton explique même qu'il va faire subir à Pirithoüs les pires supplices. Thésée demande alors à mourir et à partager le sort de son frère d'armes. En vain. Ce sont cette fois les Parques qui s'opposent : elles n'obéissent qu'au Destin, seul maître qui peut décider du moment de la mort : *Du Destin le vouloir suprême a mis entre nos mains la trame de tes jours*. Thésée est donc mal parti, vivant parmi les morts pour l'éternité. Heureusement, il est libéré grâce à l'intervention de Neptune et de Mercure. Les trois Parques sont incarnées par trois voix d'hommes, et leur second trio, rempli de dissonances qui encore aujourd'hui glacent le sang, est proprement stupéfiant (surtout qu'il ne présage rien de bon pour Thésée) :

Quelle soudaine horreur ton destin nous inspire !

Où cours-tu, malheureux ? Tremble ! frémis d'effroi !

Tu quittes l'infernal Empire,

Pour trouver les Enfers chez toi.

Acte III. De retour sur terre, Thésée voit en effet Hippolyte sur le point de transpercer Phèdre de son glaive. En fait, Hippolyte ayant refusé ses avances, Phèdre était en train de se suicider après avoir, dans son célèbre air *Cruelle mère des amours*, accusé son ancêtre Vénus de l'avoir mise dans ce pétrin amoureux. Hippolyte venait juste de lui sauver la vie en lui arrachant l'épée des mains. Le retour de Thésée donne lieu à des réjouissances, mais Hippolyte, pris en flagrant délit de marâtricide, doit être puni. Très digne, le jeune homme se refuse à révéler à son père l'amour coupable qu'a conçu Phèdre pour lui. Thésée le condamne à l'exil, non sans avoir auparavant invoqué Neptune pour l'aider dans sa vengeance : « Le sang a beau crier, je n'entends plus sa voix. Neptune me sera fidèle : c'est aux dieux à venger les rois. »

Acte IV. Banni, Hippolyte se réfugie dans la forêt de Diane au bord de la mer et se lamente sur son sort : *Ah ! faut-il, en un jour, perdre tout ce que j'aime ?* Mais, ô joie ! il est rejoint par Aricie. Ils décident de fuir ensemble. C'est compter sans le monstre marin furieux envoyé par Neptune. Hippolyte l'affronte et disparaît dans les flots. Aricie tombe évanouie. Apprenant la mort de son bien-aimé, Phèdre est bourrelée de remords : *Quelle plainte en ces lieux m'appelle ?* Elle projette de se suicider après avoir lavé la mémoire de son bien-aimé, geste désormais bien inutile : « Ô remords superflus ! Hippolyte n'est plus. »

Acte V. Phèdre avale une fiole de poison et a le temps de confesser au roi toute la vérité avant d'expirer. Devant tant d'horreurs accumulées, Thésée veut mettre fin à ses jours : *Grands dieux, de quels remords je me sens déchiré*. Mais Neptune retient son bras. Il lui apprend que le Destin, ému par le sort d'Hippolyte, a refusé de le faire mourir. Il vivra désormais en terre étrangère, et son père n'aura plus le droit de le voir. Quand à Aricie, elle recouvre l'usage de ses sens dans le domaine de Diane. Qui surgit par enchantement ? Hippolyte, lui aussi téléporté. Dans une dernière scène pastorale, Diane réunit les deux amants, « portés par un essaim de Zéphyrs ».

Lohengrin

Auteur : Richard Wagner. **Livret :** en allemand du compositeur. **Première représentation :** Weimar, 1850.

Ce qu'il faut retenir : Drame de l'amour en trois actes. Trois *longs* actes – souvenez-vous, c'est du Wagner ! Dans le texte intégral, vous en avez pour quatre bonnes heures. Comme toujours avec Wagner, la musique est intense, riche et intéressante et, comme *presque* toujours, le livret est construit sur une légende ancienne. En fait, bien que composé auparavant, *Lohengrin* est une suite de *Parsifal* puisqu'il relate les aventures du fils de Parsifal (Perceval, en français), le chevalier du Saint-Graal.

POTINS DE COCKTAILS

Anecdotes : Le nom de Lohengrin vient du vieux français « li loheren Garin », Garin le Lorrain. Wagner écrivit cet opéra au cours de son exil politique en Suisse (voir le chapitre 6). Grâce aux efforts de Franz Liszt, il connut un succès grandissant en Allemagne. Après plusieurs années, Wagner, toujours à l'abri en Suisse, remarquait avec amertume qu'il était probablement le seul Allemand à ne pas avoir vu représenter *Lohengrin*.

Acte I. L'action se déroule aux environs d'Anvers, dans la première moitié du xe siècle. Le roi Henri l'Oiseleur (basse) préside l'assemblée de la noblesse du Brabant. Il entend la plainte déposée par le comte Friedrich von Telramund (baryton), poussé par son ambitieuse épouse Ortrud (mezzo-soprano), contre Elsa (soprano) qu'il accuse d'avoir fait assassiner son frère Gottfried afin de s'emparer du trône de Brabant. Il revendique ce trône pour lui-même.

Pour avoir le fin mot de l'histoire, le roi Henri décide d'appliquer le jugement de Dieu et propose donc un duel entre le comte Telramund et le chevalier qui acceptera de représenter Elsa. Qui va se dévouer ? Soudain apparaît une barque tirée par un cygne et dans laquelle se trouve un chevalier revêtu d'une armure d'argent : *Leb' wohl, leb' wohl, mein lieber Schwan*, dit-il en mettant le pied sur la terre ferme (« Adieu, adieu, mon cher cygne »). Le mystérieux chevalier (ténor) accepte d'être le champion d'Elsa et de l'épouser à condition qu'elle ne cherche pas à savoir qui il est ni d'où il vient. Celle-ci, qui a de la chance d'avoir trouvé si vite chaussure à son pied, accepte ces conditions.

Avec le cérémonial d'usage, présidé par le roi Henri, le combat a lieu et Lohengrin (nous, on sait comment il s'appelle) en sort vainqueur, ayant ainsi fait la « preuve » qu'Elsa est innocente du crime qui lui est reproché.

Acte II. Telramund et Ortrud ont été tous deux exilés honteusement. Mais la sournoise Ortrud n'a pas dit son dernier mot. Elle est convaincue que le *chevalier blanc* a vaincu avec l'aide d'une quelconque magie et que celle-ci s'évanouira si l'on vient à connaître son nom. À la noce d'Elsa, Ortrud et Telramund insinuent devant Elsa et son mystérieux époux que ce dernier doit avoir de bonnes raisons pour taire son nom et lui défendre de vouloir le connaître. Lohengrin continue de se taire mais le doute est entré dans l'esprit d'Elsa.

Acte III. La noce est joyeuse et on y entend en particulier la célèbre « Marche des fiancés ». Une fois unis, les nouveaux mariés chantent un tendre duo d'amour. Cependant, les propos d'Ortrud ont intrigué Elsa qui rompt sa promesse et finit par demander à Lohengrin quel est son nom. Avant qu'il ait eu le temps de répondre, voici que surgit Telramund, cherchant à venger sa honte d'avoir été vaincu. Une fois de plus c'est Monsieur X qui a le dessus, et cette fois il laisse Telramund étendu raide mort.

Lohengrin comprend alors qu'Elsa ne sera jamais heureuse tant qu'elle ne connaîtra pas son nom. Devant le roi et l'assemblée de la noblesse, il déclare qu'il est un chevalier du Saint-Graal, le fils de Parsifal dont le pouvoir sur les forces du mal ne demeure qu'à condition que personne ne connaisse son nom.

C'est alors que reparaît le cygne. Lohengrin s'apprête à s'embarquer lorsque Ortrud révèle que le cygne n'est autre que Gottfried (le frère d'Elsa qu'elle disait avoir été tué par sa sœur) et qu'elle avait ainsi métamorphosé par un effet de sa magie noire. Comme les pouvoirs de Lohengrin sont supérieurs aux siens, la métamorphose est annulée, le cygne est remplacé par une colombe et Lohengrin s'éloigne tristement pour toujours. Elsa sanglote « Mon mari ! mon mari ! » et meurt dans les bras de son frère retrouvé.

Lucia di Lammermoor

Auteur : Gaetano Donizetti. **Livret :** en italien de Salvatore Cammarano. **Première représentation :** Naples, 1835.

Ce qu'il faut retenir : Sombre et sanglante tragédie d'un amour défendu. Il en existe plusieurs versions, dont une en français. On y trouve l'une des plus célèbres scènes de folie de l'opéra et un des ensembles les plus connus, le sextuor du deuxième acte.

Anecdote : L'opéra s'inspire d'un roman de Walter Scott, *The Bride of Lammermoor* (« La Fiancée de Lammermoor »), publié en 1819. Si les prénoms ont été italianisés, les noms propres, eux, sont restés tels quels. Aussi, ne vous laissez pas embrouiller par des associations de noms aussi bizarres qu'Enrico Ashton ou Edgardo di Ravenswood.

L'histoire : En Écosse, à la fin du XVIIe siècle. Depuis toujours, les familles Ashton et Ravenswood passent leur temps à s'entre-tuer. Au moment où commence l'action, les Ashton ont une petite avance car il ne reste plus qu'un seul Ravenswood : Sir Edgardo.

Acte I. Le baryton Enrico Ashton est ruiné et, pour redorer son blason, il a mis tous ses espoirs dans sa sœur Lucia qu'il espère voir épouser un riche ténor nommé Arturo. « N'y compte pas, lui souffle son valet Norman, Lucia est éprise d'Edgardo di Ravenswood. » Enrico pique une colère et jure de se venger.

Edgardo (ténor, bien sûr), annonce à sa bien-aimée Lucia (soprano, comme il se doit) qu'il doit partir en France en mission diplomatique. Au cours d'un duo, il lui fait de tendres adieux : *Verrano a te sull' aure i miei sospiri ardenti.* (« Mes soupirs ardents voleront vers toi sur la brise. »)

Acte II. Au château des Ashton. Les invités commencent à arriver pour le mariage de Lucia avec le riche Arturo. Lucia n'a jamais rencontré son futur car toute cette affaire a été arrangée dans son dos par son frère Enrico. En outre, ce dernier a intercepté les lettres d'amour qu'Edgardo lui envoyait de France, espérant qu'ainsi sa sœur penserait que, loin des yeux, loin du cœur, il l'a déjà oubliée. Enrico a été jusqu'à fabriquer une lettre annonçant le mariage d'Edgardo avec une autre femme.

Enrico montre cette lettre à Lucia. Horrifiée, se croyant abandonnée, elle chante sa tristesse.

Les invités de la noce chantent un joyeux chœur. Lucia signe le contrat de mariage. Mais l'encre n'est pas encore sèche que celui qu'elle aime, Edgardo, fait irruption, de retour de Paris. Lucia manque s'évanouir mais, par bonheur, se ressaisit car on va avoir besoin d'elle dans un des plus fameux sextuors de toute l'histoire de l'opéra. Dans cet ensemble, Edgardo chante *Chi mi frena in tel momento ? Chi troncò dell'ire il corso ?* (« Qui me retiendra en cet instant ? Qui arrêtera le cours de ma colère ? ») Enrico n'est pas très à l'aise dans cette histoire entre sa sœur et le riche Arturo ; chacun espère que ces noces d'enfer vont bientôt prendre fin, et la plainte désespérée de Lucia domine le tumulte. Croyant que Lucia l'a réellement abandonné, Edgardo arrache l'anneau que lui avait donné Lucia et le jette violemment à ses pieds.

Acte III. Enrico provoque Edgardo en duel (la scène est souvent coupée). Pendant ce temps-là, Lucia tue Arturo, son tout nouveau mari, avec sa propre épée.

Arrive Lucia, échevelée, sa jolie robe de mariée tachée de sang frais, qui va nous jouer sa célèbre scène de la folie, un des épisodes les plus difficiles et les plus bouleversants de tout l'opéra. (Un de ses plus fameux traits est le suivant : au cours de la cadence, passage difficile où l'orchestre cesse de jouer, elle n'est plus accompagnée que par la flûte solo, qui se lance dans des guirlandes de notes aussi insensées que les siennes.) À moitié folle, elle se croit aux côtés d'Edgardo dans les moments heureux qu'ils ont connus : *Il dolce suono mi colpì di sua voce !* (« Les doux accents de sa voix m'ont émue ! ») Pas de doute, elle a complètement perdu les pédales. La voyant ainsi déboussolée, même le méchant Enrico est gagné par le remords. Lucia chante maintenant qu'elle va atteindre le paradis d'où elle pourra attendre son véritable amour.

Des invités de la noce rejoignent Edgardo et lui racontent la scène de la folie. Lorsque sonnent les cloches de l'église, le chœur vient au secours d'Edgardo : *Rimbomba già la squilla in suon di morte !* (« Les cloches résonnent déjà du son de la mort ! ») Edgardo ne voit qu'un moyen de rejoindre celle qu'il aimait : il se poignarde. Les invités supplient Dieu de lui pardonner.

(On peut supposer que la réception est annulée.)

Madame Butterfly

Auteur : Giacomo Puccini. **Titre original :** *Madama Butterfly.* **Livret :** en italien de Luigi Illica et Giuseppe Giacosa, d'après la pièce de David Belasco, elle-même tirée d'un récit de John Luther Long. **Première représentation :** Milan, 1904.

Ce qu'il faut retenir : C'est une déchirante tragédie en trois actes, l'une des plus éclatantes réussites du compositeur (les deux autres étant *La Bohème* et *Tosca*). On y trouve, comme à l'accoutumée, des grands airs et des mélodies faciles à retenir ainsi qu'une émotion qui vous prend aux tripes. Cet opéra a servi de base à une comédie musicale, *Miss Saigon*, qui a connu un très grand succès à Broadway mais qui n'a pas traversé l'Atlantique, bien qu'elle ait été écrite par deux Français, Alain Boublil et Claude-Michel Schönberg – ceux-là mêmes qui s'attaquèrent plus tard aux *Misérables* de Victor Hugo (qui n'en demandaient pas tant).

POTINS DE COCKTAILS

Anecdote : La première représentation de l'opéra (alors en deux actes) fut un flop retentissant (une seule représentation eut lieu). Alors que les spectateurs huaient et sifflaient à qui mieux mieux, Puccini, déjà souffrant à cause d'une blessure à la jambe causée par un accident de voiture, se tenait dans la coulisse, murmurant : « Plus fort, plus fort, imbéciles ! Vous verrez qui a raison. C'est le meilleur opéra que j'aie jamais écrit ! » Après une révision complète, répartissant le trop long second acte en deux actes mieux équilibrés, Puccini et ses collaborateurs montèrent à nouveau *Madame Butterfly* trois mois plus tard et ce fut cette fois un triomphe.

Acte I. Le lieutenant Pinkerton, de la marine américaine (ténor), va épouser, par simple divertissement, une charmante jeune Japonaise de quinze ans qui lui a tapé dans l'œil. Elle s'appelle Cio-Cio-San et on la surnomme Papillon (en anglais : *Butterfly*). Il vient de louer une maison japonaise que lui fait visiter Goro l'entremetteur (un autre ténor). Sharpless, le consul américain, pense que Pinkerton ne devrait pas prendre ce mariage à la légère comme il le fait. Le sémillant Pinkerton porte un toast au jour où aura lieu son *véritable* mariage avec une *vraie* femme, lorsqu'il sera de retour aux States.

Butterfly (une soprano, évidemment) arrive, accompagnée de ses amis, chantant avec extase son amour pour Pinkerton. Pour bien montrer qu'elle lui a donné son cœur, elle a été jusqu'à se convertir à sa religion. Les invités de la noce arrivent, s'entretenant de ces singuliers Américains. La charmante cérémonie du mariage est interrompue par l'arrivée de l'oncle de Butterfly, le Bonze (basse) qui maudit Butterfly pour avoir abjuré la foi de ses ancêtres. Horrifiés, les invités s'en vont. Butterfly éclate en sanglots amers, réconfortée par Pinkerton. Les domestiques apprêtent la maison pour la nuit et Pinkerton et Butterfly chantent un duo d'amour :

Pinkerton	
Ti serro palpitante,	Je t'enlace, frémissante,
Sei mia.	Tu es à moi.
Butterfly	
Si, per la vita !	Oui, pour la vie !

Acte II. Trois ans plus tard. La servante de Butterfly, Suzuki, doute que Pinkerton, parti entre-temps, revienne jamais. Dans un air célèbre, Butterfly exprime ce que sera sa joie lorsqu'il sera de retour : « Sur la mer calmée, un de ces jours, nous verrons une fine colonne de fumée puis son navire apparaîtra. » Sharpless lit à Butterfly la lettre qu'il a reçue de Pinkerton, par laquelle il l'abandonne officiellement et la presse de l'oublier. Butterfly lui présente alors le petit garçon, fruit de sa nuit de noces avec Pinkerton. « Et ça ? Pourra-t-il l'oublier aussi ? » demande-t-elle.

On tire le canon dans le port. Butterfly s'empare de ses jumelles : c'est le navire de Pinkerton. Dans une joyeuse frénésie, elle et Suzuki décorent la maison de fleurs en chantant : *Scuoti quella fronda di cillegio.* (« Secoue le cerisier jusqu'à ce que tous ses pétales tombent à terre. »)

Acte III. Butterfly a attendu Pinkerton toute la nuit. Sharpless arrive, accompagné de Pinkerton. Celui-ci annonce à Suzuki que la jeune fille qui attend dans le jardin n'est autre que Kate, son épouse américaine (mezzo). Les Pinkerton sont venus pour adopter le bébé de Cio-Cio-San.

Sur le conseil de Sharpless, Pinkerton s'en va avant que commence le véritable drame : *Addio fiorito asil di letizia e d'amor.* (« Adieu, heureux séjour de joie et d'amour. ») Butterfly découvre Kate et est prise de panique, soupçonnant l'horrible vérité. Elle dit à Kate qu'elle lui laisse le bébé mais lui demande une demi-heure pour lui faire ses adieux. Les Américains s'en vont.

Butterfly, restée seule, lit l'inscription que porte le sabre de son père, celui-là même avec lequel les Japonais font hara-kiri : *Con onor muore / Chi non può serbar vita con onore.* (« Mieux vaut mourir dans l'honneur que vivre sans. ») Elle chante un déchirant adieu à son fils, *Tu, tu, piccolo iddio !* (« Toi, toi, petit dieu »), le place sur un pliant, lui bande les yeux et disparaît derrière un écran. Peu après, on entend le sabre tomber par terre. Butterfly chancelle et s'écroule, sans vie. Pinkerton accourt, anéanti par sa culpabilité et sa honte. Sharpless prend le bébé et se détourne tandis qu'une tonitruante et solennelle mélodie japonaise retentit à l'orchestre.

Maîtres chanteurs de Nuremberg (Les)

Auteur : Richard Wagner. **Titre original :** *Die Meistersinger von Nürnberg*. **Livret :** en allemand du compositeur. **Première représentation :** Munich, 1868.

Ce qu'il faut retenir : Une chaleureuse histoire d'amour en deux actes écrite par Wagner lui-même. Pour une fois, pas de dieux, pas de magie, pas de légende. En fait, l'histoire met en scène une Guilde de maîtres chanteurs historique qui organisait chaque année un concours de chant, et un cordonnier poète appelé Hans Sachs. Comme on s'en doute, l'expression « maître chanteur » ne doit pas être prise ici dans le mauvais sens : il s'agit bien de maîtres dans l'art du chant et non d'amis qui vous veulent du bien.

Avertissement : *Les Maîtres chanteurs de Nuremberg* est l'opéra le plus long que l'on joue régulièrement de nos jours. Représenté dans son intégralité, il dure à peu près cinq heures. Emportez un casse-croûte !

Anecdote : L'un des plus acharnés parmi les détracteurs de Wagner était un de ces critiques je-sais-tout nommé Eduard Hanslick. Surprise : on trouve dans l'opéra un personnage désagréable, juge de musique à l'esprit borné dont le nom est Beckmesser et qui déteste tout ce qui est nouveau ou contient des traces d'innovation. Dans l'esquisse initiale des *Maîtres chanteurs*, son nom était Hans Slick !

Acte I. Nuremberg vers le milieu du XVIe siècle. La jolie Eva (soprano) est assise à l'église où elle flirte avec un ténor de belle apparence nommé Walther, sous le regard désapprobateur de sa nourrice Magdalena. Manque de chance, son père l'a promise en mariage au vainqueur du prochain grand concours de chant. Comble de malheur, seuls les membres de la Guilde des maîtres chanteurs peuvent prendre part à ce concours et Walther n'a pas la moindre idée des règles compliquées et strictes qui régissent cette épreuve. C'est David, un apprenti du cordonnier Sachs, qui va tenter de les lui expliquer.

Le concours a lieu. Avec solennité, les juges prennent place. Parmi eux se trouvent Pogner, le père d'Elsa, Beckmesser, un employé municipal malveillant et Hans Sachs, cordonnier poète baryton-basse et patron de l'apprenti David. Avant de pouvoir participer au concours, Walther doit subir une épreuve préliminaire. C'est Beckmesser qui notera sur un tableau noir toutes les fautes de chant que commettra le concurrent. Le chant doit comporter un nombre très précis de couplets et de syllabes, les vers doivent rimer et les coups en dessous de la ceinture sont interdits. La cloche retentit et le premier round va s'ouvrir. Walther fait de son mieux dans une improvisation maladroite et vite interrompue par Beckmesser. L'odieux bonhomme lui explique qu'il n'a plus assez de place sur son tableau pour inscrire les fautes qu'il a commises tant celles-ci sont nombreuses. Le cordonnier Sachs et le père d'Eva pensent qu'il y a de l'idée dans ce que Walther a chanté mais ils sont en minorité. Walther est donc balayé.

Acte II. Les jeunes apprentis du cordonnier, et parmi eux David, mettent les volets sur la boutique de Hans Sachs et commentent joyeusement en chantant le concours de chant qui va avoir lieu. David raconte à son amie Magdalena, la nourrice, la façon désastreuse dont se sont déroulés les préliminaires.

Elle se précipite au-dehors pour aller en informer Eva. Le piètre résultat du concours contrecarrant les projets d'Eva et de Walther, ils projettent de s'enfuir. À la boutique de Hans, Eva échange ses vêtements avec ceux de sa nourrice pour ne pas être reconnue.

Et c'est alors qu'apparaît l'abominable Beckmesser, venant donner la sérénade à Eva avec sa propre composition qu'il a préparée pour le concours de chant. Comme il va commencer, Hans lui propose de marquer toutes les erreurs qu'il commettra en tapant avec son marteau sur une enclume posée sur son établi. Beckmesser commence à chanter, bientôt « accompagné » de coups de marteau sonores. Le vacarme finit par réveiller le voisinage qui met le nez à sa fenêtre pour voir ce qui peut bien causer ce bruit infernal. Lorsque David voit que Beckmesser donne la sérénade à sa tendre amie (sous les habits d'Eva), il se précipite et se met à le rosser. Puis la foule réintègre son domicile à l'approche du veilleur de nuit. Quand ce dernier arrive, le calme est revenu.

Acte III. Nous sommes dans la boutique de Sachs, au petit matin. Hans donne une rapide leçon de chant à son apprenti David puis l'envoie en courses et conclut avec philosophie : *Wahn ! Wahn ! Überall Wahn !* (« Folie ! folie ! partout la folie ! »)

Survient Walther, qui lui raconte avoir reçu en songe, au cours de la nuit, un chant magnifique. Hans se dépêche de le transcrire car il se rend vite compte que cette composition pourrait fort bien remporter le prix. Dès qu'ils ont le dos tourné, Beckmesser s'empare du feuillet dans l'intention de l'utiliser pour son propre compte dans le concours. Certain qu'il sera incapable d'en tirer profit, Hans lui dit de le garder en cadeau.

Prétextant un soulier à réparer, Eva pénètre dans la boutique à seule fin, évidemment, d'y rencontrer Walther, lequel lui chante un passage de sa nouvelle composition. Eva est aux anges.

En lui posant les mains sur la tête selon le cérémonial en usage, Hans accorde à David la qualité de compagnon, ce qui lui permet dès lors d'épouser Magdalena. Dans un chatoyant quintette : *Selig, wie die Sonne* (« Béni comme le soleil ») où ils expriment leur joie, leur amour et leur excitation, ils se dirigent alors tous vers le lieu du concours.

Le tableau suivant a pour décor une prairie où tout le monde chante et danse au milieu de la parade des Maîtres chanteurs. Hans présente le premier concurrent : le répugnant Beckmesser. Mais celui-ci n'ayant retenu que la moitié de la chanson qu'il s'est appropriée dans la boutique du cordonnier, il ne tarde pas à cafouiller et à se couvrir de ridicule. Fou de colère, il clame alors qu'en réalité, c'est Hans qui est l'auteur de la chanson. À cela le cordonnier réplique que le chant est excellent lorsqu'il est correctement chanté, ce que va démontrer Walther : *Morgenlich leuchtend in rosigem Schein.* (« La lumière du matin a un reflet rose. »)

SUR LE CD

La foule est transportée par l'enthousiasme. On accorde le premier prix à Walther, avec en prime la main d'Eva et une invitation à faire partie de la Guilde des maîtres chanteurs. Encore irrité par le mauvais traitement qu'il a subi la veille, Walther se dispose à refuser ce dernier honneur. Mais Hans lui démontre la glorieuse importance de la tradition germanique du chant au cours d'un célèbre finale que vous pouvez écouter sur le CD d'accompagnement (plage 10). Walther accepte alors humblement d'être membre de la guilde et tout le monde applaudit à grands cris.

Meistersinger von Nürnberg (Die)

Voir *Maîtres chanteurs de Nuremberg (Les).*

Noces de Figaro (Les)

Auteur : Wolfgang Amadeus Mozart. **Titre original :** *Le nozze di Figaro.* **Livret :** en italien de Lorenzo Da Ponte, d'après la comédie de Beaumarchais *La Folle Journée, ou Le Mariage de Figaro.* **Première représentation :** Vienne, 1786.

SUR LE CD

Ce qu'il faut retenir : Comédie en quatre actes que beaucoup considèrent comme le meilleur opéra jamais écrit. C'est une farce très animée avec déguisements, servante sexy, maître entreprenant et fausses identités. Vous pouvez entendre son ouverture sur la plage 1 du CD d'accompagnement.

Anecdote : Le véritable nom de Mozart était Johannes Chrisostomus Wolfgangus Theophilus Mozart. Vous qui croyiez que *Wolfgang Amadeus* était lourd à porter !

Acte I. Nous sommes dans le château du comte Almaviva, non loin de Séville, lieu de prédilection de l'action de maints opéras. Bien que composé avant *Le Barbier de Séville* (de Rossini), cet opéra, également inspiré d'une comédie de Beaumarchais, en est la suite logique et on y retrouve les mêmes personnages que nous désignerons ici sous leur nom italien (le nom français que leur a donné Beaumarchais étant mis entre parenthèses). Ce sont : le comte Almaviva, Rosina (Rosine) – devenue sa femme –, Basilio (Basile), le maître de chant, ce vieux grippe-sou de docteur Bartolo (Bartholo), Marcellina (Marcelline) et l'omniprésent et industrieux Figaro. (Pour plus de détails, voir *Le Barbier de Séville*, plus haut dans ce même chapitre.)

Figaro (basse) va se marier avec Susanna (soprano), la camériste de la comtesse. Lors de la première scène, il est en train de prendre des mesures dans une chambre pour y installer un lit. Susanna (figaro) n'est pas emballée par l'emplacement de cette pièce dans le château car elle la trouve trop rapprochée de la chambre du comte Almaviva, son patron. C'est que le Comte (baryton) a conservé son caractère entreprenant et que, depuis *Le Barbier de Séville*, ses relations avec son épouse Rosina sont quelque peu refroidies. Le Comte a jeté son dévolu sur la jeune Susanna, au grand dépit de Figaro qui chante *Se vuol ballare, signor Contino, il chitarrino le suonerò* (« Si vous voulez danser, monsieur le Petit Comte, je vous jouerai de la guitare »).

Mais les ennuis de Figaro ne font que commencer. Marcellina (mezzo-soprano), une dame d'un âge certain, veut, elle aussi, l'épouser. Figaro lui doit de l'argent et elle va invoquer ce prétexte pour lui forcer la main, aidée du docteur Bartolo (basse). S'il résiste, elle a l'intention de le poursuivre en justice. Le « bon » docteur n'a jamais pardonné à Figaro le tour qu'il lui a joué dans *Le Barbier de Séville* et il a juré de se venger : *La vendetta, oh la vendetta è un piacer serbato ai saggi* (« La vengeance, oh la vengeance est un plaisir réservé aux sages »).

Le page Cherubino (soprano, rôle travesti) ressent les premières affres de la puberté. Il vient d'être chassé par le Comte, qui l'a surpris en train de séduire la fille du jardinier, Antonio. Il vient demander à Susanna qu'elle intercède en sa faveur auprès de la Comtesse. Avant qu'elle puisse répondre, survient le Comte en personne. Cherubino se cache précipitamment derrière un fauteuil. Le Comte, croyant Susanna seule, commence à lui faire des avances précises lorsque le maître de chant Basilio entre. À son tour, le Comte cherche une cachette et c'est un chassé-croisé entre lui et Cherubino.

Il ne manquait plus que Figaro, lequel apparaît suivi d'une cohorte de joyeux villageois chantant un air pour remercier le Comte qui vient d'abolir (et il s'en mord les doigts) le droit de cuissage sur son domaine. (Ce droit lui donnait la permission d'« étrenner » toute jeune mariée.) Le Comte sort de sa cachette et découvre Cherubino. Cédant aux prières de son entourage, il consent à reprendre Cherubino à son service mais à condition que celui-ci parte immédiatement (*No, parta tosto !* : « Non, qu'il parte sur l'heure ! ») rejoindre le régiment du Comte où il aura un poste d'officier. (À cette époque, on montait vite en grade !)

Dans un air entraînant, sur un rythme de marche, Figaro lui décrit ce que va être sa vie militaire : *Non più andrai, farfallone amoroso* : (« Tu ne papillonneras plus »).

Acte II. Le boudoir de la Comtesse. Elle chante sa tristesse d'être délaissée par son mari (*Porgi amor*). Cherubino – qui brûle d'une passion secrète pour sa patronne – exprime son désarroi dans un autre air célèbre : *Voi che sapete che cosa è amor* (littéralement : « Vous qui savez ce qu'est l'amour », habituellement traduit lorsque l'opéra est chanté en français par : « Mon cœur soupire la nuit et le jour »). La Comtesse écoute avec attention le plan ourdi par Figaro pour raviver la passion du Comte. Figaro va permettre au Comte d'intercepter une prétendue lettre de la Comtesse à un admirateur, pensant ainsi le rendre jaloux (et, par contrecoup, calmer ses ardeurs pour Susanna). Pour s'amuser, la Comtesse habille Cherubino en femme avec l'aide de Susanna.

Mais voici qu'arrive – au bien mauvais moment – le Comte. Vite, on cache Cherubino dans un cabinet attenant dont on ferme la porte à clef. Susanna se dissimule derrière un rideau. Le Comte remarque le trouble de la Comtesse et, ayant intercepté la fameuse lettre, s'imagine que l'amant est caché dans le cabinet dont il ne peut ouvrir la porte. S'ensuit une scène où l'intensité dramatique monte graduellement. Finalement, le Comte sort, emmenant sa femme, à la recherche d'un levier pour forcer la porte. Immédiatement, Susanna sort de sa cachette, libère le page qui saute par la fenêtre puis le remplace dans le cabinet. Retour du Comte qui presse à nouveau sa femme d'ouvrir la porte. Elle finit par céder, tentant d'expliquer que Cherubino ne faisait aucun mal. C'est à ce moment que sort Susanna, souriante et ironique à la grande surprise des deux autres protagonistes.

La Comtesse finit par pardonner ses reproches injustifiés à son mari et tout semble s'apaiser lorsque survient Antonio, le jardinier, à moitié ivre, venant se plaindre qu'on jette n'importe quoi par les fenêtres sur ses plates-bandes, y compris des hommes. Pour sauver la situation, Figaro prétend que c'est lui et tout finit par s'arranger, de ce côté du moins. L'acte se termine dans un joyeux pandémonium, une des spécialités de Mozart.

Acte III. Susanna promet au Comte de le rencontrer le soir même dans le jardin. Il en est ravi. Au moment de sortir de la pièce, elle glisse deux mots à Figaro pour lui dire qu'elle vient de régler son problème juridique avec Marcellina : *Taci, senza avvocato hai già vinta la causa* (« Tais-toi, sans avocat, tu as déjà gagné ta cause »).

Malheureusement, le Comte l'a entendue et se rend compte qu'on veut se jouer de lui. Il jure de se venger et condamne Figaro à rembourser Marcellina ou à l'épouser. Soudain, coup de théâtre, une marque de naissance permet à Figaro de prouver qu'il est en réalité le fils de Marcellina. Ouf, son mariage et la petite comédie préparée pour mystifier le Comte vont pouvoir avoir lieu.

La Comtesse, toujours amoureuse de son époux, chante les heureux jours qu'ils ont connus, jeunes mariés : *Dove sono i bei momenti di dolcezza e di piacer ?* (« Où sont passés les beaux moments de douceur et de plaisir ? ») Elle dicte à Susanna un billet donnant rendez-vous au Comte dans le jardin.

Les noces de Figaro et de Susanna ont enfin lieu. Au cours de leur célébration, Susanna glisse subrepticement le billet au Comte.

Acte IV. Dans le parc. Figaro – qui a vu Susanna remettre un billet au Comte – la croit déjà infidèle, ignorant qu'il s'agit d'un piège. Il jure – lui aussi – de se venger. Il se cache, prêt à observer ce qui va se passer : *Tutto è disposto* (« Tout est prêt »).

Susanna – qui sait bien que Figaro l'observe et l'écoute – décide de le mener en bateau en feignant de jouer le jeu du Comte, à qui elle chante : *Deh, vieni non tardar* (« Viens, n'attends pas »).

N'essayez pas de suivre le fil de ce qui va suivre. Cherubino – qui a repris ses habits masculins – fait des travaux d'approche auprès de la Comtesse (en réalité Susanna déguisée). Le Comte (portant ses propres vêtements) essaie de séduire Susanna (sa propre femme déguisée). Figaro se rapproche de celle qu'il croit être Susanna (la Comtesse déguisée). Au moment où il commence à parler à la Comtesse de l'infidélité supposée de son époux, Susanna se démasque. Comprenant enfin ce qui se passe, Figaro feint alors de courtiser la supposée Comtesse, ce qui, naturellement, rend le Comte fou de jalousie. Il invite tout le monde à être témoin de l'infidélité de « sa femme ». Les masques, alors, tombent :

Le Comte : *Il paggio !*	Le page !
Le Jardinier : *Mia figlia !*	Ma fille !
Figaro : *Mia madre !*	Ma mère !
Tous les trois : *Madama !*	Madame !

Le Comte refuse de leur accorder son pardon mais sa femme se montre plus généreuse. Tous les présents se mettent alors à chanter avec joie, très satisfaits d'avoir participé à la représentation d'un des meilleurs opéras qui soient.

Nozze di Figaro (Le)

Voir *Noces de Figaro (Les).*

Or du Rhin (L')

Voir *Ring (L'Or du Rhin).*

Otello

Auteur : Giuseppe Verdi. **Titre original :** *Otello*. **Livret :** en italien d'Arrigo Boito, d'après la pièce de Shakespeare *The Moor of Venice* (« Le Maure de Venise »). **Première représentation :** Milan (Scala), 1897.

Ce qu'il faut retenir : Version musicale en trois actes de la célèbre tragédie de Shakespeare. Tout y est : de sublimes mélodies d'amour, la puissance de grandes scènes de foule, la gloire, la sensualité, la jalousie, la peur et, en prime, l'un des plus affreux personnages de tout l'opéra : Iago.

Anecdote : On reconnaît volontiers qu'*Otello* est un des plus beaux opéras de Verdi, ce qui n'est pas mal pour un homme de soixante-quatorze ans. Une grande part de ce succès revient au librettiste, Arrigo Boito, lui-même compositeur (*Mefistofele*).

Acte I. Sur l'île de Chypre, la tempête fait rage, avec éclairs et tonnerre. La foule attend avec angoisse l'arrivée du général maure Otello et prie pour que son navire traverse sans encombre les flots déchaînés. Il fait son entrée, en parfaite santé, chantant sa victoire de sa belle voix de ténor : *Esultate !* (« Réjouissez-vous ! »)

Cependant, deux de ses hommes ne sont pas d'humeur à se réjouir : Roderigo (ténor, lui aussi) qui est tombé amoureux de l'épouse d'Otello, Desdémone, et Iago, son enseigne (baryton), qui n'a pas obtenu le poste de lieutenant qu'il convoitait depuis longtemps. À sa place, c'est un troisième ténor, Cassio, qui en a hérité. La foule allume un feu de joie en l'honneur du héros, où les voix du chœur dansent et virevoltent comme les flammes : *Fuoco di gioia* (« Feu de joie »). Puis tout le monde se retire en direction de la taverne où Iago enivre Cassio et le pousse à se battre. Cassio blesse le précédent gouverneur. Tout ce bruit attire Otello et Desdémone (soprano). Otello dégrade Cassio, à la grande joie de Iago. Une fois que la foule a quitté les lieux, Otello et Desdémone chantent un célèbre duo d'amour :

Già nella notte densa	La nuit est déjà sombre,
S'estingue ogni clamor.	Tout bruit s'éteint.

Già il mio cor fremebondo	Mon cœur furieux
S'ammansa in quest' amplesso e si risensa.	Retrouve la paix dans tes bras.

Otello embrasse trois fois Desdémone : *Un bacio, un bacio, ancore un bacio* (« Un baiser, un baiser, encore un baiser »). Écoutez bien cette mélodie : d'une part parce qu'elle est belle à donner la chair de poule, d'autre part parce qu'elle jouera plus tard un rôle clef.

Acte II. Iago, toujours chagrin de n'avoir pas été promu, persuade sournoisement Cassio, désespéré par sa disgrâce, de demander à Desdémone de plaider sa cause auprès de son époux. Cassio va dans le jardin attendre la jeune femme. Pendant ce temps, Iago révèle son cynisme dans un Credo blasphématoire : *Credo in un Dio crudel che m'ha creato simile a se* (« Je crois en un Dieu cruel qui m'a créé à son image »). Lorsque Otello surprend sa femme en grande conversation avec son ancien lieutenant, Iago insinue qu'ils pourraient bien être en train de flirter. Aussi, quand, plus tard, Desdémone intercède auprès de son mari pour qu'il réintègre Cassio, Otello conçoit de noirs soupçons. Si bien que lorsqu'elle lui essuie le front avec le joli mouchoir qu'il lui a offert, il jette celui-ci au sol. La suivante de Desdémone, Emilia – depuis longtemps la malheureuse épouse de Iago – le ramasse, mais Iago le lui arrache tandis que Desdémone s'efforce de calmer Otello.

Iago continue à entretenir les soupçons d'Otello. Celui-ci, perdant son sang-froid, presse Iago de prouver ses insinuations. Iago déclare qu'il a entendu Cassio murmurer : « Desdémone » pendant son sommeil. Otello pète les plombs et jure d'exercer une terrible vengeance : *Sì, pel ciel marmoreo giuro* (« Oui, par le ciel marmoréen, je jure »).

Acte III. Otello demande à voir le joli mouchoir que, bien entendu, Desdémone ne peut pas lui montrer. Elle est perplexe devant l'humeur capricieuse de son époux mais proteste de son innocence et l'assure de sa fidélité. Resté seul, Otello chante son cœur brisé et ses illusions envolées : *Dio ! mi potevi scagliar tutti i mali della miseria* (« Dieu ! vous auriez pu m'infliger tous les tourments du malheur »).

Caché derrière un pilier à l'instigation de Iago, Otello surprend une conversation où l'enseigne incite Cassio à parler de sa maîtresse, Bianca. Otello pense qu'ils parlent de Desdémone. Iago pousse ensuite Cassio à exhiber le mouchoir que Cassio a trouvé dans sa chambre, pensant qu'il avait été placé là par une admiratrice inconnue. Otello estime qu'il en a entendu suffisamment et jure de tuer son épouse. Iago se porte volontaire pour exécuter Cassio, et Otello, pour le récompenser, lui accorde la charge de lieutenant qu'il a retirée à Cassio au premier acte.

Un navire amène des ambassadeurs de Venise. Ils apprennent à Otello qu'il est rappelé dans la cité des Doges et que c'est Cassio qui le remplacera à Chypre. Dans sa rage, Otello injurie publiquement et frappe Desdémone puis s'écroule, prostré. La foule applaudit à la promotion d'Otello : « Gloire au Lion de Venise ! » De son côté, Iago ironise sur le malheur d'Otello. « Un drôle de lion, en effet », dit-il d'un air narquois.

Acte IV. Dans sa chambre, Desdémone demande à sa suivante Emilia de faire son lit avec sa parure de noces de façon à pouvoir être enterrée avec, au cas où il lui arriverait malheur. La jeune femme prend congé de sa suivante en lui contant la triste histoire de la servante Barbara (*Chanson du Saule*) et, après avoir prié (*Ave Maria*), se prépare à dormir. Entre Otello. Il souffle la bougie et embrasse Desdémone trois fois. On entend alors à l'orchestre le magnifique thème du baiser entendu dans le duo de l'acte I : pas besoin de paroles, la mélodie suffit à nous faire comprendre ce qui se passe. Il lui demande ensuite avec rudesse si elle a fait ses prières, car elle va mourir.

Les dénégations de la malheureuse ne font que le pousser à bout. Il ne se maîtrise plus et l'étouffe. Emilia, revenue sur ses pas, annonce que Cassio vient de tuer Roderigo dans l'embuscade où il aurait dû succomber. Emilia voit avec épouvante sa maîtresse expirer. Ses cris attirent Lodovico, Cassio et Iago, puis Montano. En révélant que Iago l'a forcée à lui donner le mouchoir, Emilia met au jour l'ignoble machination de son époux. Comprenant la manipulation dont il a été victime, Otello dit adieu à la vie et se poignarde sur le cadavre tout chaud de Desdémone. Il expire en embrassant une dernière fois les lèvres innocentes de sa défunte épouse, tandis que le thème du baiser résonne une dernière fois : *Un bacio… un bacio ancora… un altro bacio* (« Un baiser… encore un baiser… un autre baiser »).

Et là, normalement, tout le monde essuie une larme.

Pagliacci (I)

Voir *Paillasse.*

Paillasse

Auteur : Ruggero Leoncavallo. **Titre original** : *I Pagliacci.* **Livret :** en italien du compositeur. **Première représentation :** Milan, 1892.

Ce qu'il faut retenir : Une tragédie sanglante en deux actes, dont les héros sont des clowns. On y trouve des éléments réellement dignes de Shakespeare comme un personnage qui s'adresse à l'auditoire avant le lever du rideau, une histoire dans l'histoire et un ressort dramatique classique : celui du malheureux obligé par son métier de faire rire les autres alors que sa vie privée est un drame.

Anecdote : C'est le seul opéra de Leoncavallo qui ait connu le succès. Sa version de *La Bohème* a été balayée par celle de Puccini et Leoncavallo abandonna son « *Ring* italien », suite de trois opéras comparable à la tétralogie wagnérienne après l'insuccès du premier élément de cette trilogie. Leoncavallo fut poursuivi en justice pour plagiat par un autre compositeur après le succès de *Paillasse.* Il protesta de ce qu'il avait écrit son opéra d'après un meurtre semblable qui avait eu lieu dans sa ville natale et qui avait été jugé par un tribunal présidé par son père. Il gagna son procès.

Prologue. En Calabre, en 1865. Un clown bossu nommé Tonio (baryton) explique à l'auditoire que nous allons avoir sous les yeux le spectacle de véritables émotions telles que nous pourrions en connaître tous.

Acte I. Dans un petit village. Les passants commentent avec une certaine excitation (et en chantant) l'arrivée d'une petite troupe de comédiens ambulants. Une voiture à âne entre en scène. Dedans se trouvent Canio, ténor et chef des clowns, sa femme Nedda (soprano) et Beppe, l'aboyeur. Lorsque Tonio-le-Bossu aide la clownette à descendre de la charrette, Canio, jaloux et singulièrement dépourvu d'humour pour un clown, le frappe. Les spectateurs (pas les vrais, ceux qui sont *dans* l'histoire) s'esclaffent.

Les villageois invitent les clowns à boire un coup. Tonio reste à l'écart, prétextant qu'il doit prendre soin de l'âne. Un des villageois insinue qu'il attend simplement que son patron ne soit plus là pour aller s'occuper de sa femme, Nedda. C'est plausible car elle se sent trop à la merci de Canio et désire ardemment se retrouver libre comme l'air. En tout cas, c'est prétexte à un air d'une incroyable beauté.

Plus tard, Tonio avoue à Nedda qu'il l'aime. Elle répond à cette déclaration par un coup de cravache. Il jure de se venger. Lorsque Tonio s'en va, le véritable *boy friend* de Nedda, le baryton Silvio (qui, lui, n'est pas un clown mais un jeune paysan) lui propose de s'enfuir avec lui. Ce projet la séduit car elle commence à en avoir assez des clowns. Elle promet à son soupirant de le retrouver après la représentation de la soirée et l'assure : « À cette nuit et ensuite, pour toujours, je serai à toi » (*A stanotte e per sempre tua sarò*).

Malheureusement, Tonio a entendu ces propos. Il revient accompagné de son patron, Canio, furieux, qui somme Nedda de lui révéler le nom de son amoureux. Comme elle s'y refuse, Canio la menace de son couteau. Survient Beppe, qui fait gentiment remarquer qu'ils doivent bientôt donner un spectacle dont ils n'ont pas encore répété les numéros. Demeuré seul, Canio chante :

Vesti la giubbia e la faccia infarina	Mets le costume, les fards et la poudre
La gente paga e rider vuole quà…	Les gens ont payé pour qu'on les fasse rire…
Ridi Pagliaccio, sul tuo amore infranto !	Ris donc, Paillasse, de ton amour perdu !
Ridi del duol che t'avvelena il cor !	Ris de la tristesse qui empoisonne ton cœur !

Acte II. La représentation commence. Nedda, qui joue Colombine, annonce que son mari, Paillasse, sera absent jusqu'au matin et que son valet, Taddeo, est allé au marché. Comme c'est pratique ! Depuis les coulisses, on entend son *boy friend* chanter *O Colombina, il tenero fido Arlechin* (« Ô Colombine, ton tendre et fidèle Arlequin t'attend »). Entrée du bossu Tonio – qui joue Taddeo – portant les provisions. Nedda/ Colombine repousse ses avances.

Beppe – dans le rôle d'Arlequin – fait son entrée par la fenêtre, frappe le bossu et lui dit d'aller se faire voir ailleurs. Colombine et son soupirant ourdissent un plan pour se débarrasser du mari. Lorsque Tonio/Taddeo arrive en courant les prévenir du retour inopiné du mari, Arlequin saute par la fenêtre. Nedda/ Colombine rejoue la scène même qu'elle avait eue dans la vie réelle avec Silvio : « À cette nuit et ensuite, pour toujours, je serai à toi » (*A stanotte e per sempre tua sarò*) au moment même où Canio (dans le rôle de Paillasse, son mari) fait irruption dans la pièce. (On a déjà entendu ça quelque part, non ?)

« Colombine » accuse « Paillasse » d'être ivre. Canio, s'écartant du script, insiste pour qu'elle lui révèle le nom de son amoureux. Les autres essaient de le ramener dans son texte mais il chante : *No, Pagliaccio non son* (« Non, je ne suis plus Paillasse »). Il doit venger son honneur. Les spectateurs (du cirque) trouvent que l'action est vraiment très réaliste.

Nedda lui dit que s'il se soucie aussi peu d'elle, il peut aussi bien la laisser partir. Canio la poignarde à plusieurs reprises. Silvio se précipite sur la scène et Nedda, mourante, l'appelle par son nom, ce qui est précisément ce que Canio voulait entendre. Si bien qu'il poignarde Silvio, à son tour. Les spectateurs se jettent sur Canio qui laisse tomber son couteau. Tonio se tourne alors vers l'auditoire (le vrai) et annonce : *La commedia è finita !* (« La comédie est finie ! »)

C'est peu de le dire…

Parsifal

Auteur : Richard Wagner. **Livret :** en allemand du compositeur. **Première représentation de l'ensemble :** Bayreuth, 1882.

Ce qu'il faut retenir : Drame religieux en trois actes d'après la légende du Saint-Graal, c'est le dernier opéra composé par Wagner. Musique fabuleuse (tout spécialement le chatoyant et rayonnant prélude et, à l'acte III, l'Enchantement du Vendredi saint, qui comptent parmi les plus belles pages symphoniques du compositeur). Étonnant personnage que Kundry, à la fois sorcière et *sex machine*. Comme la plupart des opéras de Wagner, celui-ci dure longtemps, très longtemps.

Anecdote : Le sous-titre donné par Wagner à cet opéra est *Bühnenweihfestspiel* (quelque chose comme « festival scénique sacré ») et il a été écrit pour servir de consécration au théâtre qu'il avait fait construire sur ses indications précises dans la ville de Bayreuth. En outre, c'était le seul endroit où Wagner avait autorisé que *Parsifal* fût représenté. À deux exceptions près, cette volonté fut respectée jusqu'en 1913, date à laquelle l'œuvre tomba dans le domaine public.

Acte I. En Espagne, au Moyen Âge, dans le domaine de Monsalvat. Les chevaliers du Saint-Graal se réveillent dans une forêt. Ils s'inquiètent de la santé de leur roi Amfortas, qu'une vilaine blessure tient aux portes de la mort depuis plusieurs semaines. Soudain paraît Kundry (soprano dramatique), échevelée, tenant une fiole qui contiendrait un remède pour Amfortas. Celui-ci la remercie mais les chevaliers sont sceptiques car ils savent que Kundry est un suppôt de leur ennemi acharné, Klingsor. Le vieux chevalier Gurnemanz (basse) va nous raconter ce qui s'est passé il y a un certain temps.

Retour en arrière. Le père d'Amfortas possédait deux objets précieux : le Saint-Graal (coupe utilisée par Jésus lors de la Cène) et la Lance sacrée qui a blessé Jésus sur la croix. Amfortas senior, de son vrai nom Titurel, avait décidé de réunir quelques chevaliers pour protéger ces reliques. L'un des candidats, Klingsor, qui n'avait pas été accepté, en conçut une colère noire et jura de se venger et de voler les reliques par la magie. Pour cela, il commença par créer une cohorte de jeunes femmes séduisantes, les Filles-Fleurs, destinées à séduire les gardiens du Graal et à les détourner de leur sainte mission.

Le premier qui a succombé à leurs charmes a été Amfortas junior, qui n'a pas su résister aux charmes de Kundry. Klingsor en a profité pour le frapper avec la sainte Lance, provoquant une blessure inguérissable. Un songe apprend à Amfortas qu'il n'y a qu'une seule chose qui puisse lui rendre la santé : qu'un « pauvre d'esprit » touche sa blessure avec l'arme même qui l'a causée.

Fin du retour en arrière. Nous sommes de nouveau dans la forêt. Un cygne s'abat, mourant, dans un lac. Les chevaliers cherchent le coupable pour le punir. Il se trouve que c'est un jeune homme nommé Parsifal qui ne sait rien de son nom ni de sa famille : *So dumm wie den erfand ich bisher Kundry nur* (grosso modo : « Je n'ai jamais vu un tel abruti, sauf peut-être Kundry elle-même »), murmure le vieux Gurnemanz. Lorsque Parsifal apprend que la chasse au cygne est interdite sur le domaine de Monsalvat, ses yeux se remplissent de larmes. « Attendez, dit Gurnemanz, c'est un innocent… un pauvre d'esprit… Serait-ce LUI ? »

Kundry, reprenant conscience, dit à Parsifal que sa mère est morte. Dans un mouvement de colère, il la saisit par la gorge puis, se confondant en excuses, s'évanouit.

Le vieux Gurnemanz emmène Parsifal au château du Graal, espérant avoir trouvé en lui l'innocent qui doit guérir Amfortas. Les chevaliers, conduits par le roi Amfortas, arrivent dans la grande salle du château pour recevoir la sainte communion au son d'une musique frémissante qui résonne comme un hymne sacré. Les souffrances d'Amfortas causées par sa blessure redoublent d'intensité. On sort le Saint-Graal de son réceptacle et un rayon aveuglant l'illumine.

Une fois le service religieux achevé, Parsifal, quoique impressionné par ces effets spéciaux, avoue au vieux Gurnemanz qu'il n'y comprend rien du tout. Ce dernier, bien ennuyé, le met à la porte du château.

Acte II. Dans le château enchanté de Klingsor. Le diabolique maître des lieux se tient devant une flamme magique. Il fait appeler Kundry et la réprimande pour avoir aidé les chevaliers dans son jeune âge. Il lui confie une nouvelle mission : séduire Parsifal. Elle résiste mais la magie de Klingsor est trop forte pour elle, et elle part. Klingsor monte à sa tour et observe les chevaliers en train d'attaquer son château. D'un geste de sa main, il fait entièrement disparaître son château sous la terre.

Parsifal est stupéfait, particulièrement par la beauté de la troupe des Filles-Fleurs tournant autour de lui, à demi vêtues (ou dévêtues). Il a devant lui le rêve de tout adolescent :

Première Fille-Fleur

An deinem Busen nimm mich !	Prends-moi sur ton cœur !

Deuxième

Die Stirn lass' mich dir kühlen !	Laisse-moi rafraîchir ton front !

Troisième

Lass mich die Wange dir fühlen !	Laisse-moi caresser ta joue !

Quatrième

Den Mund lass' mich dir küssen !	Laisse-moi embrasser ta bouche !

Cinquième

Nein, mich ! Die Schönste bin ich !	Non, moi ! C'est moi la plus belle !

Sixième

Nein, ich ! Duft' ich doch süsser.	Non, moi ! Mon odeur est plus douce.

Cependant Kundry, revenue à de meilleurs sentiments, lui raconte la mort de sa mère et lui offre de le réconforter par un baiser. C'est alors qu'un changement s'opère en Parsifal : il perd son innocence et devient un homme tout à fait conscient, et conscient d'une mission : celle de découvrir le château où se trouve le Graal. Aussi repousse-t-il Kundry. Voici qu'arrive brusquement le magicien Klingsor, brandissant la Lance. Heureusement pour Parsifal, les vents dominants (à moins que ce soit une quelconque magie) arrêtent la Lance dans l'espace au-dessus de sa tête. Parsifal, alors, l'attrape et fait un signe de croix avec elle. Immédiatement, Klingsor, son château et ses top models disparaissent pour toujours.

Acte III. Le rideau se lève sur un royaume de Monsalvat désolé, où les chevaliers survivent de racines et de plantes. Le roi Amfortas est au plus mal et son père est mort. Gurnemanz, à présent âgé, découvre Kundry inanimée. L'anéantissement de Klingsor l'a délivrée du charme qui pesait sur elle. Elle est de nouveau en haillons, comme à l'acte I, mais son visage respire à présent la bonté. Un chevalier revêtu d'une armure noire s'approche, portant la Lance sacrée : c'est Parsifal, de retour après des mois d'un voyage pénible. C'est le Vendredi saint. Saisi par l'émotion de revoir le jeune homme, Gurnemanz l'oint et le baptise roi des chevaliers. Puis Parsifal baptise Kundry. Dans le temple, on se prépare à célébrer les funérailles de Titurel. Les chevaliers demandent à Amfortas de découvrir le Graal, mais il n'en a plus la force et demande qu'on le tue pour le délivrer de ses souffrances. Parsifal pénètre dans le sanctuaire, accompagné de Gurnemanz et Kundry. Il guérit la blessure d'Amfortas en la touchant de la Lance, qu'il brandit devant l'assemblée. C'est à lui, à présent, de diriger la cérémonie du Graal. Il découvre et élève le calice sacré, qui irradie à nouveau de toute sa lumière. Amfortas et Gurnemanz rendent hommage à leur nouveau roi, tandis que Kundry s'éteint doucement, pacifiée.

Pelléas et Mélisande

Auteur : Claude Debussy. **Livret :** en français de Maurice Maeterlinck, d'après sa propre pièce. **Première représentation :** Paris, 1902.

Ce qu'il faut retenir : Situé dans une contrée imaginaire et médiévale, *Pelléas et Mélisande* appartient à l'esthétique symboliste dont Maeterlinck fut l'un des principaux représentants. Il mettait en pratique le désir, exprimé par Debussy, d'un « opéra sans lieu ni époque, sans scène et duo obligé ». Les sentiments n'y sont souvent que suggérés : ainsi, dans la brûlante scène de passion de l'acte III, le mot *amour* n'est-il jamais prononcé. Mais la musique, extrêmement évocatrice, occupe tous les interstices laissés par le texte, que d'aucuns ont taxé de mièvrerie.

POTINS DE COCKTAILS

Anecdote : *Pelléas* est un ouvrage clef de l'histoire de l'opéra. Sa création donna lieu à de vives polémiques, et toute une génération de compositeurs français, voire étrangers, se mesura consciemment ou non à cet écrasant modèle, avec son orchestre capiteux et transparent à la fois, avec sa diction très particulière, rivé à la déclamation de la langue parlée. Maeterlinck ne fut pas le dernier à attiser les querelles, furieux que Debussy ait préféré, pour créer le rôle de Mélisande, Mary Garden à sa femme, Georgette Leblanc, la sœur du créateur d'Arsène Lupin.

Acte I. Au cours d'une partie de chasse, Golaud (baryton) se perd dans la forêt. Entendant gémir, il découvre Mélisande (soprano). Effrayée, celle-ci tente de lui échapper : « Ne me touchez pas ! Ne me touchez pas, ou je me jette à l'eau. » Il réussit à la rassurer et à l'entraîner avec lui.

Scène 2 : Au château d'Arkel, grand-père de Pelléas et Golaud, et roi d'Allemonde. Geneviève, mère de Pelléas et Golaud, et par ailleurs contralto, lit une lettre adressée par Golaud à son demi-frère Pelléas : il lui apprend s'être marié six mois plus tôt avec Mélisande, dont il ne sait rien, et craint que cette union ne déplaise à son grand-père. Il demande si Arkel est prêt à « accueillir l'étrangère comme sa fille », sans quoi il quittera son pays pour toujours. Pelléas (baryton ou ténor) demande la permission de se rendre au chevet d'un ami mourant. Mais Arkel (basse) lui dit que son devoir est d'attendre le retour de son frère et de veiller sur son père, qui se meurt dans une chambre du château.

Scène 3 : Première rencontre de Pelléas et Mélisande, qui regardent ensemble un bateau s'éloigner et se plaignent de l'obscurité qui règne dans le château. Auprès de Pelléas, Mélisande se sent rassurée. Elle est toute triste lorsqu'il lui annonce qu'il partira sans doute le lendemain.

Acte II. Pelléas et Mélisande s'approchent d'une fontaine. Malgré les mises en garde de Pelléas, Mélisande se penche pour admirer son reflet et l'anneau offert par Golaud tombe au fond de l'eau. Mélisande est affolée à l'idée de devoir annoncer cette perte à son mari.

Scène 2 : À l'instant précis où Mélisande perdait la bague, le cheval de Golaud a fait un écart. Golaud, blessé, se remet à présent dans sa chambre. Mélisande est à son chevet. Elle éclate soudain en sanglots : « Je ne suis pas heureuse ici. » Golaud, pour la consoler, lui prend les mains et remarque qu'elle ne porte plus la bague qu'il lui a offerte. Mélisande prétend l'avoir certainement perdue en ramassant des coquillages dans une grotte au bord de la mer. Golaud lui ordonne avec colère de se mettre à sa recherche, avec l'aide de Pelléas.

Scène 3 : Pelléas et Mélisande entrent dans la grotte où Mélisande a prétendu qu'elle avait perdu la bague, histoire de pouvoir la décrire à son mari. Ils y découvrent trois mendiants assoupis et quittent ce lieu hanté par la mort.

Acte III. Mélisande, à sa fenêtre, peigne sa longue chevelure : *Mes longs cheveux descendent jusqu'au seuil de la tour…* Pelléas vient au pied de la tour et les cheveux frôlent son visage. Les deux jeunes gens s'abandonnent à des propos de plus en plus passionnés, quand survient Golaud, qui les gronde pour leurs enfantillages.

Scène 2 : Pour le mettre à l'épreuve, Golaud conduit son frère dans les sinistres souterrains du château, où chaque faux pas peut se révéler fatal. Pelléas a le sentiment d'étouffer.

Scène 3 : Lorsqu'ils ressortent à l'air libre, Golaud demande solennellement à Pelléas d'éviter la compagnie de Mélisande, au prétexte qu'elle est enceinte et donc fragile. Golaud a beau essayer de se persuader qu'il ne s'agit que de jeux d'enfants, la jalousie commence à le dévorer. La nuit, il fait grimper sur ses épaules son fils, le petit Yniold (né d'un précédent mariage), afin de surveiller la chambre de Mélisande. L'enfant, terrorisé, finit par avouer que Pelléas l'y a rejointe.

Acte IV. Pelléas vient faire ses adieux à Mélisande auprès de la fontaine : il a été contraint de partir. Arkel est ému par la beauté de Mélisande et choqué lorsque Golaud, en sa présence, s'adresse à elle avec dureté. Dans le parc, Yniold interroge un berger, avant de s'enfuir en courant. Pelléas et Mélisande se rencontrent et s'avouent leur amour. Ils ont été guettés par Golaud, qui tue Pelléas et blesse Mélisande.

Acte V. Mélisande, allongée dans une chambre du château, se remet lentement de ses blessures. Elle donne naissance à une petite fille et meurt, laissant Golaud seul avec ses remords.

Peter Grimes

Auteur : Benjamin Britten. **Livret :** en anglais de Montagu Slater, d'après le poème de George Crabbe *The Borough* (« Le Bourg »). **Première représentation :** Londres, 1945.

Ce qu'il faut retenir : Drame émouvant en trois actes plus un prologue et un épilogue. Il y a du Dickens dans l'observation si minutieuse et si cruelle de ces gens simples, qui résume ce que l'humanité porte de plus beau et de plus noir. Pourtant, l'ogre monstrueux de Crabbe s'est mué en une victime incomprise, produit d'une société lâche qui, après l'avoir engendré, le calomnie et le pousse au suicide. Britten portait une tendresse particulière à ce marginal rejeté par tous, qui lui rappelait sa propre expérience d'homosexuel et d'objecteur de conscience. Le somptueux orchestre brosse des peintures maritimes d'une grande poésie, métaphores de la conscience du héros. Ces « interludes marins » sont souvent joués isolément au concert.

Anecdote : La création de *Peter Grimes*, au lendemain de la capitulation allemande, remporta un succès considérable, déclenchant une onde de choc qui se répercuta sur toute la carrière future de Britten. Salué comme la plus grande création lyrique anglaise depuis le *Didon et Énée* de Purcell, quelque deux cents ans plus tôt, l'ouvrage rendait son lustre à l'opéra insulaire, seul genre que n'avait pas abordé Elgar : la culture anglaise triomphait aux yeux du monde entier.

Prologue. Durant une campagne de pêche, le moussaillon qui était embarqué avec le pêcheur Peter Grimes (ténor) a péri. Ce dernier passe en jugement. Les gens murmurent et s'agitent, assoiffés de sang, mais Peter explique que son bateau a été pris dans une bourrasque qui l'a désemparé pendant trois jours et que le jeune garçon est mort de froid. Le coroner prononce son verdict : « Votre apprenti est mort dans des circonstances accidentelles. » Mais on conseille à Peter de prendre un mousse plus expérimenté la prochaine fois. Une fois que la salle d'audience s'est vidée, la maîtresse d'école Ellen (veuve et soprano) réconforte Peter.

Acte I. Les boutiques de la petite ville sont ouvertes. Les habitants réparent joyeusement leurs filets et chantent. Ned Keene, le pharmacien (baryton), annonce à Peter qu'il lui a trouvé un apprenti à l'asile de pauvres local. L'amie de Peter, Ellen, persuade un charretier réticent d'aller le chercher. Les gens de la ville chantent leur désapprobation.

Une forte tempête se prépare. Les habitants se dépêchent de mettre leurs bateaux à l'abri et ferment leurs volets, chantant un chœur qui s'élève en même temps que le vent. À la suite de quoi, ils se précipitent dans le pub. Resté dehors, Peter raconte au vieux capitaine Balstrode la terrible tempête de trois jours au cours de laquelle a péri son mousse. Il lui révèle aussi le but qu'il poursuit depuis longtemps : prendre suffisamment de poisson pour devenir riche, épouser Ellen et faire taire définitivement les méchantes langues de la ville.

Des voisins entrent dans le pub, racontant les dommages causés par la tempête : la falaise près de la hutte de Peter a glissé dans la mer et les routes sont inondées. Lorsque Peter entre, tout le monde se tait. Peter les ignore et chante une mélodie introspective dans laquelle il est question du mystère des cieux et du destin : « C'est maintenant que la Grande Ourse et les Pléiades, au milieu desquelles se déplace la terre, tirent à elles les nuages de la douleur humaine. » L'hostilité des villageois grandit. Keene détourne leur attention en entonnant une chanson de marin à laquelle se joignent bientôt les habitants du cru, formant ainsi un enchevêtrement de trois lignes mélodiques :

Premier couplet	
Old Joe has gone fishing	Le vieux Joe a été à la pêche
And young Joe has gone fishing…	Et le jeune Joe a été à la pêche…
Deuxième couplet	
Pull them in han' fuls,	Ils en ont plein les mains,
and in canfuls,	Plein les paniers,
and in panfuls.	Plein les poêlées.
Troisième couplet	
Bring them in sweetly,	Les ont apportés calmement,
Gut them completely,	Vidés complètement,
Pack them up neatly,	Emballés proprement,
Sell them discreetly !	Vendus honnêtement !

Lorsque Peter se joint au chœur, il le fait avec des paroles à lui dans lesquelles il est question d'un corps qui se trouverait dans le filet de pêche. « L'a saisi avec horreur ! L'a saisi avec terreur ! » Ellen et le charretier entrent, trempés comme une soupe par la tempête et remorquant le nouvel apprenti que Peter emmène chez lui.

Acte II. Dimanche matin. Ellen et le nouvel apprenti, John, bavardent. Une bouffée de chants sacrés s'échappe de l'église. Ellen remarque avec horreur un bleu sur le cou du garçon. Elle interroge Peter mais reçoit une gifle pour toute réponse.

La congrégation se répand hors de l'église et s'interroge sur les raisons qui poussent Ellen à sympathiser avec le peu reluisant Peter. Cette dernière tente de se justifier sur un ton de voix qui monte de plus en plus, mais les villageois se dirigent vers la hutte de Peter pour en avoir le cœur net.

Grimes entend la troupe menaçante s'approcher. Il met brutalement le garçon à la porte pour qu'il puisse fuir vers la falaise créée par le glissement de terrain. « Ferme tes yeux et va droit devant toi ! » lui conseille-t-il. Mais le garçon glisse et tombe du bord de la falaise, hors de vue, en criant. Peter se précipite vers la falaise à sa suite. Les « justiciers » du village arrivent à la hutte de Peter qu'ils trouvent vide. Cependant, le vieux Capitaine Balstrode, scrutant la falaise, a vu quelque chose. Il ferme soigneusement la porte.

Acte III. Le soir. On boit, on taquine les filles, on danse… Mais les villageois découvrent le tricot de John sur la plage. Pour le coup, ils sont réellement assoiffés du sang de Peter.

Maintenant, il devient clair que Peter a complètement perdu les pédales ; il tient des propos délirants et ne reconnaît même pas Ellen lorsqu'elle arrive, accompagnée du Capitaine Balstrode. Ce dernier suggère à Peter de prendre la mer et de saborder son propre bateau. Ce que fait Peter, s'engloutissant ainsi dans sa tombe liquide. Le matin suivant, quelqu'un signale qu'il a vu un bateau en train de couler, au loin, sur la mer. Un autre prétend qu'il s'agit d'une rumeur. Peu après, les villageois retournent à leur misérable train-train quotidien.

Rigoletto

Auteur : Giuseppe Verdi. **Livret :** en italien de Francesco Maria Piave, d'après Victor Hugo. **Première représentation :** Venise, 1851.

Ce qu'il faut retenir : Tragédie en trois actes dont le héros malheureux est un bouffon bossu de la cour du duc de

Mantoue. Les barytons s'entretueraient pour chanter ce rôle particulièrement beau et intense. Les héros d'opéra sont si souvent des ténors ; alors, pour une fois que c'est à un baryton qu'échoit cet honneur ! C'est, avec *Paillasse*, le plus célèbre opéra ayant pour héros un amuseur public (mais tous deux se révéleront être des clowns tristes…).

POTINS DE COCKTAILS

Anecdote : *Rigoletto* est inspiré du *Roi s'amuse* de notre Victor Hugo national, une pièce où il est question d'une perfidie ayant eu lieu à la cour de François Ier. Du temps de Verdi, l'Italie était sous la domination autrichienne et connaissait une grande agitation politique. La censure autrichienne vit d'un très mauvais œil ce projet d'un roi coureur de jupons. Plusieurs remaniements du livret furent nécessaires. L'action fut transportée de Paris à Mantoue, le roi ravalé au rang d'un simple duc, et Triboulet prit le nom de Rigoletto.

Acte I. L'action se déroule donc en Italie, à Mantoue, au XVIe siècle. L'acte s'ouvre sur un grand bal donné par le Duc (ténor), véritable Don Juan, aussi amoral, aussi macho que lui. Pour lui, une femme ou une autre, c'est pareil, même si elle est mariée : *Questa o quella per me pari sono* (« Celle-ci ou celle-là, pour moi c'est égal »). Il confie à un de ses courtisans qu'il a vu à l'église une toute jeune fille qui lui plaît fort mais donc il ignore tout. En attendant d'en savoir plus, il profite de la fête pour courtiser la comtesse Ceprano sous l'œil furibard du mari de celle-ci, impuissant à contrecarrer les manœuvres du Duc. Rigoletto (baryton), le bouffon du Duc, nargue le futur cocu et sort. Pendant ce temps, l'un des courtisans apprend à la brillante compagnie qu'il vient de découvrir que ce bouffon, laid et bossu, avait néanmoins une ravissante et jeune maîtresse. Survient le vieux Monterone, qui accuse publiquement le Duc d'avoir séduit sa fille. Rigoletto se moque ouvertement de lui. Le Duc fait arrêter Monterone qui, avant de disparaître, maudit énergiquement Rigoletto, épouvanté par le sort qui vient de lui être jeté.

Second tableau : Nous sommes maintenant en ville, dans une ruelle sombre où demeurent, non loin l'un de l'autre (ô quelle coïncidence !) Ceprano et Rigoletto. Ce dernier, rentrant chez lui, est abordé par un certain Sparafucile, assassin à gages, qui se dit bourguignon et lui offre à tout hasard ses services. (On se demande où le librettiste a été chercher un pareil nom

– qui se prononce « spa-ra-fou-tchi-lé » – pour un citoyen de Bourgogne !) Pour l'instant, Rigoletto n'en a nul besoin, mais on se sait jamais… Il compare sa vie à celle de cet exécuteur de basses besognes dans ces vers :

Pari siamo ! Io la lingua	Nous sommes pareils ! Moi j'ai la langue
Egli ha il pugnale ;	Lui, le poignard ;
L'uomo son io che ride,	Je suis l'homme qui se moque,
Ei quel che spegne !	Et lui celui qui assassine !

Une fabuleuse beauté sort d'une des maisons pour accueillir Rigoletto et celui-ci s'écrie *Figlia !* Elle lui répond *Padre !* Eh oui, la beauté que les mauvaises langues ont prise pour sa maîtresse n'est autre que sa fille Gilda (soprano). Il est loin de s'imaginer que c'est elle que le Duc a remarquée à l'église mais, en homme avisé, il lui recommande de ne pas sortir de chez elle puis s'en va. Restée seule, Gilda exprime ses remords d'avoir caché à papa qu'elle a donné rendez-vous au beau jeune homme qu'elle a vu à l'église et qui s'est présenté à elle comme un étudiant pauvre du nom de Gualtier Maldé. Tout enamourée, elle chante son air célèbre *Caro nome che il mio cor* (« Nom cher à mon cœur »).

Dans la rue, voilà qu'apparaît notre vieille connaissance, Ceprano, dressant des plans pour se venger du Duc. Lui et sa bande, masqués, se trouvent nez à nez avec Rigoletto qui revient. Ils lui racontent qu'ils projettent d'enlever la comtesse Ceprano (qui, nous le savons, habite non loin de chez Rigoletto). Rigoletto consent volontiers à participer à l'opération et, à leur demande, accepte d'être masqué pour ne pas être reconnu. Ce masque va lui être appliqué de telle façon qu'il ne pourra pas voir ce qui va se passer. Car c'est chez lui que va avoir lieu le rapt, et la victime en sera Gilda (que Ceprano et sa bande croient être la maîtresse de Rigoletto, ne l'oublions pas) et non la Comtesse. Ils conduisent donc le bouffon dans sa propre cour et lui demandent de tenir l'échelle tandis qu'ils grimpent à la fenêtre : *Zitti, zitti, moviamo a vendetta* (« Sans bruit, sans bruit, courons nous venger »). En se débattant, Gilda perd son écharpe. Lorsque les ravisseurs sont partis avec leur proie, le crédule Rigoletto ôte son masque, voit l'écharpe et comprend son malheur. Il se rappelle alors la malédiction de Monterone et s'écrie *Ah ! la maledizione !*

Acte II. Nous sommes à nouveau au palais ducal. Le Duc se lamente de l'enlèvement de Gilda dans un air célèbre, *Parmi veder le lagrime* (« Il me semble voir les larmes »). Les courtisans chantent un chœur bruyant dans lequel ils racontent le bon tour qu'ils viennent de jouer au bouffon. Le Duc comprend immédiatement qu'il va ainsi avoir à portée de… main celle qu'il veut séduire, et s'en réjouit à son tour. Arrive Rigoletto, cherchant sa fille et qui continue à essayer de jouer son rôle de bouffon en feignant de prendre part à cette joie. Il chante pathétiquement *La rà, la rà, la rà…* au grand amusement des courtisans. Il comprend vite que Gilda est là, tout près. Alors, il révèle à tous que Gilda est sa fille, dans un air d'une rare intensité : *Cortigiani, vil razza dannata* (« Courtisans, vile race damnée »).

Gilda se précipite dans les bras de son père qui tente de la consoler et, au cours d'une scène touchante, il lui promet qu'ils s'enfuiront tous deux de Mantoue la nuit prochaine. Ils sont interrompus par le passage de Monterone que l'on conduit en prison et qui, reconnaissant Rigoletto, renouvelle sa malédiction. Rigoletto jure de se venger.

Acte III. Nous sommes maintenant dans une auberge sinistre, repaire de Sparafucile. Gilda, peu rancunière envers ce menteur de Duc, supplie son papa de l'épargner. Pour lui prouver l'infamie de « Gualtier Maldé », Rigoletto invite sa fille à regarder par une fente du mur ce qui se passe dans l'auberge. Arrive le Duc, déguisé en officier de cavalerie, chantant son célébrissime air *La donna è mobile, qual piuma al vento* (« Comme la plume au vent, femme est volage »). Le duc commence son numéro de séduction habituel avec la sœur de Sparafucile, Maddalena. Cela nous donne un formidable quatuor vocal, le Duc et Maddalena à l'intérieur de l'auberge, Rigoletto et Gilda, au-dehors ; les quatre voix s'y superposent habilement, de manière que toutes les paroles soient intelligibles et que chacun ait sa personnalité propre.

Rigoletto dit alors à Gilda de s'habiller en homme pour faciliter leur fuite à Vérone. Pendant ce temps, Rigoletto verse alors des arrhes à Sparafucile pour assassiner le Duc. Mais Maddalena, qui en pince pour le Duc, demande à son frère de n'en rien faire. Comme sa conscience professionnelle est en jeu, Sparafucile y consent mais, cadavre pour cadavre, lui dit qu'il tuera le premier homme qui franchira la porte.

Gilda revient sous son déguisement et elle a tout entendu. Pour sauver celui que, malgré tout, elle continue d'aimer, elle entre alors dans la taverne où Sparafucile la poignarde.

Retour de Rigoletto, savourant sa vengeance. La tempête fait rage. Il reçoit de Sparafucile le sac contenant le corps de sa victime et se dirige vers la rivière pour s'en débarrasser. C'est alors qu'il entend au loin le Duc chanter son leitmotiv (comme dirait Wagner) *La donna è mobile*. N'y comprenant plus rien, il ouvre le sac et découvre – ô horreur ! – sa fille expirante qui a le temps de lui dire – à l'opéra, les sopranos ont la vie dure – qu'elle s'est sacrifiée pour celui qu'elle aime. Déchirants adieux : *Ma figlia ! Dio ! mia figlia ! Gilda !* (« Ma fille ! Dieu ! ma fille ! Gilda ! ») Anéanti, Rigoletto ne peut que s'écrier : *Ah ! la maledizione !*

Rheingold (Das)

Voir *Ring* (*L'Or du Rhin*).

Ring

Auteur : Richard Wagner. **Titre original :** *Der Ring des Nibelungen* (« L'Anneau du Nibelung »). **Livret :** en allemand du compositeur. **Première représentation :** Bayreuth, 1876 (sur quatre jours).

SUR LE CD

Ce qu'il faut retenir : Le *Ring*, également appelé la *Tétralogie*, est formé de quatre opéras (ou, pour reprendre la terminologie exacte du compositeur, un « prologue » et trois « journées ») : *L'Or du Rhin*, *La Walkyrie*, *Siegfried* et *Le Crépuscule des dieux* (avec leurs titres originaux : *Das Rheingold*, *Die Walküre*, *Siegfried* et *Götterdämmerung*). Tout cela ne représente pas moins de dix-sept heures de musique, et d'une musique gigantesque, chargée de symboles. Les livrets sont inspirés d'une mythologie nordique complexe. Plus d'un siècle après, cet ensemble reste très controversé, aimé ou détesté, et il déchaîne d'interminables analyses plus ou moins bien inspirées. Ce qui rend la musique de Wagner encore plus difficile à apprécier en toute objectivité, c'est le personnage du compositeur lui-même, mégalomane, antisémite, adultère, égocentrique (voir le chapitre 6 pour d'autres détails sur sa personnalité).

Wagner s'écarte de la manière dont on faisait des opéras avant lui : avec des numéros clos (grands airs, duos, chœurs, ensembles) séparés par des récitatifs ou des dialogues. Dans l'opéra wagnérien, on ne peut pas discerner l'endroit où finit un air et où commence le suivant. C'est un flot continu et tumultueux qui balaie tout sur son passage. Une grande part de la puissance de cette musique vient de son orchestration et de l'utilisation de l'orchestre en tant qu'acteur du drame. Il n'est pas rare qu'un personnage soit contraint de demeurer plusieurs minutes immobile et muet pendant que l'orchestre continue de jouer seul.

Pour aider à s'y repérer dans cette vaste fresque, Wagner recourt pour la première fois aux *Leitmotive*. Le *Leitmotiv* est une mélodie (parfois même un simple enchaînement d'accords) associée à un personnage, un objet ou un événement particulier, et qui évolue avec lui (la mélodie associée à un personnage va par exemple être plus ou moins vive, lente, gaie, triste, intime, éclatante selon les occasions, tout en restant identifiable). On en compte de 150 à 200 dans le *Ring*, selon le mode de calcul. Lorsque vous prendrez votre retraite et que vous aurez beaucoup de temps devant vous, commencez à écouter tranquillement ces thèmes récurrents et admirez l'ingéniosité apportée par Wagner dans leur utilisation.

Pour ne rien vous cacher, il y a des longueurs dans ces opéras, des scènes interminables. Souvenez-vous qu'à l'époque de Wagner, les représentations commençaient l'après-midi et qu'entre les actes, pendant que les machinistes démontaient un décor et préparaient le suivant, l'auditoire pouvait faire une longue promenade, se restaurer ou discuter métaphysique en allemand. Cela fait, les spectateurs revenaient dans la salle de spectacle, frais et dispos, prêts à en entendre davantage.

Guide de survie pour le Ring

Assister à un opéra est une chose. Assister au cycle des quatre opéras de Wagner en est une tout autre. Dix-sept heures de mythologie germanique, fort peu d'airs très mélodiques et des dames portant des casques de Vikings.

Tout le monde n'a pas la « chance » de pouvoir assister à une représentation de la *Tétralogie* comme Wagner souhaitait qu'elle se déroulât : à raison d'un opéra par soirée au cours d'une même semaine. Si vous en avez l'occasion, ne la manquez pas mais suivez ces conseils :

- **Prenez vos précautions.** Le premier acte de ces opéras est extrêmement long et même, dans *L'Or du Rhin*, il n'y a pas d'entracte du tout. Passez aux toilettes *d'abord*.
- **Ne vous mettez pas sur votre trente et un.** Même les snobs de l'opéra ne vous blâmeront pas pour cela. Vous allez devoir rester assis pendant des heures, votre esprit va être assommé et vos muscles s'amollir. Portez quelque chose de confortable.
- **Emportez de quoi vous sustenter.** Ces opéras durent très longtemps. Ils commencent généralement vers 19 heures, aussi évitez de prendre une collation sitôt terminée votre journée de travail. Vous trouverez généralement de quoi manger au bar de l'opéra mais ça risque de vous coûter bonbon. Mieux vaut emporter un sandwich que vous pourrez dévorer tranquillement en dehors de la salle. Rassurez-vous, vous ne serez pas le seul.
- **Les applaudissements.** N'applaudissez que lorsque la musique s'arrête, et non dès que le rideau commence à se baisser. Vous pourriez rater de très belles choses – sans compter que vous vous ferez fusiller du regard.
- **N'ayez pas peur de montrer votre « innocence ».** Quel que soit le nombre de représentations du *Ring* auxquelles vous ayez assisté, vous trouverez toujours quelqu'un près de vous qui en aura vu six de plus que vous. Et qui vous achèvera en commentant les qualités vocales de tel ou tel chanteur qu'il a eu l'occasion d'entendre. Souriez avec admiration – c'est tout ce qu'ils cherchent – et réjouissez-vous secrètement de ce que, pour vous, c'est votre baptême du *Ring*, ce qui est, après tout, l'essentiel.

POTINS DE COCKTAILS

Anecdote : Wagner écrivit ces quatre opéras mégalithiques lors de son exil en Suisse, après avoir été chassé d'Allemagne à cause de ses opinions politiques. Les livrets ont été écrits dans l'ordre inverse de celui de leur représentation. Chaque fois qu'il avait terminé un livret, Wagner se rendait compte qu'il était nécessaire de le faire précéder par un autre pour que l'on puisse comprendre l'enchaînement complexe des situations. Cependant la musique, elle, fut écrite dans le « bon » ordre. Il ne lui fallut pas moins de vingt-sept ans pour venir à bout de l'ensemble. Mais pendant ce temps-là, il ne fit pas que ça et écrivit, en particulier, deux autres opéras.

L'Or du Rhin

Titre original : *Das Rheingold.* **Première représentation :** Munich, 1869.

Ce qu'il faut retenir : C'est le premier des quatre opéras de Wagner qui forment la *Tétralogie*, et Wagner le considérait comme le « prologue », avant les trois « journées ». Il s'agit d'une « action » en quatre scènes.

L'action (en un seul acte) : Au fond du Rhin, trois nymphes, les Filles du Rhin, nagent en chantant *Weia ! Waga !* (Ne riez pas, certaines chansons américaines ont bien des couplets qui se terminent par « Dou-da, dou-da » !)

Leurs jeux sont interrompus par l'arrivée d'un gnome difforme nommé Alberich (baryton), cherchant aventure. Les nymphes se moquent de lui et l'éconduisent. Au moment où le soleil se lève, un reflet d'or brillant attire le regard d'Alberich. Les nymphes chantent le leitmotiv de *L'Or du Rhin* sur deux notes (*Rheingold ! Rheingold !*) Elles expliquent qu'elles doivent surveiller cet or car s'il était utilisé pour fondre un anneau, il conférerait à celui qui porterait cet anneau un pouvoir illimité. Ah ! il y a un petit détail : le porteur devrait renoncer définitivement à l'amour. Certaines que personne ne serait assez fou pour faire un tel sacrifice en échange d'un contrôle illimité sur l'univers, les nymphes insouciantes continuent à folâtrer. Mais Alberich qui, en raison de sa difformité, n'a jamais réellement goûté à l'amour, ne s'en soucie pas et dérobe l'or, poursuivi par les nymphes et l'orchestre.

Nous sommes maintenant au Walhalla (nom allemand de l'Olympe), où s'éveillent le baryton-basse borgne Wotan (autrement dit Zeus) et quelques autres divinités. (Pourquoi est-il borgne ? Vous devrez attendre quinze heures pour le savoir.) Le château de Wotan est d'une beauté à couper le souffle. En échange de sa construction, Wotan a promis à ceux qui l'ont réalisé, les deux géants Fasolt et Fafner, qu'il leur donnerait sa belle-sœur Freia (soprano), splendide déesse qui cultive des pommes magiques, qui conservent aux dieux leur jeunesse. Les deux frères viennent maintenant réclamer leur dû. Mais Wotan regrette sa promesse et cherche un salaire de substitution. Loge, le rusé dieu du Feu (ténor), lui suggère de payer les géants avec l'anneau d'or magique que le gnome a utilisé pour amasser de fabuleuses richesses. Les deux géants estiment cette proposition honnête, mais ils tiennent à conserver Freia tant qu'ils n'auront pas l'anneau entre leurs mains. Les dieux vont donc commencer à se flétrir.

Wotan et Loge fouillent le monde souterrain à la recherche de l'anneau. Ils rencontrent le nain Alberich qui, à l'intérieur de ses cavernes sulfureuses situées au-dessous de la terre, s'est servi de ses pouvoirs pour asservir cruellement tous les autres gnomes, les *Nibelungen*, parmi lesquels son propre frère, afin qu'ils l'aident à amasser des trésors. Il a aussi un heaume magique qui lui permet de se changer en animal ou même de se rendre invisible. Loge lui dit : « Prouve-le ! » Aussitôt, Alberich se change en un dragon puis en un crapaud. Wotan saute alors sur le crapaud et l'emporte au Walhalla où Alberich est contraint de lui abandonner le casque et l'anneau magiques. Tremblant de rage, Alberich maudit l'anneau :

Gab sein Gold mir Macht ohne Mass,	Or qui m'a donné un infini pouvoir,
Nun zeug' sein Zauber	Puisse maintenant ta magie apporter
Tod dem der ihn trägt !	La mort à chaque futur possesseur !

Wotan est maintenant prêt à payer les géants. Le marché stipulait qu'en échange de Freia, les géants recevraient un monceau d'or suffisant pour la cacher. Cependant, tout l'or d'Alberich n'est pas suffisant, il faudrait un morceau de plus, pas grand-chose, seulement de la taille d'un anneau. La déesse de la Terre, Erda, sort de la montagne et avertit Wotan qu'il doit renoncer à ce sacré anneau. Wotan y consent à regret. Immédiatement, la malédiction de l'anneau opère : les deux géants se battent pour la possession du butin et Fafner tue Fasolt.

Libéré de la malédiction de l'anneau, le Walhalla retrouve la paix. Avec le retour de Freia, les dieux récupèrent leur teint de pêche. Wotan et son épouse traversent joyeusement le pont qui mène à leur nouveau château. Les Filles du Rhin, de leur côté, continuent à pleurer la perte de leur or. Wotan leur ordonne avec force de se taire.

La Walkyrie

Titre original : *Die Walküre*. **Première représentation :** isolément, Munich, 1870 ; avec toute la *Tétralogie*, Bayreuth, 1876.

Retour en arrière : L'action commence là où se termine celle de *L'Or du Rhin*, un peu comme dans la trilogie de *La Guerre des Étoiles*. Dans un long monologue, au deuxième acte, vous apprendrez quelques-uns des faits essentiels faisant la liaison avec l'épisode précédent, à savoir : le Maître des Dieux, Wotan, s'est senti tout nu après avoir été dépossédé de l'anneau magique, maintenant aux mains de Fafner, le géant. Il redescend sur terre et s'unit avec une simple mortelle qui lui donne deux jumeaux, un garçon, Siegmund (*zîg-mound*), et une fille, Sieglinde (*zîg-linnd*).

Les jumeaux ont été séparés dès leur naissance et, depuis lors, ils ont grandi. Sieglinde s'est mariée.

Acte I. Après un prélude qui évoque un violent orage, nous voyons l'humble maison où habitent Sieglinde (soprano) et son chasseur de mari, Hunding (basse). Qui croyez-vous qui va faire son apparition à la faveur de la tempête, sinon son frère depuis longtemps perdu de vue, Siegmund ? *Wess' Herd dies auch sei, hier muss ich resten*, dit-il à sa sœur (« À qui est cette maison ? Je dois m'y reposer ! »). Inutile de préciser qu'ils ne se sont pas reconnus, étant donné qu'ils se sont perdus de vue à la naissance.

Sieglinde apporte de l'eau à son hôte. En échange, il lui raconte toute une histoire. Quand il était petit, il est rentré un jour chez lui pour trouver sa maison incendiée, sa mère morte et sa sœur jumelle (hum !) disparue. Puis, tout récemment, il a tenté de venir au secours d'une fille que sa famille était contrainte de marier à un cruel chasseur (hum ! hum !). Malheureusement, il a succombé sous le nombre et a dû s'enfuir. Le mari-chasseur Hunding reconnaît alors Siegmund comme le bon Samaritain qu'il poursuit mais il jure de différer sa vengeance jusqu'au matin.

Après avoir endormi son vilain époux, Sieglinde se glisse au-dehors. Le frère et la sœur tombent dans les bras l'un de l'autre et chantent en duo la célèbre *Chanson de printemps*. En réalité, ils font plus que chanter, ce qui justifie le surnom d'« opéra incestueux » donné par certains à *La Walkyrie*. Siegmund extrait alors une épée magique d'un tronc d'arbre et ils se sauvent tous deux loin de la maison.

Acte II. Wotan a neuf filles, les Walkyries, et sa préférée est Brünnhilde (soprano dramatique). C'est elle qui a inspiré le traditionnel cliché de l'opéra où l'on voit une grosse dame en armure avec un casque de Viking. Elle est également dotée d'un chouette cheval ailé.

Wotan demande à Brünnhilde de venir en aide à Siegmund. « C'est parti ! » lui répond-elle et elle rameute ses huit sœurs.

Pendant ce temps, Fricka, la femme de Wotan, est en larmes, ayant appris que son mari l'avait trompée avec une simple mortelle. Wotan s'explique en lui disant qu'il avait besoin d'un héros capable d'aller récupérer l'anneau magique sur terre. Mais Mme Wotan n'est pas calmée pour autant. Car c'est la grande prêtresse du Serment de Mariage et elle ne veut pas paraître ridicule devant ses amies. Finalement, Wotan accepte que son incestueux fils Siegmund soit tué pour laver l'honneur familial.

Maintenant, Wotan va passer vingt bonnes minutes à expliquer à sa fille Brünnhilde ce qui s'est passé pour qu'on en arrive là. Mais Brünnhilde entend protéger son demi-frère Siegmund et se rebelle contre les instructions paternelles. Wotan enrage et sort.

De retour sur terre, S & S continuent à fuir pour échapper à Hunding. Sieglinde a des hallucinations où elle voit la mort et des épées brisées. Survient Brünnhilde, s'offrant à protéger Siegmund et sa « pure » sœur/amante. Siegmund et Hunding se battent au sommet de la montagne. Wotan, devant les récriminations renouvelées de sa femme, brise l'épée de Siegmund, qui est alors tué par Hunding. À son tour, pour ne pas être en reste, Wotan tue Hunding. Sieglinde, fidèle à la tradition des sopranos d'opéra, s'évanouit en poussant un cri déchirant. Sa demi-sœur Brünnhilde l'emporte inconsciente et Wotan jure à sa fille aînée de lui faire payer cher son intervention. Ah, ces familles recomposées !

Nous entendons maintenant la célèbre *Chevauchée des Walkyries*, qu'un hélicoptère déverse par haut-parleur sur les populations vietnamiennes dans le film *Apocalypse Now*. Ici, cette musique accompagne « simplement » Brünnhilde et ses huit sœurs dans leur voyage sur leurs chevaux magiques alors qu'elles gagnent une planque dans la montagne.

Brünnhilde annonce (apparemment indifférente aux effets chromosomiques de l'inceste) que Sieglinde est enceinte du plus grand héros que le monde ait jamais connu. Mais Wotan rattrape Brünnhilde et lui inflige son châtiment. Il ne peut se résoudre à tuer sa fille préférée. Il décide alors de la dépouiller de ses pouvoirs magiques, de l'enchaîner sur un rocher et de la ceindre de feu, de manière que seul un héros hors du commun réussisse à la délivrer. Wotan fait des adieux déchirants à sa fille. Puis il invoque Loge, le dieu du Feu, et le rocher s'embrase au son d'une musique merveilleusement suggestive.

Siegfried

Première représentation isolée : Bayreuth, 1876.

Ce qu'il faut retenir : Drame en trois actes et quatre tableaux.

Acte I. Sieglinde a donné naissance à un bébé ténor. Pour ajouter à votre confusion, son nom est presque identique à celui de ses parents : c'est Siegfried (*zîg-frîd*). C'est Mime, un autre gnome ténor, qui a élevé l'enfant après la mort de sa mère. Son plan de carrière est simple : 1) équiper le jeune Siegfried d'une épée avec laquelle il pourra tuer Fafner le géant (devenu maintenant par la magie de l'anneau Fafner le dragon) ; 2) s'emparer de l'anneau magique après la mort de Fafner ; 3) devenir Mime le tout-puissant gnome maître de l'univers. Cependant, Siegfried est si costaud que toutes les épées que fabrique Mime se brisent entre ses mains. Ce dernier ne se sent pas capable de reforger les pièces de l'épée brisée de Siegmund. Impatient, c'est donc un Siegfried chantant à gorge déployée qui va s'y employer, accompagné par un orchestre brillant de tout son éclat.

Acte II. Dans l'antre du dragon, l'affreux gnome Alberich, notre vieux copain du premier opéra, continue de se désoler de la perte de l'anneau. Après le passage de Wotan, venu s'assurer que tout était en ordre, Siegfried et Mime partent en catimini pour leur mission : assassiner le dragon.

Mais Siegfried réveille par inadvertance le dragon en imitant le chant des oiseaux de la forêt. S'ensuit une épouvantable bataille de laquelle Siegfried sort triomphant. Au cours de la bataille, sa main a reçu quelques gouttes du sang du dragon. Lorsqu'il y goûte, il s'aperçoit soudain qu'il peut comprendre ce que chantent les oiseaux. Outre les habituels « Hé ! on va à la chasse aux vers ? » et « Chérie, je serai absent du nid pour quelques jours », il entend toute l'histoire de l'anneau et du heaume magiques.

Dès que Siegfried s'est emparé de ces deux objets, les deux gnomes, Mime et Alberich, font leur apparition, en pleine discussion. Mime offre un verre (rempli de poison) à Siegfried, mais celui-ci est bien trop malin pour se laisser prendre et il tue Mime. Un petit oiseau lui raconte qu'il existe quelque part, endormie dans un cercle de feu, une femme splendide. Aussitôt, Siegfried part à sa recherche pour la délivrer.

Acte III. Siegfried rencontre Wotan qui, techniquement, est son grand-père, et il lui demande où se trouve Brünnhilde dans son cercle de feu. Wotan tente de le dissuader de la retrouver en lui révélant que c'est lui, Wotan, qui a brisé l'épée magique. De colère, Siegfried brise la lance de Wotan et se hâte d'escalader la montagne. Parvenu au sommet, il trouve Brünnhilde, toujours recouverte de son armure. Se demandant qui peut être ce fier soldat, il lui ôte sa cuirasse et son casque et – ô surprise ! – découvre que ce n'est *pas* un homme.

Il réveille Brünnhilde d'un baiser. L'orchestre fait alors entendre des accents de joie extatique et de désir. Après un moment d'hésitation, justifiée par le fait que Brünnhilde se rend compte qu'elle va épouser un mortel, la Walkyrie déchue tombe dans les bras de Siegfried, et tous deux entonnent à pleins poumons un chant d'amour empli de sensualité.

Le Crépuscule des Dieux

Première représentation : Bayreuth, 1876.

Ce qu'il faut retenir : C'est le dernier des quatre opéras formant la *Tétralogie*. L'opéra se compose d'un prologue suivi de trois actes.

Prologue. Le rocher de Brünnhilde. Les trois Nornes (le Destin) sont occupées à tresser le câble de la destinée et racontent l'histoire du roi Wotan. Au pied de l'Arbre de Vie jaillit la source de la Sagesse. Le jeune Wotan a payé sans regret d'un œil une gorgée de la source. Au moment où les trois sœurs terminent la préhistoire du Walhalla, la corde de la Destinée se rompt, ce qui signifie qu'un âge du monde se termine. Elles poussent un cri d'horreur et disparaissent sous terre.

Sur le sommet de la montagne, dans l'anneau de feu qu'ils appellent leur maison, les nouveaux mariés Siegfried et Brünnhilde se disent au revoir. Il s'en va en quête d'aventures. Il confie à Brünnhilde l'anneau en gage de fidélité. Elle lui offre Grane, son cheval magique. Ils chantent un duo ardent puis l'orchestre joue pendant plusieurs minutes un interlude : *Le Voyage de Siegfried sur le Rhin.*

Acte I. Hagen, le fils du gnome Alberich, vit dans la vallée où coule le fleuve avec ses demi-frère et demi-sœur Gunther (baryton) et Gutrune (soprano). Le méchant Hagen a un plan qui, s'il réussit, fera de lui le maître de l'univers. Ce plan nécessite la participation de Siegfried qui, par un heureux hasard, arrive précisément à ce moment-là.

Hagen-le-vilain (basse) prépare un philtre d'amour. Gutrune (la sœur) le fait boire à Siegfried, qui est immédiatement saisi d'une passion pour elle. Il va jusqu'à lui proposer que son frère pourrait fort bien faire son affaire de Brünnhilde. Le philtre lui a complètement fait oublier qu'il était déjà marié. (Il nous est arrivé à tous de boire des philtres ayant cet effet.)

Pendant ce temps, au sommet de la montagne, Brünnhilde reçoit la visite d'une de ses sœurs Walkyries, Waltraute (mezzo-soprano), venue lui donner des nouvelles de la famille. Papa (Wotan) est inquiet, arpentant d'une démarche lasse le Walhalla, à cause de sa lance brisée. Il a fait abattre le Frêne de la Vie et interdit à Freia de manger les pommes de l'éternelle jeunesse. La malédiction des dieux ne pourra être brisée que lorsque l'anneau d'or sera restitué aux Filles du Rhin. Mais pour Brünnhilde, cet anneau n'est pas un anneau magique mais son alliance et elle refuse d'y renoncer.

Arrive au son du cor Siegfried, traversant le cercle de feu qu'il appelle sa maison. Grâce au heaume magique, il a pris l'apparence de son nouvel ami Gunther. Il arrache l'anneau du doigt de Brünnhilde, lui annonce qu'il a l'intention de l'épouser et l'emporte dans la grotte.

Acte II. On prépare les fêtes du mariage de Gunther et de Brünnhilde. Celle-ci, apercevant l'anneau au doigt de Siegfried qui se prépare à épouser Gutrune, s'emporte et crie vengeance. L'esprit égaré, furieuse, elle va jusqu'à révéler à Hagen le talon d'Achille de Siegfried : son dos. C'est là qu'il faut le frapper pour le tuer. Gunther s'est bien rendu compte que Brünnhilde n'était pas enthousiasmée à l'idée de l'épouser. Le malin Hagen lui fait alors remarquer que s'il tue Siegfried, sa veuve, Brünnhilde, sera libre de se remarier. Aux accents de la musique des noces qui s'élève, Brünnhilde et Gunther chantent leur vengeance et Hagen chante « Enfin, mon père, vous allez rentrer en possession de l'anneau. »

Acte III. Sur les bords du fleuve, les Filles du Rhin s'en prennent à Siegfried, le pressant de leur rendre l'anneau ; mais il refuse. Les nymphes lui prédisent alors qu'une femme va venir d'ici la fin du jour avec l'anneau qu'elle leur restituera. Elles s'en vont en nageant d'une façon qui ne présage rien de bon.

Gunther, Hagen et leurs gens les rejoignent. Siegfried leur raconte toute son histoire : *Mime hiess ein mürrischer Zwerg* (« Mime était un nain difforme »). Hagen lui offre un breuvage contenant un antidote au philtre d'amour. Siegfried le boit et retrouve soudain la mémoire et avec elle le souvenir de son amour pour Brünnhilde (et de son mariage avec elle). À ce moment, Hagen le frappe de sa lance dans le dos. Accablés de douleur, Gunther et ses valets emportent la dépouille de Siegfried, aux accents d'une musique désespérée.

Hagen tente de se saisir de l'anneau mais il n'y parvient pas. Gunther empoigne Hagen et ils se battent. Gunther est tué (et un cadavre de plus !). Brünnhilde ordonne qu'on allume un grand feu près du fleuve. Elle y brûle le corps de Siegfried et chante alors un des plus longs airs que l'on puisse trouver dans un opéra (dix-sept minutes), au cours duquel elle hurle aux Filles du Rhin de reprendre l'anneau dans les cendres du brasier. Elle enfourche ensuite son cheval et se précipite dans les flammes. Celles-ci envahissent la scène et sont éteintes par le fleuve qui a débordé. (Vous comprenez maintenant les difficultés de la mise en scène de cet opéra dans une petite salle des fêtes.) Hagen se précipite dans l'eau mais les Filles du Rhin ont été plus rapides que lui et, après s'être emparées de l'anneau, elles l'entraînent au fond où il se noie.

Les Filles du Rhin peuvent maintenant reprendre leurs ébats joyeux. Mais on distingue au lointain l'embrasement du Walhalla, dans lequel périssent tous les dieux qui s'y trouvaient. C'en est fini de l'ère des dieux. Seul, dorénavant, l'amour pourra gouverner le monde.

Roméo et Juliette

Auteur : Charles Gounod. **Livret :** en français par Jules Barbier et Michel Carré, adapté de la pièce de Shakespeare. **Première représentation :** Paris, 1887.

Ce qu'il faut retenir : Tragédie tragique, tragique, tragique en quatre actes. Tout comme *Faust*, du même Gounod, *Roméo et Juliette* regorge de « tubes ». Pour en citer quelques-uns : la chanson de la reine Mab, *Mab, reine des songes*, que Mercutio chante à l'acte I quand la fête bat son plein ; l'étincelante valse où Juliette exprime son insouciance, *Je veux vivre* ; la sérénade de Roméo au balcon de Juliette à l'acte II, *Ah ! lève-toi soleil*, et le duo d'amour qui suit, *Ah ! ne fuis pas encore !* ; la chanson de Stéphano, qui déclenche la rixe fatale, *Que fais-tu, blanche tourterelle* ; et le poignant duo des amants moribonds, *Viens, fuyons au bout du monde*.

Anecdote : Les librettistes ont ajouté un personnage qui ne figure pas dans l'œuvre originale de Shakespeare : Stéphano, le page de Roméo, rôle travesti traditionnellement interprété par un mezzo-soprano.

Prologue : Nous sommes à Vérone, au XIVe siècle, comme dans la pièce de Shakespeare. Toute la troupe chante *Vérone vit jadis deux familles rivales* et raconte la lutte constante à coups de vendetta entre les Capulet (la famille de Juliette) et les Montaigu (la famille de Roméo) ainsi que les tragiques amours de leurs jeunes descendants.

L'action : L'opéra est assez fidèle à la trame imaginée par Shakespeare, aussi allons-nous nous contenter de la résumer. Roméo (ténor) est tombé amoureux de l'aimable et rayonnante Juliette (*Ange adorable*). Lorsque Juliette paraît à son balcon, ils se promettent mutuellement un amour éternel.

Un moine, Frère Laurent, accepte volontiers de les marier. Malheureusement, le cousin de Juliette, Tybalt, tue l'ami de Roméo, Mercutio. À son tour, Roméo tue Tybalt. Le duc de Vérone bannit Roméo de sa ville. Avant son départ, R & J profitent de leur dernière nuit, leur nuit de noces.

Pour éviter de devoir épouser celui que sa famille lui destine, Juliette accepte de boire une fiole contenant une drogue qui lui donnera l'apparence de la mort pendant quarante-deux heures. Elle est exposée dans la chapelle mortuaire familiale où elle semble absolument morte (mais si vous l'observez attentivement, vous pourrez la voir respirer). Malheureusement, le message qui devait prévenir Roméo de ce plan ne l'atteint pas. Il pénètre dans la chambre mortuaire, comprend la situation et croit Juliette réellement morte. Incapable de vivre sans elle, Roméo ouvre sa propre fiole de poison (du vrai, celui-là) et avale son contenu juste au moment où Juliette commence à se réveiller. Ils chantent un merveilleux duo d'amour avant que Roméo ne tombe, privé de mouvement.

Juliette, incapable de vivre sans son Roméo, se poignarde. Ils meurent ensemble, trouvant encore la force de chanter une fois de plus *Seigneur, pardonnez-nous*.

Rosenkavalier (Der)

Voir *Chevalier à la rose (Le)*.

Salomé

Auteur : Richard Strauss. **Titre original :** *Salome.* **Livret :** en allemand de Hedwig Lachmann, traduction du texte intégral de la pièce d'Oscar Wilde. **Première représentation :** Dresde, 1905.

Ce qu'il faut retenir : Opéra en un acte scandaleux et sanglant. À ranger dans la catégorie des publications classées X. Vous n'êtes pas près d'en voir un remake par les studios Disney.

Anecdote : Comme vous pouvez vous en douter, les auditoires de 1905 furent profondément choqués par un tel sujet. Durant vingt-sept ans, le Metropolitan Opera de New York refusa de monter la pièce.

L'action : Nous sommes en 30 apr. J.-C. La mignonne Salomé (soprano), épouse d'Hérode, tétrarque de Galilée, est la fille d'un premier mariage d'Hérodiade. Alors qu'elle se promène sur la terrasse du palais de son époux, elle entend la voix de baryton d'un prisonnier provenant de la cellule où il est détenu. Ce n'est autre que le célèbre Jean-Baptiste (plus tard élevé à la dignité de saint), connu ici sous son nom allemand : Jochanaan. Salomé le trouve à son goût. Elle persuade les gardes, plutôt réticents, de la laisser rencontrer le prisonnier qui, de près, a encore meilleure allure.

Malheureusement, Jochanaan ne veut rien avoir à faire avec cette fille de la vallée de la mort. Son gardien, amoureux fou de Salomé, ne peut l'empêcher d'embrasser le prisonnier et, désespéré, se suicide sur-le-champ. Nul n'est plus irrité de la mort du gardien que le roi Hérode en personne (ténor) : on a tant de mal à trouver du bon personnel !

Pour se consoler de ce fâcheux incident, Hérode demande à la sexy Salomé de danser pour lui. Elle commence par refuser jusqu'à ce que, en désespoir de cause, Hérode lui promette de faire tout ce qu'elle lui demandera. Du coup, Salomé commence le plus fameux strip-tease de tout l'opéra : la *Danse des sept voiles*. Tout en dansant, elle enlève un par un les sept voiles dont elle est revêtue, menant Hérode au paroxysme du désir. À ce moment, elle lui demande de tenir sa promesse. Ce qu'elle veut, c'est tout simplement la tête de Jochanaan sur un plateau d'argent. Hérode en frémit de dégoût. Ne préférerait-elle pas quelques bijoux ? Des richesses ? Une nouvelle voiture toutes les semaines ? Pas de chance, Salomé sait ce qu'elle veut : la tête de Jochanaan et rien d'autre. Hérode finit par accepter.

La tête sanglante est dûment présentée à Salomé. Pour le cas où quelques-uns des spectateurs n'auraient pas encore restitué leur déjeuner, elle ajoute à l'horreur en embrassant les lèvres de la tête ensanglantée qu'elle agrippe de ses deux mains en chantant de façon démente combien elle la trouve belle.

Hérode en a assez. Il commande à ses soldats d'écraser cette foldingue avec leurs boucliers, ce qu'ils s'empressent de faire.

Siegfried

Voir *Ring (Siegfried)*.

Simon Boccanegra

Auteur : Giuseppe Verdi. **Livret :** en italien de Francesco Maria Piave, avec des contributions de Giuseppe Montanelli, d'après la pièce *Simón Bocanegra* d'Antonio García Gutiérrez ; révisé par Arrigo Boito. **Première représentation :** Venise, 1857 ; version révisée créée en 1881 à la Scala de Milan.

Ce qu'il faut retenir : En 1857, *Simon Boccanegra* fut tièdement accueilli par le public vénitien. Une vingtaine d'années plus tard, Verdi le remania profondément avec le poète et compositeur Arrigo Boito, lui apportant une lumière et une passion intenses. Quelle que soit la beauté des airs, *Simon Boccanegra* excelle plus encore dans les duos et les ensembles. Les deux confrontations de Simon et de Fiesco (leur déclaration de haine dans le prologue et leur réconciliation dans l'acte final) sont des morceaux d'anthologie, le duo de reconnaissance entre le père et la fille, à l'acte II, est d'une poignante beauté, comme le trio final de l'acte II, entre Amelia, Gabriele et le doge. Mais les moments culminants de l'ouvrage sont certainement l'extraordinaire scène du conseil et la scène finale.

Anecdote : La révision de *Simon Boccanegra* fut l'occasion d'une première collaboration avec Arrigo Boito, qui écrirait par la suite le livret des deux derniers opéras, *Otello* et *Falstaff*. Boito réécrivit le livret de fond en comble et y ajouta la monumentale scène du conseil, qui sert de finale à l'acte I.

L'action : La scène est à Gênes au XVe siècle.

Prologue. Paolo (basse), chef politique des plébéiens, et son ami Pietro (baryton) se mettent d'accord pour voter en faveur du plébéien Simon Boccanegra (baryton) à la prochaine élection du doge de Gênes. Boccanegra accepte, pensant que cette charge lui permettra d'obtenir la main de Maria, la fille du doge actuel, Fiesco (basse). Mais Maria meurt, et Fiesco est brisé par la douleur : *Il lacerato spirito* (« L'esprit déchiré »). Il accuse Simon d'être responsable de sa mort. Maria a accouché d'une petite fille qui a disparu. Tandis que Simon pleure cette double perte, la foule l'acclame comme nouveau doge.

Acte I. Vingt-cinq années ont passé. Au palais des Grimaldi, Amelia (soprano) admire la mer au son d'une superbe peinture de l'aube et évoque ses souvenirs d'enfance (*Come in quest'ora bruna* – « Comme en cette heure brune »). Son amant, Gabriele Adorno (ténor), vient la retrouver. Elle lui confie ses craintes concernant la sécurité de Gabriele et celle de son tuteur, Andrea (en fait Fiesco déguisé), car ils appartiennent au parti des patriciens, opposé à celui du doge. Fiesco raconte à Adorno qu'Amelia n'est pas une véritable Grimaldi mais une orpheline qu'il a recueillie, et il bénit leur prochaine union. Mais Boccanegra a l'intention de marier Amelia à son courtisan Paolo et vient lui rendre visite. Au cours de la conversation, il comprend qu'elle est sa fille perdue. Il s'ensuit un duo intense entre le père et la fille. Amelia avoue à son père qu'elle a un amant, et Simon annonce à Paolo qu'il doit renoncer à Amelia. Celui-ci décide d'enlever la jeune fille.

Le finale de l'acte I se déroule dans la salle du conseil. Le doge lit un message de Pétrarque conseillant de faire la paix avec Venise quand éclate une émeute. Homme profondément humain et respecté, le doge réussit à ramener le calme par son grandiose air *Plebe ! Patrizi !* (« Plébéiens ! Patriciens ! ») La foule traîne au-devant de lui Gabriele et Andrea (Fiesco). On comprend qu'Andrea a tué Pietro tandis qu'il essayait d'enlever Amelia. Mais, avant de mourir, le scélérat a révélé n'être qu'un homme de main. Simon somme Paolo de maudire avec lui le commanditaire du rapt, et Paolo se maudit donc lui-même.

Acte II. Paolo projette d'empoisonner Simon, mais Fiesco refuse de se joindre au complot. Paolo apprend à Gabriele qu'Amelia s'est installée chez le doge et lui laisse entendre qu'elle est sa maîtresse. Gabriele décide alors d'assassiner le doge, qui dort après avoir bu l'eau empoisonnée par Paolo. Amelia arrive à temps pour l'en empêcher. Réveillé, Simon révèle à Gabriele qu'Amelia est sa fille et les deux hommes se réconcilient. Au dehors, on entend des cris. La rébellion vient d'éclater. Gabriele offre son soutien au doge.

Acte III. La grande salle du palais. La rébellion a été matée et Paolo, qui y a pris part, est condamné à mort. Il se réjouit car, le poison faisant lentement son œuvre, il sait que Simon ne lui survivra pas longtemps. Le doge apparaît déjà déclinant : *M'ardon le tempia* (« Les tempes me brûlent »). La vue de la mer lui rend quelques forces mais le plonge également dans la nostalgie de ses jeunes années. Fiesco entre et dévoile son identité. Simon lui annonce qu'Amelia n'est autre que la petite Maria disparue, et les deux hommes font la paix. Tandis qu'il expire, le doge bénit l'union de Gabriele et Amelia ; il désigne le jeune homme comme son successeur.

Tannhäuser

Auteur : Richard Wagner. **Livret :** en allemand du compositeur. **Première représentation :** Dresde, 1845.

Ce qu'il faut retenir : Tragédie religieuse en trois actes. Écoutez le ballet qui se trouve au début de l'opéra et admirez l'ouverture qui raconte toute l'œuvre rien qu'avec des mélodies, sans aucune parole.

Anecdote : L'histoire de la première à Paris pourrait constituer un opéra en elle-même. Comme vous pouvez le lire au chapitre 6, au XIXe siècle, tout opéra représenté à Paris devait comporter un ballet au deuxième acte. C'était une loi non écrite mais aussi scrupuleusement observée que le feu d'artifice du 14 Juillet. Les Messieurs du Jockey Club, remarquables spécimens de snobs qui faisaient la pluie et le beau temps à l'Opéra, s'en venaient sur le coup de 10 heures du soir et s'installaient dans leurs loges, tout prêts à se rincer l'œil en contemplant de ravissantes ballerines faire leurs entrechats sur le plateau. Il était donc impératif que le ballet commençât peu après leur arrivée. Peu leur importait qu'ils eussent manqué le premier acte. À contrecœur, Wagner se résolut à écrire un ballet pour *Tannhäuser* mais il le plaça au premier acte, au seul endroit de l'œuvre où sa présence pouvait se justifier. Le courroux de ces membres de la haute société, découvrant en arrivant que le ballet avait déjà eu lieu, était certain. Ils sifflèrent et huèrent le spectacle. Au bout de trois représentations, Wagner retira son opéra. Pendant trente-cinq ans, *Tannhäuser* ne fut plus joué à Paris.

Acte I. Au XIIIe siècle. Dans son palais du Venusberg – littéralement : « le mont de Vénus » (!) – la déesse de l'Amour (soprano) a organisé une bacchanale à tout casser : des mecs bien baraqués et des satyres y côtoient des nymphes aux danses lascives. Les vins coulent à flots. Tout ce petit monde s'en donne à cœur joie, sans se soucier des voisins qui tapent au plafond.

Tannhäuser, un chevalier chantant, est depuis quelque temps le jouet de l'amour de Vénus mais il a de plus en plus envie de retourner sur terre où les hasards de la vie lui paraissent mieux convenir à son tempérament. Après tout, combien de temps un homme peut-il supporter le spectacle d'une beauté enchanteresse, une nourriture abondante, la grande musique et du sexe à jet continu ? Vénus est plutôt furieuse : « C'est bon, tu pourras repartir ! » consent-elle d'un ton cinglant.

Tannhäuser est donc téléporté sur la terre. Dans une superbe vallée, ses vieux amis, conduits par Hermann, se promènent. « Où étais-tu donc passé ? » lui demandent-ils. Tannhäuser bredouille une réponse dans laquelle il est question d'un besoin de se ressourcer. Wolfram, un de ses amis chevaliers, l'invite à venir chez lui où sa charmante nièce Elisabeth (soprano) aimerait bien le revoir. (Elisabeth est sa vertueuse ex-fiancée.)

Acte II. Dans la maison d'Hermann, un concours de chant se prépare, dont le gagnant épousera Elisabeth. (Curieux que chez Wagner le premier prix d'un concours de chant soit *toujours* une femme !) Elisabeth est drôlement contente de revoir son ex et ils chantent tous deux un duo empreint du plus grand ravissement.

Le concours commence. Le chœur souhaite noblement la bienvenue aux concurrents. Hermann annonce que le thème du concours est l'amour. Après une kyrielle de chants d'amour, vient le tour de Tannhäuser qui entonne son air fatal : *Dir, Göttin der Liebe* qui peut se résumer en : « Écoutez, vous tous : vous ne pouvez pas savoir ce que c'est que l'amour tant que vous n'aurez pas couché avec Vénus ! »

Panique à bord ! Toute l'assistance est profondément choquée. Les hommes se précipitent pour le mettre à mal. Mais Elisabeth, bien qu'ayant le cœur brisé, demande grâce pour Tannhäuser. Hermann consent à lui pardonner à condition que le pape accepte tout d'abord de lui pardonner. Réellement désolé, Tannhäuser prend ses cliques et ses claques et s'en va en direction de Rome.

Acte III. Des mois plus tard, Elisabeth attend toujours le retour de Tannhäuser. Wolfram, l'ami de Tannhäuser, qui n'a pas cessé d'aimer Elisabeth, attend avec elle le dernier groupe de pèlerins signalé comme arrivant de Rome. Lorsqu'ils apparaissent, Elisabeth les examine anxieusement mais ne voit pas Tannhäuser. Le cœur brisé, elle s'en retourne lentement vers son domicile. Wolfram susurre son fameux chant à l'étoile du soir à laquelle il demande de guider les pas d'Elisabeth.

Tannhäuser est de retour mais dans quel état ! Hâve et décharné, brisé, pas rasé et, pour tout dire, cradingue. Après tout le mal qu'il s'est donné pour aller à Rome : escalade de rochers escarpés, nourritures étranges… il n'en a pas eu pour son argent. En effet, le pape ne lui a pas fait de cadeau : « Je te pardonnerai, lui a-t-il dit, lorsque des feuilles pousseront sur mon bâton. »

Profondément déprimé, Tannhäuser se souvient alors des enchantements du Venusberg. Vénus lui apparaît, qui l'appelle. Il part la rejoindre. Wolfram le supplie de n'en rien faire. Quand il prononce le nom d'Elisabeth, Tannhäuser s'arrête. Du coup, Vénus, furieuse, disparaît et avec elle son palais. Un glas annonce la mort d'Elisabeth. Tannhäuser, ayant réussi à perdre du même coup les deux femmes qu'il aimait, en meurt. C'est précisément à ce moment qu'apparaît un groupe de pèlerins portant le bâton du pape couvert d'une végétation luxuriante.

Tosca

Auteur : Giacomo Puccini. **Livret :** en italien de Giuseppe Giacosa et Luigi Illica, d'après la pièce de Victorien Sardou *La Tosca*. **Première représentation :** Rome, 1900.

Ce qu'il faut retenir : Un violent mélodrame en trois actes avec torture, meurtre, suicide et trahison. Mais c'est du meilleur Puccini : mélodies prodigieuses, émotion à tous les étages.

POTINS DE COCKTAILS

Anecdote : À la fin de l'histoire, l'héroïne, Tosca, est supposée se suicider en se jetant du haut d'un château. Soucieux d'épargner les chanteuses, les metteurs en scène prévoient toujours un épais matelas ou un trampoline pour les recevoir en douceur afin qu'elles ne risquent pas d'être en arrêt maladie pour la représentation suivante.

Acte I. À Rome, en juin 1800. Un prisonnier politique nommé Angelotti (baryton) s'est échappé de sa prison. Il va droit à l'église où travaille son vieil ami, le peintre Mario Cavaradossi (ténor peintre). Mario porte à son cou un médaillon avec le portrait de celle qu'il aime, la cantatrice Floria Tosca, dont les traits ont une « étrange harmonie » (*Recondita armonia*).

Angelotti, le fugitif, demande son aide à Mario. Celui-ci lui indique une cachette au moment précis où arrive sa maîtresse. Tosca (soprano) se montre suspicieuse et jalouse de la jolie blonde qui sert de modèle pour la Vierge Marie. Elle n'a rien à craindre, lui affirme Mario dans un long (et splendide) duo, car nulle ne peut surpasser la beauté de Tosca.

La répétition du chœur de l'église est interrompue par l'arrivée du chef de la police, Scarpia (baryton), si répugnant et si cruel qu'à côté de lui Dark Vador ressemble à un agneau. Il est sur la piste du fugitif Angelotti et il découvre rapidement le panier de victuailles que Mario lui avait procuré. Le diabolique Scarpia suggère à Tosca que son Mario pourrait bien ne pas être insensible à la beauté de la belle blonde qui lui sert de modèle. Tosca s'en va en sanglotant. L'acte se termine sur un ensemble très travaillé (*Te Deum*) dans lequel Scarpia jure de conquérir Tosca.

Acte II. Scarpia fait parvenir un billet à Tosca dans lequel il lui dit qu'il a des nouvelles de son amant. « *Ella verrà* », ricane-t-il (« Elle viendra ! »). Ses sbires capturent Mario et l'amènent au siège de la police, au château Saint-Ange, juste au moment où arrive Tosca. Le très méchant Scarpia commence à torturer Mario, jurant qu'il continuera jusqu'à ce que Tosca lui révèle la cachette d'Angelotti. Horrifiée par les cris de douleur de son amant qui lui parviennent depuis la salle de torture, Tosca dévoile le pot aux roses : Angelotti se cache dans un vieux puits asséché qui se trouve dans le jardin. La torture de Mario cesse, mais il est furieux après celle qui n'a pas su tenir sa langue.

Scarpia ordonne à ses hommes d'amener Mario devant le peloton d'exécution, mais dit à Tosca que si elle consent à coucher avec lui, il épargnera Mario. Dans son air le plus célèbre, elle supplie Dieu : *Vissi d'arte, vissi d'amore* (« J'ai vécu d'art, j'ai vécu d'amour »). Qu'a-t-elle pu faire pour mériter un tel malheur ?

D'un autre côté, il se trouve qu'Angelotti s'est suicidé pour éviter d'être capturé. Scarpia n'en dit rien à Tosca et la somme de tenir sa promesse en échange de la vie de son bien-aimé. Elle accepte avec réticence. Scarpia dit à ses sbires de truquer l'exécution de Mario en utilisant des balles à blanc. Mais au moment où il prend dans ses bras le corps frémissant de Tosca, elle le poignarde avec un couteau posé sur la table. « Voilà le baiser de Tosca ! » s'écrie-t-elle.

S'étant débarrassée de ce petit désagrément, Tosca arrange ses cheveux, place des bougeoirs auprès du cadavre de Scarpia, dépose un crucifix sur sa poitrine et tire la route.

Acte III. On dit à Mario qu'il n'a plus qu'une heure à vivre avant d'être exécuté. Surgit Tosca qui lui annonce que tout est arrangé et que les fusils du peloton d'exécution seront chargés à blanc. Il faudra qu'il reste parfaitement immobile comme s'il avait été réellement tué. Ils chantent un parfait duo d'amour en évoquant ce que sera leur vie future. Entrée du peloton d'exécution qui fait son boulot. Mario tombe à terre. « Ouaouh ! Quel merveilleux acteur », s'écrie Tosca.

Mais après que les soldats se sont retirés, Mario ne donne pas davantage signe de vie. Tosca pousse alors un déchirant cri d'horreur en découvrant que le sinistre Scarpia a eu sa vengeance d'outre-tombe : il avait en réalité ordonné au peloton d'exécution de faire une parodie de parodie d'exécution, c'est-à-dire de tuer réellement Mario. Anéantie, poursuivie par la police qui vient de découvrir le cadavre de Scarpia et arrive pour l'arrêter, Tosca se précipite du haut du château Saint-Ange et saute dans le vide. (Vous pouvez écouter l'intégralité de cette scène finale sur la plage 8 du CD d'accompagnement.)

Traviata (La)

Auteur : Giuseppe Verdi. **Traduction littérale du titre** : *La Dévoyée*. **Livret :** en italien de Francesco Piave, d'après la pièce qu'Alexandre Dumas fils avait tirée de son roman *La Dame aux camélias*. **Première représentation :** Venise, 1853.

Ce qu'il faut retenir : Tragédie romantique en trois actes. Une prostituée de haut vol est contrainte de renoncer au seul homme qu'elle ait jamais aimé. Elle meurt tuberculeuse.

Anecdote : Comme pour beaucoup d'opéras, la première fut un échec retentissant. Les spectateurs étaient désorientés par les costumes qui, pour la première fois, étaient ceux de leur époque et non pas, comme il était d'usage à l'opéra, ceux d'une époque révolue. Le ténor qui tenait le rôle principal fut victime d'une extinction de voix et le gabarit du soprano censé jouer le rôle d'une frêle petite chose amaigrie par la tuberculose était plutôt du genre Bibendum.

Un an plus tard, une nouvelle production eut lieu au même endroit et cette fois ce fut un triomphe. Pour éviter de surprendre un public habitué à ce que l'action des opéras se déroule au siècle passé, la mise en scène la transposa à l'époque de Louis XIV.

Acte I. À Paris, aux environs de 1850. Violetta Valéry, une courtisane de haut vol (soprano), reçoit quelques noceurs chez elle. Mis à part quelques quintes de toux que les fans de *La Bohème* reconnaîtront sans peine comme le signe caractéristique de la tuberculose, tout le monde s'amuse. On picole même sec, et l'on chante un toast dont tout le monde a l'air en tête. Un beau jeune ténor, Alfredo, se présente comme un de ses admirateurs. En réalité, c'est plus qu'un admirateur : il est fou d'elle. Lorsque la réception est terminée, elle lui demande s'il ne serait pas celui dont elle a rêvé (*Ah, fors' è lui* – « Ah ! peut-être est-ce lui »). Si c'est le cas – dans un air resté célèbre – peut-être va-t-elle enfin pouvoir être libérée (*Sempre libera*) de la vie tapageuse qu'elle mène.

Acte II. Violetta et Alfredo se réfugient dans un petit nid d'amour à la campagne, où ce couple idéal s'adonne tout entier à sa passion. Mais lorsque Violetta commence à vendre ses chevaux, ses voitures et d'autres biens pour avoir de quoi les faire vivre, Alfredo est horrifié et mort de honte. Il se précipite en ville pour tâcher de ramener un peu d'argent afin de participer aux frais du ménage.

Pendant ce temps, le père d'Alfredo, Giorgio Germont (baryton), rend visite à Violetta et lui reproche amèrement d'avoir séduit et ruiné un jeune homme d'aussi bonne famille. Leur relation, dit-il, scandalise la famille et compromet sérieusement le mariage de la sœur d'Alfredo avec un prétendant arrogant, certes, mais de bonne souche : *Pura siccome un' angelo* (« Pure comme un ange »). Violetta, en larmes, chante *Ditte alla giovine* (« Dites à votre fille ») qu'elle accepte d'abandonner Alfredo pour préserver la réputation de sa famille. Elle écrit une lettre au « Cher Alfredo ».

Lorsque Alfredo revient, il annonce à Violetta que son père va venir la voir, ignorant totalement que cette visite vient précisément d'avoir lieu. Prétendant qu'elle ne se sent pas prête pour la confrontation, elle lui adresse un émouvant *Amami, Alfredo* (« Aime-moi, Alfredo ») et s'en va. Il trouve une lettre de rupture et en est bouleversé. Arrive son père qui le console. Mais lorsque Alfredo découvre une invitation à une réception adressée à Violetta, il pense tout de suite qu'elle l'a plaqué pour reprendre sa vie de « dévoyée » d'antan. Son chagrin se change en colère et il jure de se venger.

La réception bat son plein chez Flora. Des gitanes chantent un chœur fameux et pittoresque, *Noi siamo zingarelle* (« Nous sommes les gitanes »). Violetta est maintenant dans les bras d'un de ses anciens amants, le Baron Duphol. Elle est bouleversée de voir qu'Alfredo est là et qu'il est en train de gagner une fortune aux cartes. Il lance un défi aux cartes au Baron, plutôt énervé, et continue de gagner : « Heureux au jeu, malheureux en amour ! » Violetta le supplie de ne pas faire d'esclandre mais, ayant promis de taire la raison pour laquelle elle l'a laissé tomber, prétend qu'elle aime réellement le Baron. La moutarde monte au nez d'Alfredo. Devant tous les invités, il la couvre d'injures en clamant : « Je vous prends à témoin que je la rembourse. » Et il lui jette ses cadeaux à la figure. Elle s'évanouit. Germont blâme son fils. Le Baron le provoque en duel.

Acte III. La détresse de Violetta a aggravé sa maladie. Elle apprend par une lettre que le Baron a été blessé lors de sa rencontre sur le pré avec Alfredo et que ce dernier est en fuite. En dépit des pieux mensonges de son docteur, son miroir indique à Violetta que ses jours sont comptés. « Adieu au passé » (*Addio del passato*), chante-t-elle.

Alfredo fait irruption, venant demander son pardon. Ses forces semblent revenir à Violetta et ils projettent de mener une vie tranquille à deux, loin de Paris (*Parigi, o cara, noi lasceremo* – « Nous quitterons Paris, ma chérie »). Survient le père d'Alfredo, comprenant enfin qu'il est le seul responsable de cette lamentable situation. Tout cela n'a été qu'une tragique méprise. Un peu plus tard, Violetta donne à Alfredo un médaillon contenant son portrait, le presse d'épouser une pure jeune fille et meurt, tandis qu'au-dehors résonnent les éclats du Carnaval.

Tristan et Isolde

Auteur : Richard Wagner. **Titre original :** *Tristan und Isolde*. **Livret :** en allemand du compositeur. **Première représentation :** Munich, 1865.

Ce qu'il faut retenir : Tragédie musicale en trois actes composée d'après une légende médiévale bretonne. Irrésistible musique toute d'amour et de passion. La création de *Tristan und Isolde* est une date clef de l'histoire de la musique.

L'opéra de Wagner causa un séisme auprès des compositeurs contemporains et de la génération suivante, dont la plupart se mesurèrent, bon gré ou mal gré, à ce chef-d'œuvre incandescent, qu'ils soient fascinés par lui ou le rejettent violemment. Le nerf de la guerre est le capiteux prélude, dont les harmonies ambiguës, glissant l'une vers l'autre sans aucun repos, firent vaciller l'harmonie tonale en la poussant dans ses derniers retranchements. Ses *Leitmotive* (voir l'explication de ce terme dans le même chapitre, à l'entrée *Ring*) s'enchevêtrent en une progression ininterrompue, tendue comme un arc, à travers les trois actes du drame, vers la Mort d'amour (*Liebestod*) d'Isolde. Cette musique à l'érotisme brûlant existe également dans une version de concert pour orchestre seul, donnée généralement directement enchaînée au prélude.

Anecdote : Ainsi que vous pouvez le lire au chapitre 6, la vie de Wagner n'a pas été une partie de plaisir. Pendant de nombreuses années, il a été sans le sou, exilé et n'a connu que tardivement le succès dans ses entreprises. Lorsque ses finances étaient au plus bas, il a reçu des subsides d'une femme appelée Mathilde von Wesendonck dont il fut follement et désespérément épris. Elle était belle, riche et mariée, et lui… *Tristan et Isolde* a servi d'exutoire à cet amour impossible.

Retour en arrière : Voici les événements qui ont eu lieu avant que le rideau se lève. Au cours d'une bataille, Sire Tristan a tué un homme mais a été lui-même blessé. Voyant que ça ne s'arrange pas, son médecin traitant l'envoie chez une spécialiste, la sorcière Isolde d'Irlande (soprano). Manque de chance, l'homme que Tristan a tué était son fiancé ! Mais par bonheur, elle tombe amoureuse de Tristan et le guérit. Ils ne s'avouent pas leur amour.

Dans le traité qui a mis fin à la guerre entre l'Irlande et la Cornouaille, il est stipulé qu'Isolde doit épouser le roi Marke de Cornouaille. Devinez à qui va échoir la mission d'aller quérir la future mariée dans son pays ? À Tristan, évidemment !

Acte I. Le navire de Tristan ramène Isolde en Cornouaille, où elle doit épouser le roi Marke. Horrifiée à la perspective d'un mariage sans amour et furieuse de voir que le ténor Tristan semble la dédaigner, Isolde, un peu fêlée, rumine de noires pensées : Tristan et elle doivent mourir. Sa suivante, Brangäne, a heureusement emporté avec elle sa mallette de breuvages secrets dans laquelle Isolde sait que se trouve un poison à action rapide.

Isolde tend un verre à Tristan et lui suggère de boire avec elle. Mais au lieu de tomber raides morts sur le pont du bateau, Tristan et Isolde sont soudainement violemment épris l'un de l'autre. Brangäne, pensant leur rendre service, a en effet substitué un philtre d'amour au poison.

Acte II. Isolde a épousé le roi Marke mais n'en continue pas moins de voir Tristan chaque nuit. Au début de l'acte, son époux est parti à la chasse. Isolde accroche une torche à sa porte, ce qui est le signal secret destiné à Tristan. Brangäne fait part de son inquiétude à Isolde : cette partie de chasse pourrait bien n'être qu'une feinte concoctée par Melot, le diabolique serviteur du roi Marke. Mais cette histoire est un opéra, aussi Isolde ne l'écoute pas. Tristan la rejoint et, pour le cas où nous ne serions pas encore convaincus de leur amour, ils chantent un duo de quarante minutes (!) : *O sink' hernieder, Nacht der Liebe !* (« Descends sur nous, nuit d'amour ! »)

Et voilà le roi Marke de retour. Il reproche amèrement à Tristan sa tromperie et ordonne à Melot de le passer au fil de son épée.

Acte III. Dans son ancien château dominant la mer, Tristan émerge du coma, ne se souvenant plus que d'une seule chose : il aime quelqu'un qui s'appelle Isolde. Son fidèle serviteur, Kurwenal, le rassure en lui affirmant que cette femme va venir. Tristan commence à délirer, se figurant qu'il voit déjà son navire puis perd à nouveau conscience.

Après plusieurs accès de fièvre, Tristan finit néanmoins par voir réellement un navire. Isolde est sur le pont, regardant de tous ses yeux. Kurwenal descend l'accueillir. Elle entre, mais elle voit Tristan qui n'a plus toute sa tête parler à la torche comme si elle était Isolde. À bout de forces, il s'écroule dans ses bras et meurt en hoquetant : « Isolde ! » Impuissante à le ressusciter, elle s'évanouit.

Mais voilà qu'arrive à son tour le roi Marke, en bateau, bien sûr. Croyant qu'il vient pour assiéger le château de Tristan, les habitants du château se préparent à résister. Kurwenal commence par tuer le méchant Melot puis c'est au tour des autres membres de l'escorte du roi Marke d'être descendus par le vaillant (et fidèle) serviteur avant qu'il ne périsse lui-même.

Mais le roi Marke n'était venu que pour apporter son pardon à Tristan. « Éveille-toi, Tristan, entends mon chagrin ! » dit-il d'une voix brisée par la douleur. La suivante Brangäne révèle la vérité : tout ça, c'est la faute à une potion magique ! Le roi Marke, atterré et fou de douleur, se répand en excuses. « Entends-tu, Isolde ? » demande Brangäne. Mais Isolde, en état d'hypnose, entonne l'un des airs d'opéra les plus fameux, le *Liebestod* (la « Mort d'amour ») qui va terminer l'opéra : *Mild und leise wie er lächelt* (« Avec douceur et sans bruit, comme il me sourit »). (Vous pouvez, vous aussi, l'entendre facilement puisqu'il se trouve sur la plage 9 du CD d'accompagnement.)

On l'emporte alors que la musique augmente d'intensité, dans une rayonnante majesté. Elle meurt, écroulée sur le corps de Tristan.

Trouvère (Le)

Auteur : Giuseppe Verdi. **Titre original :** *Il trovatore*. **Livret :** en italien de Salvatore Cammarano d'après *El Trovador* d'Antonio García Gutiérrez. **Titre original :** *Il trovatore.* **Première représentation :** Rome, 1853.

Ce qu'il faut retenir : Tragédie romantique pleine d'action en quatre actes. Peu d'opéras contiennent autant d'airs célèbres et de mouvement, de combats et d'émotion. Tous les bons meurent à la fin mais, que voulez-vous ? c'est ça, l'opéra !

Anecdote : Composé entre *Rigoletto* et *La traviata*, *Il trovatore* s'articule comme ces ouvrages autour d'un personnage hors norme, en l'occurrence la gitane Azucena. En dépit d'une intrigue passablement invraisemblable et embrouillée, il s'est imposé au répertoire grâce au feu d'artifice vocal qu'il offre, pourvu que les quatre protagonistes soient des chanteurs de premier plan.

Retour en arrière : La scène est en Espagne, comme dans tant d'opéras italiens. Bien des années avant le lever de rideau, une bohémienne a commis un vol dans la demeure d'un noble, le comte de Luna, et touché l'un des deux bébés, qui est tombé malade. Pensant que la bohémienne a ensorcelé l'enfant, la famille la fait jeter dans le bûcher.

Pour la venger, sa fille kidnappe le bébé malade dans l'intention de le jeter, lui aussi, dans le bûcher où sa mère vient de périr. Mais, en raison de l'agitation des vingt-quatre dernières heures, elle n'a plus tout à fait les yeux en face des trous et c'est son propre bébé qu'elle jette dans le feu. Ouïe !

Elle élève le bébé du Comte comme si c'était le sien tout en méditant de se venger un jour ou l'autre. Le bébé grandit et devient Manrico le Trouvère, à cent lieues de penser que le riche comte de Luna est son frère dont il a été séparé à sa naissance.

Fin du retour en arrière. Nous sommes maintenant au xve siècle, toujours en Espagne. Chacun des actes de l'opéra porte un titre.

Acte I (Le Duel). Dans le palais du comte de Luna (baryton), la belle Leonora (soprano) raconte à sa confidente Inès qu'elle a remarqué un mystérieux chevalier en armure noire qui lui a tout récemment donné une sérénade : le Trouvère (*Tacea la notte placida* – « La nuit était silencieuse »).

Malheureusement, le Comte aime lui aussi Leonora. Il s'inquiète de savoir qui diable est ce trouvère et découvre qu'il s'agit d'un certain Manrico, officier de l'armée ennemie, dont la présence est donc interdite sur son territoire. Manrico et le Comte vont en découdre à l'épée. Dans la plus pure tradition opératique, Leonora s'évanouit.

Acte II (La Bohémienne). Des bohémiens ont établi leur camp dans un lieu retiré. Manrico rejoint sa mère, Azucena-la-brûleuse-de-bébé (mezzo-soprano), qui est maintenant une vieille femme. Les autres bohémiens entonnent un air joyeux dont ils scandent les paroles en frappant leurs enclumes de leurs marteaux. C'est le célèbre *Chœur des bohémiens* (aussi appelé *Chœur des enclumes*) : *Chi del gitano i giorni abbella ? La zingarella* (« Qui illumine la vie du bohémien ? La jeune bohémienne »). À moitié en transe, la vieille maman de Manrico lui raconte sa propre version de l'horrible mort de sa pauvre mère, puis de la confusion qui lui a fait jeter son propre fils au bûcher :

Stride la vampa !	La flamme brille !
La folla indomita	La foule exaltée
Corre a quel fuoco,	Accourt vers ce feu,
Lieta in sembianza.	Joyeuse en apparence.

Naturellement, Manrico s'interroge. Si Azucena a jeté son fils dans le feu, qui est-il donc ? Elle change de sujet, lui reprochant de ne pas avoir tué le comte de Luna lors de leur duel.

Un messager apporte deux nouvelles. D'abord, Manrico est chargé de s'occuper du château de Castellor qu'on vient de prendre. Ensuite, Leonora pensant que Manrico est mort a décidé de prendre le voile. Manrico se hâte d'accourir pour l'en empêcher. Mais le comte de Luna a eu la même idée. Au cas où on l'aurait oublié, il nous redit combien il aime Leonora dans un air à la mélodie particulièrement belle et pure, *Il balen del suo sorriso* (« L'éclat de son sourire »). Les deux rivaux arrivent au couvent, suivis de leurs troupes. Les soldats se battent et Leonora est emmenée par son chevalier en armure sombre.

Acte III (Le Fils de la bohémienne). Les hommes du Comte attaquent le château de Castellor où se trouve Manrico pour récupérer Leonora. Au cours de la bataille, ils capturent une vieille bohémienne qui n'est autre qu'Azucena. Dans son affolement, elle appelle son fiston : *O Manrico, o figlio mio !* Le Comte comprend alors qu'il détient la mère de son ennemi et se promet une double vengeance.

Dans le château, Manrico et Leonora se préparent pour leurs noces, tentant d'en faire un jour de bonheur malgré les assaillants qui menacent le château. Soudain, Manrico voit par la fenêtre le Comte mener sa mère au bûcher. La noce attendra, il n'y a pas une minute à perdre ! Manrico consacre toutefois quelques précieux instants à chanter sa colère : *Di quella pira* (« De ce bûcher »), avant de se précipiter au secours de sa vieille maman.

Acte IV (Le Supplice). Manrico s'est fait prendre. Lui et sa mère sont enchaînés dans le château du Comte, dans l'attente de l'autodafé imminent. Arrive Leonora, volant au secours de son bien-aimé. Dans son élan, elle chante trois airs successifs. Elle envoie tout d'abord ses tendres pensées au captif : *D'amor sull' ali rosee* (« Sur les ailes de l'amour »). Les préparatifs de la mise à mort vont bon train et le chœur des moines entonne le célèbre *Miserere* pendant que retentit le glas. Leonora est alors saisie d'effroi : *Quel suon, quelle preci solenni, funeste* (« Quelles voix, quelles prières solennelles, funestes »). Elle retrouve son punch et se lance dans une cabalette passionnée : *Tu vedrai* *che amore in terra mai del mio non fu più forte* (« Tu verras qu'il n'y eut jamais sur terre amour plus fort que le mien »).

Leonora s'offre au Comte en échange de la vie de Manrico. Inutile de dire qu'il est séduit par cette proposition. Dans sa joie, il ne voit pas sa future épouse avaler le poison à effet retard contenu dans le chaton de sa bague. Ils se réjouissent en chœur, mais pas sur les mêmes paroles : Leonora exulte d'avoir sauvé Manrico et le Comte répond avec le même empressement : *Tu mia ! tu mia ! ripetilo !* (« Tu es mienne ! tu es mienne ! Répète-le ! »)

Dans le donjon, Azucena évoque avec terreur les flammes du bûcher qui vont la faire périr, exactement comme sa mère. Dans un tendre duo, elle divague et se rappelle leur séjour heureux dans les montagnes, tandis que Manrico essaie de la consoler : *Ai nostri monti ritorneremo* (« Nous retournerons à nos montagnes »). Elle s'endort.

Leonora surgit et annonce à Manrico qu'il est libre. Soupçonnant qu'elle a dû payer de sa personne pour obtenir sa grâce, il lui fait d'amers reproches. Lorsque le poison commence à faire son effet, il se rend compte de son sacrifice et est accablé de douleur. Le Comte, lui non plus, n'est pas content, son ex-future épouse vient de lui jouer un sale tour en se dérobant ainsi à lui. Leonora meurt dans les bras de Manrico.

Du coup, le Comte ordonne qu'on emmène Manrico pour le faire décapiter sur-le-champ. Azucena se réveille et apprend du Comte que Manrico est mort. Elle hurle de joie car sa mère est enfin vengée et elle révèle au Comte qu'il vient de faire tuer son propre frère.

Ouf !

Trovatore (Il)

Voir *Trouvère (Le)*.

Turandot

Auteur : Giacomo Puccini. **Livret :** en italien de Giuseppe Adami et Renato Simoni d'après une « fable » de Carlo Gozzi. **Première représentation :** Milan, 1926.

Ce qu'il faut retenir : Grande fresque sino-romantique en trois actes avec un *happy end*. Juste pimentée d'un zeste de tragédie.

Anecdote : *Turandot* (on prononce le « t » final : « Tu-ran-dotte ») est le dernier opéra de Puccini. Il est mort avant même de l'avoir terminé : il y manquait le grand duo final, composé par son ami Franco Alfano (lequel ne s'est illustré par aucune autre œuvre marquante). Lors de la première, Arturo Toscanini qui dirigeait l'orchestre a marqué un temps d'arrêt à l'endroit de la césure et déclaré au public : « Ici, le maestro a posé sa plume. »

Acte I. La foule s'est rassemblée devant le palais impérial de Pékin pour apprendre comment s'est passé le dernier rendez-vous manqué de la superbe princesse Turandot. En effet, si un prétendant ne subit pas victorieusement les tests qu'elle lui impose, il a la tête tranchée. Et ses tests ne sont pas les habituels : « Quel est votre métier ? » ou « Quel est votre état de santé ? » mais trois impossibles devinettes. Si le prétendant n'en trouve pas la solution, il n'y a pas de second rendez-vous. Jamais.

Du point de vue de la foule, ce sont de bonnes nouvelles : le dernier prétendant en date, le prince de Perse, sera en effet décapité le lendemain à l'aube.

Se faufilant à travers la foule, accompagné de son esclave, la jeune Liù, voici que paraît un vieil homme aveugle. Nous apprenons qu'il s'agit de Timur, roi détrôné d'un pays ennemi, la Tartarie. Au milieu de la foule assoiffée de sang, Timur rencontre par hasard son fils Calaf (ténor) qu'il avait perdu de vue depuis longtemps et qu'il croyait mort. Cependant, personne ne doit le savoir car si les méchants Chinois apprenaient que l'ex-roi Timur avait un fils, ils voudraient certainement le tuer.

Lorsque paraît la princesse Turandot (soprano dramatique), c'est pour prononcer la condamnation du pauvre prince persan à la hache du bourreau. Calaf est immédiatement séduit et il n'a pas tort car Turandot est un véritable morceau de roi. Malgré les protestations de son père et de Liù, il décide de se porter candidat à l'amour de Turandot. Trois des ministres de la princesse, Ping, Pang et Pong, tentent, eux aussi, de le dissuader. Mais Calaf n'écoute personne. (Auriez-vous écouté trois bonshommes nommés Ping, Pang et Pong, vous ?)

Acte II. Dans son palais, la princesse explique les raisons de son étrange comportement. Il y a plusieurs années, une de ses ancêtres fut violée par les Tartares et, depuis lors, elle a soif de vengeance envers tous les hommes.

Elle pose à Calaf ses trois devinettes. N'espérez pas quelque chose de très élaboré car elles sont du genre : « Qu'est-ce qui naît chaque nuit et meurt chaque jour ? » (Réponse : « L'espoir. ») Quoi qu'il en soit, Calaf réussit à donner les trois réponses correctes, au grand dépit de Turandot. Maintenant, elle va devoir – hem ! – épouser ce gars-là et probablement même entrer en contact physique avec lui.

Mais Calaf lui offre sa revanche. Si elle parvient à savoir quel est son nom dans les vingt-quatre heures suivantes, elle pourra le décapiter. Aucun problème pour une telle femme de tête : elle décrète tout simplement que personne à Pékin ne pourra aller se coucher tant que ce nom n'aura pas été découvert.

Acte III. Pékin est en train de devenir la Ville du Non-Sommeil. Calaf chante : *Nessun dorma* (« Nul ne doit dormir »), cheval de bataille de tout ténor qui se respecte. Il est persuadé que personne, de jour ou de nuit, ne saura deviner son nom. Le trio Ping-Pong lui offre de l'argent, des femmes ou un chemin pour fuir s'il leur donne la réponse mais il reste inflexible.

Les gardes de Turandot capturent le roi Timur et l'esclave Liù qu'ils avaient vus en compagnie de Calaf et disent bien haut qu'ils vont soumettre le vieil homme à la torture jusqu'à ce qu'il dise le nom de son compagnon. Liù, noble cœur, ne voulant pas que son maître souffre, s'interpose et déclare : « Moi seule connais son nom. » Ils la torturent jusqu'à plus soif. Finalement, à bout de forces, la douce Liù jette à la face de la glaciale Turandot : *Tu, che di gel sei cinta* (« Toi qui es faite de glace ! ») et se poignarde. (C'est ici que s'arrête la musique de Puccini.)

Calaf profite de ce moment de confusion pour embrasser ardemment Turandot. La reine des glaces fond dans sa bouche et tombe dans ses bras en sanglots. Certain de la métamorphose de sa personnalité, Calaf n'hésite plus à révéler son nom. La princesse Turandot, devenue douce comme un agneau, déclare à son peuple rassemblé : « Je connais maintenant le secret de l'étranger. Son nom est *Amour.* »

Vaisseau fantôme (Le)

Auteur : Richard Wagner. **Titre original :** *Der fliegende Holländer* (littéralement : « Le Hollandais volant »). **Livret :** en allemand du compositeur. **Première représentation :** Dresde, 1843.

Ce qu'il faut retenir : Une très sombre tragédie en trois actes que le compositeur souhaitait voir représenter comme un seul long acte ininterrompu. Ce fut le premier opéra écrit par Wagner à connaître le succès et on peut déjà y trouver certaines de ses marques de fabrique. Par exemple, l'ébauche du *Leitmotiv*, une sorte d'indicatif musical qu'on entend à chacune des apparitions d'un personnage ou d'un événement particulier comme le navire du Hollandais ou le Hollandais lui-même.

Anecdote : Wagner avait une vingtaine d'années lorsqu'il dut endurer une terrible tempête lors d'une traversée maritime à destination de l'Angleterre. Cela devait constituer plus tard le germe du *Vaisseau fantôme*, dans lequel on sent partout dans la musique la puissance terrifiante de la mer.

Sans le sou, malheureux, sans succès, Wagner vendit le livret de son *Vaisseau fantôme* au directeur de l'Opéra de Paris, où il fut utilisé pour un autre opéra du même nom, ayant depuis longtemps sombré dans l'oubli. Avec l'argent qu'il en retira, Wagner put s'acheter un piano et composer sa propre musique sur son livret.

Acte I. Au début du XVIIIe siècle, Daland, capitaine d'un bateau menacé par une terrible tempête, vient d'accoster dans un port norvégien pour s'y abriter. Les matelots chantent *Ho-jo-he !* (« Oh hisse ! ») Un second navire vient s'y échouer, étrange et sinistre, gréé de mâts noirs portant des voiles d'un rouge sang.

Il est commandé par le Hollandais volant, qui chante un air mystérieux dans lequel il est question d'une malédiction qui le condamne à bourlinguer sans répit sur les océans.

Lorsque le Hollandais (baryton-basse) apprend que Daland a une fille, il lui offre tout le butin et les trésors accumulés sur son bateau en échange de sa main. En bon père, Daland accepte immédiatement.

Acte II. La maison de Daland. Un groupe de jeunes filles chantent joyeusement le célèbre *Chœur des fileuses* en même temps qu'elles actionnent leur rouet. Parmi elles, Senta (soprano), la fille de Daland, contemple rêveusement un tableau représentant le légendaire Hollandais volant. La nourrice de Senta, Mary, et les autres filles la taquinent jusqu'à ce qu'elle leur chante une fois encore la *Ballade du Hollandais volant.*

Elle s'exécute. Selon la légende, des années plus tôt, pris dans une violente tempête, ce capitaine hollandais essayait de doubler le cap de Bonne-Espérance. En désespoir de cause, il hurla dans la tempête qu'il y parviendrait maintenant ou qu'il continuerait d'essayer éternellement. Le Diable l'entendit et, prenant ses mots au pied de la lettre, condamna le Hollandais à voguer jusqu'au jour du Jugement dernier. Il n'existe qu'une seule échappatoire : la malédiction prendra fin s'il trouve l'amour d'une fille pure et aimante jusqu'à faire pour lui le sacrifice de sa vie. Un tel oiseau étant rare sur les océans, il est autorisé à jeter l'ancre tous les sept ans (ce qui lui permet probablement aussi de changer de sous-vêtements).

Senta déclare à ses compagnes qu'elle souhaite ardemment être cette femme, ce qui ne fait évidemment pas plaisir à son soupirant, Erik. Aussi imaginez la surprise de Senta lorsque son père arrive accompagné du Hollandais en personne. Elle est émerveillée, entendant à peine son père lui expliquer tout ce qui concerne le trésor. Dans un duo exalté, Senta et le Hollandais s'éprennent l'un de l'autre. Papa est aux anges.

Ça serait trop beau si l'opéra se terminait ici !

Acte III. Les marins norvégiens adressent des plaisanteries pleines d'esprit (!) à leurs collègues de l'inquiétant navire à quai, non loin du leur, sans obtenir de réponse. Soudain, une tempête s'élève, des flammes bleuâtres courent sur le gréement et l'équipage fantôme du bateau du Hollandais entonne un chant à vous donner la chair de poule, qui réduit rapidement les Norvégiens au silence.

Erik, le soupirant en titre de Senta, lui rappelle les heureux jours qu'ils ont connus, tentant de la faire revenir sur le choix qu'elle a fait du Hollandais comme époux. Les entendant, le Hollandais devient fou furieux et crie qu'il s'agit là d'une affaire entre lui et Senta : « Une fois encore, je vais devoir errer sur la mer ! Je n'ai plus confiance en toi ! Je ne crois plus en Dieu ! » Il retourne précipitamment sur son bateau. Senta lui crie de l'attendre – elle l'aime réellement ! – mais Erik la retient.

Finalement, au moment où le vaisseau fantôme se prépare à reprendre la mer, Senta renouvelle sa promesse d'aimer le Hollandais jusqu'à sa propre mort et, s'arrachant à Erik, se jette dans la mer du haut d'une falaise. Le vaisseau du Hollandais coule alors immédiatement : la malédiction est brisée. Les images irréelles de Senta et du Hollandais, enlacés, s'élèvent du fond de la mer sur laquelle elles se mettent à flotter.

Walküre (Die)

Voir *Ring (La Walkyrie)*.

Werther

Auteur : Jules Massenet. **Livret :** en français d'Édouard Blau, Paul Milliet et Georges Hartmann d'après le roman partiellement autobiographique de Goethe *Les Souffrances du jeune Werther*. **Première représentation :** Vienne, 1892, dans une traduction en allemand.

Ce qu'il faut retenir : Tragédie de l'amour impossible en trois actes, *Werther* reste, avec *Manon*, l'opéra le plus populaire de son auteur. Écrit en 1774, le roman de Goethe, largement autobiographique, eut un retentissement considérable, influençant jusqu'à la mode et aux comportements. Cet ouvrage phare du *Sturm und Drang* (« Tempête et Élan »), le courant préromantique qui caractérisa l'Allemagne des années 1770, consiste en deux parties, la première rédigée sous la forme de lettres. Massenet aborda ce roman plus d'un siècle après sa parution.

Anecdote : Composé pour l'Opéra-Comique de Paris, *Werther* ne put finalement y être donné qu'en 1893 : le directeur, Carvalho, en repoussa la représentation car il trouvait le sujet trop sombre, au moment de l'Exposition universelle de 1889. En 1902, Massenet arrangea le rôle titre pour un baryton. Mais c'est sous sa forme originale, pour ténor, que le rôle est le plus connu.

Acte I. C'est le mois de juillet et le Bailli fait répéter un chant de Noël à ses enfants (avec six mois d'avance, mais on n'est jamais trop prudent). Depuis son veuvage, c'est sa fille aînée, Charlotte (soprano), qui a pris en main le destin de la petite famille. Elle est promise à Albert (baryton), un attaché d'ambassade un peu fadasse, actuellement en mission lointaine. Pour cette raison, c'est un jeune poète nommé Werther qui va l'accompagner au bal. Werther apparaît justement. Il loue la beauté de la nature et observe Charlotte. L'heure du bal arrive. Charlotte se pomponne, confie les enfants à sa sœur cadette, Sophie, et part danser. Qui arrive sur ses entrefaites ? Albert, qui veut faire à sa fiancée la surprise de son retour. Au bal, Werther et Charlotte tombent éperdument amoureux. Mais Charlotte ne veut pas manquer à la promesse qu'elle a faite à sa mère sur son lit de mort d'épouser l'ennuyeux Albert. Ils se quittent sur un émouvant duo, *Il faut nous séparer*.

Acte II. Charlotte et Albert sont mariés depuis trois mois et forment apparemment un ménage heureux. Ils se rendent à l'église, où l'on célèbre les noces d'or du pasteur. Au-dehors, Werther exprime sa douleur et son amertume, même s'il assure les jeunes mariés de son amitié. Il rencontre Charlotte, qui lui conseille de partir un certain temps. Il décide de suivre son conseil, bien qu'il ait plutôt des idées de suicide : *Lorsque l'enfant revient d'un voyage avant l'heure*.

Acte III. Au Noël suivant, Charlotte relit les lettres enflammées qu'elle a reçues de Werther, et doit bien reconnaître qu'elle en pince pour lui. C'est le magnifique *Air des lettres* : *Werther ! Qui m'aurait dit la place*. Sophie, sa jeune sœur, essaie de la réconforter. Qui arrive ? Werther, de retour de son exil volontaire. Il semble avoir encaissé la situation jusqu'au moment où Charlotte et lui regardent avec bonheur les livres qu'ils lisaient ensemble autrefois. Dans un de ces livres, Werther lit un poème d'amour tragique, *Pourquoi me réveiller ?*, qui constitue un des airs célèbres de l'ouvrage. Ces vers font renaître son désespoir et son amour. Il essaie d'embrasser Charlotte, qui s'enfuit. De retour, Albert montre des signes de jalousie et questionne Charlotte. Un domestique apporte un billet de Werther : prétextant un long voyage, il demande à Albert de lui prêter ses pistolets. Albert ordonne à sa femme, épouvantée, d'aller les lui porter.

Acte IV. Werther s'est suicidé et Charlotte le trouve mourant dans son cabinet de travail. Au moment où il expire, Charlotte lui déclare qu'elle l'a toujours aimé. Au-dehors, les enfants chantent le Noël qu'ils répètent depuis le début de l'opéra, à présent bien au point.

Wozzeck

Auteur : Alban Berg. **Livret :** en allemand du compositeur, d'après la pièce de Georg Büchner, *Woyzeck*. **Première représentation :** Berlin, 1925.

Ce qu'il faut retenir : Drame sanglant en trois actes, où les sentiments les plus vils le disputent à la folie. Berg a choisi quinze scènes de la pièce de Büchner et les a organisées selon une logique musicale très élaborée, dans une structure qui évoque la symphonie plus que l'opéra. Le deuxième acte est d'ailleurs désigné comme une « symphonie en cinq mouvements ». Quelle que soit la rigueur de l'écriture, cependant, *Wozzeck* donne toujours l'impression d'un lyrisme et d'une poésie très libres. Porté par un drame puissant, aux nombreux niveaux de lecture, le premier opéra de Berg s'est imposé comme une œuvre majeure du répertoire.

Anecdote : Comme nous l'avons évoqué plus haut, l'écriture de *Wozzeck* est très complexe et d'une totale nouveauté. La partition est atonale, c'est-à-dire qu'elle n'utilise pas les gammes habituelles, qu'il n'y a pas de notes ou d'accords sur lesquels on se sente confortablement installé. Vocalement, l'ouvrage comporte certains passages en *Sprechgesang*, une sorte de déclamation en rythme et sur des hauteurs de voix différentes, notées schématiquement dans la partition. Rien d'étonnant à ce que la première production de cet opéra ait nécessité 137 répétitions.

Acte I. L'action se déroule au début du XIXe siècle dans une petite ville de garnison allemande. Comme chaque matin, le Capitaine (ténor) se fait raser par Wozzeck (baryton), simple soldat qui est pauvre mais que cela n'a pas empêché d'avoir un enfant illégitime avec Marie (soprano). Au cours de la scène suivante, Wozzeck et un de ses condisciples coupent de l'osier pour le Capitaine. Pendant ce temps, Marie, de sa chambre, regarde par la fenêtre passer les soldats. Elle est saluée par le Tambour-major (ténor), qui semble lui porter de l'intérêt. À son retour, Wozzeck lui tient des propos confus et elle se précipite dehors, inquiète. Le Docteur (basse) diagnostique chez Wozzeck une idée fixe et on apprend qu'il se livre sur lui à des expériences de diététique. Il se réjouit de ses brillantes théories, qui lui ouvriront les chemins de la gloire. Plus tard, Marie cède aux avances du Tambour-major, qui lui offre des boucles d'oreilles.

Acte II. Wozzeck trouve Marie en train d'admirer les boucles d'oreilles, qu'elle prétend avoir trouvées dans la rue. Plus tard, le Docteur et le Capitaine font allusion devant lui à l'infidélité de sa belle. Dans le jardin d'une taverne, Wozzeck observe Marie et son amant. La danse s'interrompt et Wozzeck est interpellé par l'idiot du village, qui lui suggère de la tuer. Il est obsédé par la vision du sang. De retour à la caserne, dans son dortoir, Wozzeck confie à son ami Andres (ténor) que la scène du bal hante son esprit. Pour terminer la journée en beauté, le Tambour-major arrive en titubant et se vante de sa conquête, avant de rouer Wozzeck de coups.

Acte III. Marie lit dans la Bible l'histoire de la femme adultère. Dans la lumière incertaine du crépuscule, elle se promène ensuite avec Wozzeck au bord d'un étang. Wozzeck lui plonge un couteau dans le corps. Histoire d'oublier cette salle affaire, il va se saouler à la taverne. Margret, la voisine de Marie, remarque ses mains tachées de sang. Wozzeck retourne dans la forêt chercher son couteau. Trébuchant sur le corps de Marie, il perd le peu qu'il lui reste de ses esprits. L'idée de laver le sang dont il se croit couvert l'obsède : il se jette dans l'étang et se noie. Le Docteur et le Capitaine, qui se promènent à proximité, entendent du bruit mais passent leur chemin. Le lendemain matin, de cruels enfants annoncent au fils de Marie que sa mère est morte. D'autres enfants se précipitent pour voir le cadavre. Après un moment, le fils de Marie les suit. Ne comprenant rien à ce qui s'est passé, l'enfant continue de jouer comme si de rien n'était : « Hop hop ! Hop hop ! »

Quelque chose nous dit que cette histoire ne fera jamais un dessin animé de Disney.

Chapitre 10

Trois p'tits tours sur le CD d'accompagnement

Dans ce chapitre :

- Qu'y a-t-il sur le CD d'accompagnement ?
- Visite guidée quelques chefs-d'œuvre de l'opéra.

L'opéra est un art incroyablement varié dans lequel se mélangent plusieurs styles. Dans ce chapitre, nous nous proposons de vous en faire découvrir quelques-uns concrètement, de l'époque classique au début du XXe siècle. Tout ce qu'il vous faut pour cela, c'est un lecteur de CD.

SUR LE CD

Le CD qui accompagne ce livre n'est pas qu'un florilège des « plus grands airs » d'opéra. Notre vœu était de vous faire entendre des extraits particulièrement représentatifs du style de compositeurs majeurs.

Si, lors de la première écoute d'une certaine plage du CD, vous n'accrochez pas, passez à la plage suivante. Notre but n'est pas de vous soumettre à la torture mais de vous faire partager ce que nous aimons. Donc, si une plage ne vous plaît pas, essayez-en une autre, quitte à revenir à la première une semaine plus tard. En général, plus vous vous familiariserez avec une œuvre, plus vous l'apprécierez.

Note : Pour chaque extrait, nous avons indiqué un minutage des passages que nous commentons. **1'34**, par exemple, signifie que ce passage se trouve à 1 minute et 34 secondes du début de la plage. Ces indications étant affichées sur la petite fenêtre du lecteur de CD, vous pouvez ainsi vous repérer plus facilement.

1 Mozart : Ouverture des Noces de Figaro

Comme presque tous les opéras, notre CD commence par une ouverture, pièce musicale dans laquelle les chanteurs n'interviennent pas.

Mais celle-ci n'est pas une ouverture au hasard. C'est celle des *Noces de Figaro*, une de celles que les musiciens rangent parmi les meilleures, sinon *la* meilleure. Elle est fréquemment jouée par les orchestres en concert, car c'est un véritable défi pour les musiciens.

Lorsque vous allez entendre cette ouverture, vous comprendrez tout de suite la raison de cette préférence. Elle est brillante, bouillonnante, entraînante, vive et remplie d'énergie, de vivacité et d'esprit. Pas de quoi s'étonner : c'est du Mozart ! Nous vous avons raconté brièvement sa vie au chapitre 6. Cette ouverture est un exemple frappant du génie de l'auteur et de son style clair et plein d'esprit.

Cette ouverture a une structure particulière qui se rapproche de la *forme sonate*, avec, toutefois, quelques modifications. Cette forme en trois parties a été régulièrement utilisée par tous les compositeurs depuis plus de deux siècles et demi. Si vous voulez en savoir plus sur ce que recouvrent ces deux mots, nous vous suggérons humblement de vous référer à notre *Musique classique pour les Nuls* où leur signification vous sera expliquée en douceur. La raison pour laquelle les musiciens sont si attachés à cette notion de structure est qu'elle vous aide à comprendre ce qui va se passer dans une œuvre musicale.

0'00 L'ouverture commence par un thème bouillonnant joué doucement par les cordes et les bassons. Les bois et les cors font ensuite leur entrée sous forme de commentaire tranquille du thème, puis – BOUM ! – c'est l'orchestre tout entier qui ponctue brillamment cette introduction. D'ores et déjà, nous savons que cet opéra ne va pas être quelque chose de pesant et de sinistre.

0'14 Répétition de ce que nous venons d'entendre mais, cette fois, si vous écoutez attentivement, vous pourrez entendre les voix plus aiguës du hautbois et de la flûte jouer une petite mélodie supplémentaire qui vient se superposer au thème bouillonnant.

0'28 Sur une suite d'accords accentués des cordes, les violons jouent alors une série de gammes descendantes, chacune commençant plus haut que la précédente. Les violons appuient avec insistance une note élevée. À **0'47**, nous parvenons à un moment important : tout se passe comme si une section se terminait et qu'une autre allait arriver.

0'48 Ici commence en effet une nouvelle section : une *transition*. À notre insu, Mozart vient doucement de changer de tonalité, et le but de cette nouvelle section est de nous mettre à l'aise dans ce nouvel environnement. La musique est rapide et fringante, mais plus calme. L'orchestre nous procure une suite de petits chocs à **1'02**, **1'04** et **1'06**, pour nous préparer à la petite mélodie épicée qui va être jouée par les instruments graves à **1'11**. Les violons la reprennent à **1'19** et la transition se termine avec panache.

1'31 L'aimable mélodie que nous entendons maintenant aux violons et au basson constitue le second thème principal de l'ouverture. À **1'37**, les flûtes viennent s'y joindre. De nouveaux accents orchestraux se font entendre à **1'43**, ponctuant le discours mélodique et atteignant un point culminant à **1'52**. Maintenant, la mélodie s'efface et nous nous retrouvons au début.

1'57 Reprise de ce que nous avons entendu à partir de **0'00**.

2'11 Comme à **0'14**, le thème bouillonnant se fait entendre avec, en superposition, un autre thème joué par les hautbois et les flûtes. Mais vous pouvez remarquer à **2'13** que la musique part dans une nouvelle direction. C'est de cette façon que Mozart a coutume d'apporter de la variété dans sa musique.

2'23 Revoici la transition que nous avons déjà entendue à **0'48**. Petites impulsions de l'orchestre à **2'39, 2'41** et **2'43** pour nous préparer, comme auparavant, au petit air épicé joué par les instruments plus graves à partir de **2'48**. De nouveau, à **2'57**, reprise de la mélodie aux violons, terminant ainsi la transition.

3'08 Nouvelle apparition du second thème, toujours aussi aimable et calme. Mais, à **3'20**, quelque chose de différent se produit. Au lieu d'une série d'accents comme à **1'37**, nous entendons quelque chose qui ressemble à une machine en mouvement, marqué par des groupes de notes aux violons et rythmé par une note grave répétée. (Écoutez attentivement ce passage et vous verrez que cette note se répète pendant 15 secondes, ce qui est très long par rapport à la durée totale de l'ouverture.)

Peu à peu, tandis que la note se répète, des instruments de plus en plus nombreux font leur entrée, faisant ainsi croître l'intensité sonore de l'orchestre. Ce *crescendo* nous envahit progressivement d'un véritable flot musical. (Après Mozart, cette formule de crescendo sera reprise par Rossini dans les ouvertures de ses opéras, comme vous pourrez le constater à la plage 4.)

3'35 La musique parvient à un second point culminant et l'ouverture s'achève sur une série d'accords énergiques. Ça, c'est tout Mozart ! Impossible d'y résister !

2 Mozart : Don Giovanni – Air du Catalogue

Cet air est du plus pur Mozart, et vous allez probablement y reconnaître le même style que celui que vous venez de découvrir à la plage 1. Plusieurs raisons nous ont conduits à le choisir. D'abord, c'est une remarquable démonstration de la façon dont un compositeur peut traduire la psychologie humaine en musique. Ensuite, c'est un exemple parfait d'air de *basse bouffe* (un type vocal très répandu dans les opéras bouffes italiens du XVIIIe siècle, comme vous pouvez le lire aux chapitres 2 et 4). En outre, il est extrait de *Don Giovanni*, l'un des chefs-d'œuvre absolus de l'histoire de la musique. Enfin, cet air est fameux par lui-même, principalement à cause de son caractère comique.

Comme vous pourrez le lire dans l'analyse complète du chapitre 9, Don Giovanni (chez nous, on l'appelle généralement Don Juan) a passé sa vie à séduire des femmes qu'il abandonnait ensuite. Parmi celles-ci, Donna Elvira, qu'il a épousée et abandonnée dès le lendemain matin. Quand il l'aperçoit, il déguerpit, laissant à son valet Leporello le soin de clarifier la situation. Leporello tente de réconforter Donna

Elvira en lui expliquant qu'elle n'est pas la seule dans sa situation. En fait, c'est l'une des quelque 2000 et plus anciennes conquêtes de Don Juan. Pour le lui prouver, il a l'amabilité de lui réciter la liste qu'il tient soigneusement des femmes séduites par son maître :

Madamina : il catalogo e questo	Petite Madame, voici le catalogue
Delle belle che amò il padron mio ;	Des belles que mon patron a séduites ;
Un catalogo egli è, che ho fatt'io ;	Un catalogue que j'ai fait moi-même
Osservate, leggete con me !	Observez, lisez avec moi !

0'19 Ici, Mozart ajoute quelque chose qu'on pourrait qualifier de rire musical. Les violons jouent une rapide gamme descendante en notes piquées et les flûtes se joignent à eux en brillantes fioritures. Au moment où Leporello reprend, à **0'22**, les hautbois et les cors jouent un motif répétitif comique et tapageur.

In Italia seicento e quaranta,	En Italie, six cent quarante,
In Allemagna duecento e trentuna,	En Allemagne, deux cent trente et une,
Cento in Francia, in Turchia novantuna,	Cent en France, en Turquie, quatre-vingt-onze,

0'35 Et maintenant le bouillonnement de la musique s'interrompt abruptement au moment où Leporello s'exclame : « Attendez, vous ne savez pas encore tout ! » À **0'49**, la musique semble hausser les épaules et ironiser en disant : « Qui, moi ? »

Ma in Ispagna son già mille e tre !	Mais en Espagne, il y en a déjà mille trois !

0'51 Maintenant, retour au catalogue. Leporello continue la lecture et la musique reprend là où elle se trouvait avant cette pause. Parfait exemple de ce que vous pouvez trouver dans presque tous les airs de basse bouffe : des notes basses, courtes et rapides. Les compositeurs savent depuis longtemps que l'association de ces trois ingrédients rend la musique amusante.

V'han fra queste contadine,	Parmi elles, on compte des villageoises,
Cameriere e cittadine,	Des femmes de chambre, des citadines,
V'han contesse, baronesse,	Des comtesses, des baronnes,
Marchesane, principesse,	Des marquises, des princesses,
E v'han donne d'ogni grado,	Des femmes de tous rangs,
D'ogni forma, d'ogni età…	De toute taille, de tout âge.

1'07 Nouvel accompagnement de notes brèves en gamme descendante jouées par les violons (et reprises, légèrement, par les violoncelles et les contrebasses). Leporello continue à réciter ses articles et, à partir de cet endroit, répète le texte en entier.

In Italia seicento e quaranta…	En Italie, six cent quarante…

2'03 On a l'impression que l'air est terminé. Mais, en réalité, c'est la seconde moitié qui commence. À **2'06**, la musique ralentit et devient plus aimable. C'est maintenant une mesure à trois temps. La voix de Leporello (ici chanté par Samuel Ramey) devient presque triste. Peut-il excuser un tel comportement de la part de son maître ?

Nella bionda egli ha l'usanza	Chez les blondes, il a l'habitude
Di lodar la gentilezza,	De louer la gentillesse ;
Nella bruna la costanza,	Chez les brunes, la fidélité ;
Nella bianca la dolcezza.	Chez celles qui ont les cheveux blancs, la douceur.
Vuol d'inverno la grassotta,	En hiver, il veut une grassouillette,
Vuol d'estate la magrotta.	En été, une maigrelette.

2'57 Lorsqu'il vante la majesté des grandes femmes, la musique devient elle-même majestueuse, atteignant son apogée à **3'13**.

È la grande maestosa,	Si la grande est noble,

Et lorsque vient le tour de la petite, à **3'22**, la musique s'accélère et devient plus incisive.

La piccina, la piccina… e ognor vezzosa.	La petite, la petite… est toujours charmante.

Dans la phrase suivante, écoutez attentivement la musique au moment où Leporello atteint le mot *lista* (« palmarès »), à **3'59**. Notez le décalage harmonique presque inquiétant de l'orchestre, signalant que (a) Leporello sait très bien qu'il y a quelque chose de mauvais dans le comportement de Don Giovanni, et que (b) tout ça finira mal !

Delle vecchie fa conquista,	Il courtise même la vieille
Pel piacer di porle in lista.	Pour le plaisir d'enrichir son palmarès.
Sua passion predominante	Sa passion prédominante,
E la giovin principiante ;	C'est la jeune débutante ;
Non si picca se sia ricca,	Peu importe qu'elle soit riche,
Se sia brutta, se sia bella :	Qu'elle soit laide ou qu'elle soit belle :
Purchè porti la gonnella,	Pourvu qu'elle porte un jupon,
Voi sapete quel che fa.	Vous savez ce qu'il en fait.

4'28 La musique devient maintenant encore plus douce, plus hésitante, presque triste. Leporello se confond *réellement* en excuses. Mais avec une dernière répétition de cette dernière ligne, à **5'31**, il termine son air avec majesté.

Purchè porti la gonnella,	Pourvu qu'elle porte un jupon,
Voi sapete… quel che fa…	Vous savez… ce qu'il en fait…

3 Mozart : Don Giovanni – Scène finale

Nous avons inclus une autre scène de *Don Giovanni* sur le CD : la scène qui marque le point culminant de l'ouvrage. Dans ce morceau, Mozart fait la preuve de son sens dramatique en nous laissant en haleine à chaque mot. On y voit un trait particulier de l'opéra qu'on ne trouve dans nulle autre forme d'art, où plusieurs personnages pensent en même temps.

Pour connaître le synopsis complet de cet opéra, voyez le chapitre 9. Ici, nous allons vous décrire cette seule scène dramatique. Au tout début de l'opéra, Don Giovanni a tué le Commandeur qui l'avait provoqué en duel à la suite de la tentative de séduction dont sa fille, Donna Anna, venait d'être victime. Plus tard, dans un cimetière, la statue du Commandeur a parlé au suborneur qui s'en est moqué et l'a même invitée à dîner. Au début de la plage 3, entrée de la statue, qui répond ainsi à cette invitation.

0'00 Deux accords majestueux ouvrent le morceau avec un effet des plus dramatiques. À **0'14**, la Statue parle. Notez l'accompagnement agité aux cordes. Mozart ponctue chacune des phrases de la statue d'un accord de trombones, sombre et inquiétant. À cette époque, les trombones étaient étroitement liés à certains rites religieux et particulièrement aux requiem (messes des morts).

La Statue

Don Giovanni ! A cenar teco	Don Giovanni ! À dîner avec toi
M'invitasti e son venuto !	Tu m'as invité et je suis venu !

Juste avant le début de la réplique de Don Giovanni, à **0'39**, les cordes jouent une phrase ondulante, insinuante, nerveuse. Si Don Giovanni s'exprime, sûr de lui, avec panache, l'accompagnement reste fébrile.

Don Giovanni

Non l'avrei giammai creduto	Je ne l'aurais jamais cru,
Ma farò quel che potrò.	Mais je vais faire du mieux que je peux.

Leporello! Un'altra cena!	Leporello! Fais porter un autre siège!
Fa che subito si porti!	En vitesse!

0'57 De son côté, Leporello est rien moins que rassuré et ne s'en cache pas. Les violons traduisent son inquiétude lorsqu'il parle.

Leporello

Ah, padron! siam tutti morti!	Ah, patron! nous sommes tous morts!

Don Giovanni

Vanne, dico...	Va, t'ai-je dit!

1'05 L'intensité de l'orchestre va en augmentant au fur et à mesure des paroles de la Statue.

La Statue

Ferma un po'!	Attends un moment!

1'14 Les paroles de la Statue sont soutenues par les trombones. À deux reprises, le reste de l'orchestre fait une entrée (**1'20** et **1'34**), et on perçoit nettement les accents frissonnants des cordes.

Non si pasce di cibo mortale	Celui qui se repaît de nourriture céleste
Chi si pasce di cibo celeste.	Ne se repaît point de nourriture terrestre.

1'41 Les violons s'envolent en gammes effrayantes. (Le but de Mozart était certainement de donner de violents frissons.)

Altre cure più gravi di queste,	C'est un but plus sérieux qu'un simple dîner
Altra brama quaggiù mi guidò.	Qui m'a conduit ici-bas.

2'10 Nous allons maintenant entendre un remarquable exemple de ce dont est capable un opéra. Au moment où la Statue termine sa dernière note avec une intensité de mauvais augure, Leporello commence à chanter. Sur des groupes répétitifs de trois notes anxieuses, il va continuer en même temps que Don Giovanni commence, lui, à chanter avec bravoure et défi. Trois sentiments contrastés, chacun avec sa propre motivation, s'expriment ici simultanément avec force et suffisamment de clarté pour que l'auditoire ne s'y trompe pas. Essayez donc d'en faire autant sur une scène de théâtre ou dans un film !

Leporello

La terzana d'avere mi sembra,	Il me semble avoir la fièvre
E le membra fermar più non so.	Et je ne peux pas m'arrêter de trembler.

Don Giovanni *(à la Statue)*

Parla dunque ! che chiedi ? che vuoi ?	Parle donc ! Que cherches-tu ? Que veux-tu ?

La Statue

Parlo, ascolta ! Più tempo non ho.	Je parle, écoute ! Mon temps est compté.

Don Giovanni

Parla, parla, ascoltando ti sto.	Parle, parle, je t'écoute.

3'02 Apparaît maintenant un court motif musical, et l'action semble suspendue. Nous sommes tenus en haleine… Que va-t-il arriver ? Soudain, à **3'09**, un accord asséné de toute la force de l'orchestre soutient la première note des paroles de la Statue. À son tour, la Statue invite Don Giovanni à souper. L'orchestre et la voix grimpent lentement les notes de la gamme, comme avec effort. Cela crée une tension énorme.

La Statue

Tu m'invitasti a cena,	Tu m'as invité à dîner,
Il tuo dover or sai ;	Maintenant tu connais tes obligations ;

Rispondimi, verrai	Réponds-moi, viendras-tu dîner
Tu a cenar meco ?	Avec moi ?

4'01 Toujours dans le but d'apporter un instant de soulagement comique dans un tel moment de terreur, comme on pouvait le prévoir, Leporello articule quelques mots rapides qui font écho à son agitation.

Leporello

Oibo, oibo;	Mon Dieu, mon Dieu !
Tempo non ha, scusate.	Il n'a pas le temps, excusez-le.

Don Giovanni

A torte di viltate	On ne pourra jamais m'accuser
Tacciato mai sarò.	De couardise.

4'22 Un accord retentissant de l'orchestre souligne chacune des paroles suivantes de la Statue. Leporello, trop agité pour chanter, se contente de crier ses mots.

La Statue

Risolvi !	Décide-toi !

Don Giovanni

Ho già risolto !	C'est tout décidé !

La Statue

Verrai ?	Tu viendras ?

Leporello *(à Don Giovanni)*

Dite di no ! dite di no !	Dites non ! dites non !

4'38 Au moment où Don Giovanni annonce fortement son intention, les violons l'accompagnent sur un thème fanfaron. Sur la dernière syllabe du dernier mot (*verrò*, « je viendrai »),

Don Giovanni et tout l'orchestre font entendre une note décisive (à **4'50**), particulièrement forte et nerveuse.

Don Giovanni

Ho fermo il core in petto,	Mon cœur est ferme dans ma poitrine.
Non ho timor, verrò!	Je ne connais pas la peur. Je viendrai!

5'01 À la ligne suivante, écoutez l'accord tonitruant et déchirant de l'orchestre sur le mot *pegno* (« gage »)

La Statue

Dammi la mano in pegno!	Donne ta main en gage!

5'08 Quand Don Giovanni donne la main à la Statue, Mozart souligne l'instant où il va ressentir un froid glacial (entre *Eccola* et *Ohimé*). Écoutez attentivement, et vous pourrez entendre le changement subit de l'harmonie et le frissonnement des cordes.

Don Giovanni

Eccola! Ohimé!	La voilà! ah!

La Statue

Cos' hai?	Qu'y a-t-il?

Don Giovanni

Che gelo e questo mai?	Quel est ce froid soudain?

5'14 Nouveaux accords retentissants au moment où la Statue, très menaçante, commande à Don Giovanni de se repentir.

La Statue

Pentiti, cangia vita,	Repens-toi, change de vie,
È l'ultime momento!	C'est le moment ultime!

Don Giovanni

No, no, ch'io non mi pento.	Non, non, je ne me repentirai pas
Vanne lontan da me!	Éloigne-toi de moi!
La Statue	
Pentiti, scellerato!	Repens-toi, scélérat!
Don Giovanni	
No, vecchio infatuato!	Non, vieil imbécile!
La Statue	
Pentiti!	Repens-toi!
Don Giovanni	
No!	Non!
La Statue	
Sì!	Si!
Don Giovanni	
No! No!	Non! Non!

Le Commandeur commence à marcher vers la porte… des flammes grondantes se mettent à environner Don Giovanni.

5'53 Soudain, la musique s'apaise tandis que des notes répétées, rapides, se font entendre aux violons. Puis, à **6'03**, des accents plus forts viennent souligner l'horreur croissante ressentie par Don Giovanni.

La Statue	
Ah! tempo più non v'è!	Ah! vous n'avez plus le temps!
Don Giovanni	
Da quel tremore insolite	Je sens un tremblement inconnu
Sento assalir gli spiriti!	Assaillir mon âme.
Dond' escono quei vortici	D'où viennent ces flammes
Di foco pien d'orror!	Qui jaillissent, remplies d'horreur?

6'14 On entend un chœur de démons. Don Giovanni, Leporello et le chœur chantent simultanément chacun quelque chose de différent. Une atmosphère de chaos s'établit à ce moment où Don Giovanni reçoit ce qu'il a mérité… juste avant le dessert.

Les voix des démons

Tutto a tue colpe è poco!	Tout cela n'est rien comparé à tes crimes!
Vieni: c'è un mal peggior!	Viens! Le pire est à venir!

Don Giovanni

Chi l'anima mi lacera?	Qu'est-ce qui déchire mon âme?
Chi m'agita le viscere?	Et me secoue les entrailles?
Che strazio, ohimé, che smania!	Ah! quel tourment, quelle tristesse!
Che inferno, che terror!	Quel enfer, quelle terreur!

Leporello

Che ceffo disperato!	Quel destin désespéré!
Che gesti da dannato!	Quels gestes de damné!
Che gridi! Che lamenti!	Quels cris! Quelles lamentations!
Come mi fa terror!	Tout cela me terrifie!

Don Giovanni hurle son cri final. Il est enveloppé par les flammes et précipité en enfer. En écho, Leporello pousse, lui aussi, un cri.

L'orchestre conclut cette scène avec quelques accords joués *fortissimo*.

Cette scène n'est pas la toute dernière; elle est suivie d'un petit épisode moralisateur, plus guilleret, dans lequel tous les protagonistes font une apparition et où chacun annonce vers quel destin il s'en va après avoir chanté: « Regardez ce qui arrive lorsque l'on se conduit mal! » Mais pendant longtemps l'opéra se terminait par la scène précédente que nous venons d'analyser.

4 Rossini : Le Barbier de Séville – Duo de Rosina et Figaro

Voici les raisons pour lesquelles nous avons choisi cette scène :

- C'est l'un des exemples les plus significatifs de la musique de Rossini.
- Il illustre ce qu'est le *bel canto* : un style de chant conçu pour exalter la beauté de la voix humaine. Le rapprochement avec l'extrait précédent, profondément dramatique, renforce l'aspect léger de ce style.
- Il vous montre ce que sont des *coloratures*, des pyrotechnies vocales agiles.
- C'est un superbe enregistrement de Maria Callas, une des plus célèbres chanteuses d'opéra de tous les temps, qui a contribué à la résurrection du *bel canto* dans la seconde moitié du XXe siècle.
- On y entend la Callas sur un pied d'égalité avec le baryton Tito Gobbi, avec qui elle avait collaboré à plusieurs reprises.

Dans un petit opéra de jeunesse (une *farsa comica*) que Rossini composa à l'âge de dix-huit ans, *La cambiale di matromonio* (« La Lettre de change de mariage »), on trouve déjà cet air, toutefois moins développé et moins brillant qu'ici. Comme beaucoup de ses contemporains, Rossini n'avait aucun scrupule à se pirater lui-même et personne ne lui en voulait.

Dans cet enregistrement, Gobbi incarne Figaro, barbier à Séville et factotum, et Maria Callas tient le rôle d'une jolie jeune fille, Rosina. Vous pouvez prendre connaissance de l'intrigue tortueuse de cet ouvrage au chapitre 9. Ici, nous nous contenterons d'en donner un résumé : Le comte Almaviva, jeune, riche et de belle apparence, est tombé amoureux de Rosina, qu'il a entr'aperçue mais à laquelle il n'a jamais parlé. Il requiert les services de Figaro pour l'aider à soustraire Rosina de l'emprise de son vieux barbon de tuteur, le docteur Bartolo. Pour écarter tout soupçon, Figaro propose au comte de se déguiser en soldat ivre venant présenter un billet de logement au docteur et il informe Rosine du plan qu'il a ourdi. Cependant, au lieu de lui révéler que son soupirant est un comte, il lui raconte qu'il s'agit d'un jeune homme quelconque nommé Lindoro. (Le comte veut être aimé pour lui-même et non pour ce qu'il représente.) Rosina, enthousiasmée par cette idée, lui donne une lettre d'amour qu'elle avait préparée en lui demandant de la porter à Lindoro.

0'00 Maria Callas commence seule ce récitatif, par deux phrases dans le style d'un bref récitatif (le chant qui suit le rythme de la langue parlée, ponctué de rares accords). À **0'13**, la Callas chante une première vocalise qui témoigne de sa prodigieuse agilité vocale. Cette vocalise est de son crû, Rossini n'en avait pas prévu à cet endroit.

Rosina

Dunque io son… tu non m'inganni ?	C'est donc moi… Tu ne me trompes pas ?
Dunque io son, la fortunata ?	C'est donc moi l'élue de son cœur ?

0'18 Avec la phrase suivante commence le duo proprement dit. Rosina y exprime le tressaillement de son cœur. Remarquez la légèreté du chant de Callas. Si vous avez du mal à suivre le texte, c'est que Rossini répète certains mots et certaines syllabes à l'envi. Rappelez-vous que le but du bel canto est avant tout de mettre en valeur la voix du chanteur.

Già me l'ero immaginata :	(*à part*) Je l'avais déjà deviné
Lo sapevo pria di te.	Je le savais avant toi.

0'50 Soutenu par un accompagnement orchestral typique du style brillant de Rossini, Figaro lui répond. Les notes et le rythme des premières mesures sont simples, comme pour donner à Gobbi le temps de se préparer à faire étalage de sa virtuosité.

Figaro

Di Lindoro il vago oggetto	L'objet idolâtré par Lindoro,
Siete voi, bella Rosina.	C'est bien vous, belle Rosina.

1'07 Et voici maintenant un passage analogue à celui de Rosina, chanté d'un ton léger pour ménager la rapidité et la précision du chant. Rossini se sert de ces difficultés vocales pour exprimer l'excitation de Figaro.

O, che volpe sopraffina.	(*à part*) Elle est rusée comme une renarde :
Ma l'avrà da far con me.	Mais moi, ça ne me trompe pas.

1'23 Dans ce qui suit, Rosina et Figaro « parlent » clairement, énonçant distinctement chaque syllabe de façon que l'auditoire n'en perde pas une miette.

Rosina

Senti, senti... ma a Lindoro	Écoutez, écoutez... comment vais-je faire
Per parlar come si fa ?	Pour parler à Lindoro ?

Figaro

Zitto, zitto, qui Lindor	Du calme, du calme, Lindoro
Per parlarvi or or sarà.	Sera bientôt là pour vous parler.

Rosina

Per parlarmi ? Bravo ! Bravo !	Pour me parler ? Bravo ! Bravo !
Venga pur, ma con prudenza ;	Qu'il vienne mais avec prudence ;
Io già moro d'impazienza !	Je meurs déjà d'impatience !
Ma che tarda ?... cosa fa ?	Pourquoi tant tarder ? Que fait-il donc ?

Figaro

Egli attende qualche segno.	Le pauvre attend un signe quelconque
Poverin, del vostro affetto ;	De votre affection ;

1'56 L'orchestre s'arrête soudain. Figaro adopte un ton doctrinal comme s'il était le tuteur expliquant à Rosina l'attitude à tenir.

Sol due righe di biglietto	Envoyez-lui seulement un billet de deux lignes
Gli mandate, e qui verrà.	Et il accourra.

2'20 Rosina fait la timide et Figaro insiste de plus en plus.

Figaro	
Che ne dite ?	Qu'en pensez-vous ?
Rosina	
Non vorrei…	Je ne devrais pas…
Figaro	
Su, corraggio.	Allez, courage !
Rosina	
Non saprei…	Je ne saurais pas.
Figaro	
Sol due righe…	Deux lignes seulement…
Rosina	
Mi vergogno…	J'ai honte…
Figaro	
Ma di che ? Ma di che ?...	Mais de quoi ? Mais de quoi ?
Si sa !	Il sait !

(Il l'attire vers un secrétaire.)

2'33 Brusque accord à l'orchestre au moment où Figaro presse Rosina d'écrire le billet. Remarquez que, sur le mot *presto* (« vite »), Figaro chante en accellérant.

Presto, presto ; qua il biglietto.	Vite, vite ! écrivez le billet !

(Rosina le tire en arrière, sort un papier de sa poche et le lui donne.)

2'37 Écoutez la façon dont Rosina chante les mots qui suivent. Ici, il faut faire preuve d'un solide talent d'actrice, et Callas y excellait.

Rosina

Un biglietto ?... eccolo qua.	Un billet ? Le voici.

2'44 À ce moment, Figaro se rend compte que Rosina sait exactement ce qu'elle est en train de faire. Il chante la phrase suivante (à **2'46**) avec indignation, accompagné à l'unisson par les cordes.

Figaro

Già era scritto ?	(*à part*) Déjà écrit ?
Ve', che bestia ! Il maestro faccio a lei !	Voyez ! Que je suis bête ! Le maître, c'est elle !

2'55 Rosina mène le reste de ce duo tambour battant. Ses coloratures excellent ici à exprimer son attente et son excitation.

Rosina

Fortunati affetti miei !	Quel bonheur est le mien !
Io comincio a respirar.	Je commence à respirer.

3'05 À son imitation, Figaro reprend presque note pour note son passage en coloratùres, mais avec une attitude nettement différente.

Figaro

Ah, che in cattedra costei	Ah, celle-ci pourrait me donner une leçon
Di malizia può dettar.	De rouerie.

3'11 Rosina nous montre son véritable caractère : plein de charme, brillant, résolument féminin. Comme au début de ce duo, Rosina répète plusieurs fois les mêmes mots. Cet ingénieux artifice donne à la Callas l'occasion de faire montre de son talent sans avoir à se soucier de la prononciation du texte. À **3'30**, elle est rejointe par un Figaro dépité, dont le chant syllabique et parfaitement articulé tranche avec le sien : l'opéra montre une fois encore sa faculté à faire parler plusieurs personnages à la fois toute en préservant l'individualité de chacun.

Rosina	
Ah, tu solo, amor, tu sei	Ah, toi seul, amour,
Che mi devi consolar!	Tu peux me consoler !
Figaro	
Donne, donne, eterni Dei.	Femmes, femmes, éternelles divinités,
Chi vi arriva a indovinar?	Qui parviendra à vous comprendre ?

3'47 Ici, le compositeur a placé un de ces crescendos qui l'ont rendu célèbre : la musique va en accélérant et en enflant peu à peu tandis que Rosina et Figaro répètent des paroles qui finiront presque masquées par l'orchestre.

Rosina	
Senti, senti… ma Lindoro…	Écoutez, écoutez… mais Lindoro…
Figaro	
Qui verrà. Fra momenti	Il va venir ici. Dans un instant,
Per parlarvi qui sarà.	Pour vous parler, il sera là.
Rosina	
Venga pur, ma con prudenza.	Qu'il vienne alors, mais avec prudence !
Figaro	
Zitto, zitto. qui verrà.	Chut, chut, il va venir.
Rosina	
Fortunati affetti miei!	Quel bonheur est le mien !
Io comincio a respirar.	Je commence à respirer.

Côté pyrotechnie, Maria Callas s'en donne à cœur joie, ajoutant à nouveau quelques vocalises et notes élevées absentes de la partition et tout à fait caractéristiques de son style. Il est fréquent, dans ce répertoire destiné à mettre la voix en valeur, que les artistes « enjolivent » la partition. Pour sa part, Gobbi, en véritable gentleman, s'efface, ne chantant que les notes écrites par Rossini.

Rosina	
Ah, tu solo, amor, tu sei	Ah, toi seul, amour,
Che mi devi consolar!	Tu peux me consoler !
Figaro	
Donne, donne, eterni Dei.	Femmes, femmes, éternelles divinités,
Chi vi arriva a indovinar?	Qui parviendra à vous comprendre ?

4'50 On termine avec une spécialité de la Callas, un contre-*ré* qu'elle va tenir plusieurs secondes.

5 Verdi : Un bal masqué – Air de Renato

Si vous avez déjà lu le chapitre 4, vous savez que Giuseppe Verdi (1813-1901) est un des géants de l'histoire de l'opéra. Son œuvre associe une musique d'une rare beauté avec un sens aigu du drame et des peintures psychologiques très fines.

Si nous avons choisi cet air extrait d'*Un bal masqué*, c'est qu'il nous semble caractéristique du style verdien. Il est écrit pour baryton, la voix favorite de Verdi. C'est lui qui, le premier, eut l'idée de confier à ce type de voix une gamme étendue d'expressions et de lui confier des mélodies lyriques grimpant volontiers dans l'aigu. Comme vous l'avez peut-être lu au chapitre 2, ces barytons au chant tour à tour sombre et radieux, autoritaire et fragile, ont pris le nom de *barytons Verdi*.

Vous pourrez lire le résumé complet du livret au chapitre 9. Voici, en bref, de quoi il s'agit : Renato, secrétaire du gouverneur, suspecte sa femme, Amelia, d'avoir des relations extraconjugales avec son patron. Il la menace de la tuer. Bien qu'elle réfute énergiquement ses accusations, elle accepte de mourir. Mais alors, Renato se rend compte qu'en réalité c'est à son patron qu'il doit s'en prendre. Face au portrait de celui-ci accroché au mur, il formule ses griefs.

0'04 Dans cet enregistrement, nous entendons à nouveau Tito Gobbi, qui donnait la réplique à Maria Callas à la plage 4. Mais vous pourrez noter une différence importante dans l'expression. Le chant léger et rapide de la plage précédente fait place ici à un ton puissant et passionné. Écoutez la beauté de cette voix et de la mélodie elle-même.

Eri tu che macchiai quell'anima,	C'est toi qui as souillé cette âme,
La delizia dell'anima mia;	La joie de mon âme;

0'27 On perçoit un changement de couleur vocale au moment où Gobbi prononce les mots qui suivent. Écoutez sa prononciation de *esecrabile* (« exécrable »). Gobbi était célèbre pour ce genre de changement de couleur vocale.

Che m'affidi e d'un tratto esecrabile	Je te faisais confiance et, par un traitement exécrable,
L'universo avveleni per me!	Tu as empoisonné l'univers à mes yeux.
Traditor! Che compensi in tal guisa…	Traître! C'est ainsi que tu récompenses

0'58 L'orchestre ralentit puis s'arrête. La couleur vocale de Gobbi change à nouveau lorsque sa colère s'apaise momentanément pour faire place à ses souvenirs du temps de son bonheur.

Dell'amico tuo primo la fe'!	La fidélité de ton meilleur ami!

1'15 L'orchestre suit la nouvelle ligne mélodique du soliste et entame un bel interlude. La flûte joue une mélodie expressive, accompagnée par la harpe. La résolution de Renato faiblit lorsqu'il se souvient d'Amelia comme d'une épouse adorée et non de la femme adultère qu'il a condamnée à mourir.

O dolcezze perdute! o memorie	Ô douceurs perdues! Ô souvenirs
D'un amplesso che l'essere india!	De l'étreinte qui m'ouvrait le paradis!
Quando Amelia si bella, si candida	Lorsque Amelia si belle, si innocente

2'22 Écoutez la tristesse de sa voix lorsqu'il chante les deux derniers mots : *brillava d'amor* (« rayonnait d'amour »).

Sul mio seno brillava d'amor!	Était près de moi et rayonnait d'amour!

2'35 Il répète ces derniers mots avec encore plus d'intensité.

2'56 Maintenant, ces doux souvenirs s'estompent et Renato est repris par ses démons, accompagné par le moutonnement grandissant des cordes. Nouveau changement de couleur de la voix, tantôt caressante, tantôt grondante.

È finita – non siede che l'odio	Tout cela est passé – il ne reste plus que la haine
E la morte nel vedovo cor!	Et la mort dans mon cœur esseulé!

3'23 Dans un murmure de l'orchestre, la flûte et la harpe reprennent leur accompagnement lorsqu'il chante à nouveau :

O dolcezze perdute!	Ô douceurs perdues!

L'orchestre ralentit pour suivre Gobbi dont la voix monte superbement jusqu'à un *fa* aigu. Notez la façon dont sa voix continue à enfler sur la dernière note.

O speranze d'amor, d'amor, d'amor!	Ô espoirs d'amour, d'amour, d'amour!

Verdi a choisi de finir l'air dans lequel Renato exprime son chagrin sur ces mots chargés d'espoir et dans une tonalité majeure pour nous donner l'impression que tout n'est pas perdu pour Amelia. Après tout, la fureur de Renato n'est pas dirigée contre elle mais contre le gouverneur, son séducteur supposé. Devinez qui va mourir à la fin ?

6 Verdi : Nabucco – Chœur des esclaves

Nous tenions à inclure un chœur écrit par Verdi sur le CD d'accompagnement parce que ses chœurs comptent parmi les plus beaux du répertoire lyrique. Mais lequel ? Verdi a écrit plusieurs chœurs, tous plus beaux les uns que les autres. Après nous être trituré la cervelle, nous avons finalement choisi celui-ci, extrait de *Nabucco*. Ce n'est pas le plus complexe, le plus spectaculaire. Mais il compte parmi les plus sincères et touchants qu'il ait composés.

Au chapitre 4, vous pouvez lire dans quelles circonstances a été composé cet opéra. L'action se passe dans une époque reculée au cours de laquelle Babylone a battu les Hébreux et les a réduits en esclavage. Ici, les esclaves chantent leur patrie d'une voix alternativement nostalgique et fière, marquant leur détermination à y retourner. Du vivant de Verdi, ce chœur trouva un écho profond parmi les Italiens, qui firent un parallèle avec l'oppression politique qu'ils subissaient. Il devint l'hymne officieux de l'Italie et, de nos jours, il revêt toujours une signification particulière pour les Italiens.

0'00 L'orchestre commence doucement, sur un tempo lent, créant une ambiance sombre.

0'30 De puissants accords de l'orchestre soulignent l'état de désespoir des Hébreux. On peut comparer cette musique à l'entrée de la statue du Commandeur, dans le finale de *Don Giovanni* (plage 3 du CD d'accompagnement).

0'46 L'ambiance se radoucit alors que la flûte s'exprime dans une tonalité majeure chargée d'espoir. À **1'00**, un motif d'accompagnement répétitif apparaît aux cordes et, à **1'04**, c'est l'entrée du chœur avec une mélodie superbe, que vous connaissez certainement.

Avez-vous remarqué que tout le chœur chante la même mélodie à l'unisson ? Cela a deux effets : symboliser la simplicité et la pureté des esclaves hébreux, et souligner leur solidarité.

(Sur les rives de l'Euphrate)

Ebrei	**Les Hébreux** *(enchaînés, aux travaux forcés)*
Va pensiero sull'ali dorate ;	Va, pensée, sur tes ailes dorées ;
Va ti posa sui clivi, sui colli,	Va, pose-toi sur les coteaux, sur les collines,
Ove olezzano tepide e molli	Où embaument, tièdes et douces,
L'aure dolci del suolo natal !	Les suaves fragrances de notre sol natal !

1'55 Au moment où le chœur chante le vers suivant, la mélodie change. Remarquez les notes très courtes et la ligne descendante sur *torri atterrate* (« tours écroulées »). Verdi utilise ici un figuralisme (une peinture sonore) pour illustrer la chute des tours.

Del Giordano le rive saluta,	Salue les rives du Jourdain
Di Sionne le torri atterrate.	Et les tours écroulées de Sion.

2'18 Le lyrisme s'intensifie sur *O, mia patria* (Ô, ma patrie), qui reprend le début de la mélodie. Remarquez comment *si bella* (« si belle ») est fortement accentué alors que *e perduta* (et perdue) est chuchoté.

O mia patria si bella e perduta !	Ô ma patrie, si belle et perdue
O membranza si cara e fatal !	Ô souvenance si chère et si fatale !

2'47 Le climat se transforme soudain. Le chœur, jusqu'alors à l'unisson, est à présent divisé, et l'orchestre soutient les différentes voix. L'évocation de la « harpe d'or » donne lieu à un soudain éclaircissement de la musique, mais elle ne reste pas longtemps radieuse. À **3'00**, le chœur énonce le second vers presque sans voix. Ce procédé va être répété pour les deux vers suivants, où alternent plainte poignante et murmures étouffés.

Arpa d'or dei fatidici vati,	Harpe d'or des devins fatidiques
Perchè muta dal salice pendi ?	Pourquoi pends-tu, muette, des branches du saule ?
Le memorie nel petto raccendi,	Ravive les souvenirs dans nos cœurs
Ci favella del tempo che fu !	Et parle-nous des temps anciens !

3'37 La flûte entendue précédemment réapparaît, flottant comme un souffle de liberté au-dessus des lamentations du chœur.

O simile di Solima ai fati	Ô fais entendre le son d'une douloureuse complainte
Traggi un suono di crudo lamento.	Qui rappelle le destin de Solime.

3'57 Remarquez, sur la dernière syllabe de *lamento*, la montée rapide des violons et le *crescendo* puissant des voix. Cela permet de réintroduire la mélodie initiale : le Chœur des esclaves hébreux adopte l'une des formes les plus simples de la musique classique, dite ternaire (ABA) : la partie A commençant au début, une partie centrale formant contraste à partir de *arpa d'or*, et le retour de la musique de A (en l'occurrence sur de nouvelles paroles).

O t'ispiri il Signore un concento	Ou que le Seigneur t'inspire une harmonie
Che ne infonda al patire virtù !	Qui nous donne la force de supporter nos souffrances !

4'22 Le chœur répète deux fois ces derniers vers, avec une musique différente puis, à **4'48**, ce sont les trois derniers mots qui vont être répétés, s'évanouissant progressivement. Cette conclusion calme, pleine à la fois d'espoir et de tristesse, est plus émouvante que pourrait l'être une fin triomphante.

7 Puccini : La Bohème – Air de Rodolfo

L'air de Rodolfo est l'un des plus fameux de *La Bohème*, et même de toute l'œuvre de Puccini. Nous l'avons retenu parce qu'il est typique de l'art du compositeur. C'est une mélodie suave, facile à fredonner et qui offre au soliste l'occasion rêvée de faire montre de ses qualités vocales. Il ne faut donc pas s'étonner que ce soit un cheval de bataille des ténors.

Puccini a toujours spécifié quelles étaient les libertés qu'il autorisait les chanteurs à prendre avec sa musique. Beaucoup de chanteurs d'opéra ne considèrent les annotations de Puccini que comme un point de départ et vont bien plus loin, voire les ignorent complètement. Ce n'est pas le cas de Nicolaï Gedda, l'interprète de cet extrait, qui prend les indications de Puccini au pied de la lettre, très fidèles aux exigences du compositeur.

Au chapitre 9, vous pourrez lire le scénario complet de l'opéra. Voici un résumé de ce qu'il faut savoir pour bien situer l'air de Rodolfo. Ce personnage est un poète parisien sans le sou. Il vit seul dans sa mansarde et y reçoit la visite de Mimi, une grisette souffreteuse, qui cherche du feu pour allumer sa chandelle. La jeune fille est prise d'une violente quinte de toux, que va calmer Rodolfo. Par « mégarde », il éteint sa propre chandelle. Lorsque Mimi fait tomber sa clef, ils se mettent tous deux à la chercher à tâtons sur le plancher seulement baigné du clair de lune, et leurs mains viennent à se toucher. Bien évidemment, ils tombent amoureux l'un de l'autre.

0'01 L'air commence sur une seule note de l'orchestre, note importante, s'il en est, car c'est sur elle que Rodolfo va commencer son chant.

La partition indique que Rodolfo doit tenir la main de Mimi et chanter d'une voix chargée d'émotion. Nicolaï Gedda chante aussi doucement et tendrement que possible la première des deux mélodies mémorables de cet air.

Che gelida manina,	Que cette main est froide,
Se la lasci riscaldar.	Laissez-moi la réchauffer.
Cercar che giova ?	À quoi bon chercher ?
Al buio non si trova.	Dans le noir, nous ne trouverons rien.

0'26 L'orchestre fait maintenant écho à la mélodie du dernier vers, une courte « musique de clair de lune » jouée à la harpe et soutenue par les cordes, venant ainsi souligner le décor. À **0'35**, la voix enfle pour chanter :

Ma per fortuna	Mais heureusement
È una notte di luna…	C'est une nuit de lune…

0'44 Sur la partition, Puccini a été très clair quant à la façon dont il entendait que soit chantée la phrase suivante. Il a écrit : « Librement mais en ralentissant et en accentuant chaque syllabe de *e qui la luna*, en accélérant au début de *l'abbiamo vicina* puis en ralentissant sur la dernière syllabe. »

E qui la luna	Et ici, la lune
L'abbiamo vicina.	Est notre voisine.

(Mimi tente de retirer sa main.)

Maintenant, Rodolfo répète la mélodie depuis le début mais sur un mode plus calme. Mimi l'écoute avec plus d'attention.

Aspetti, signorina,	Attendez, mademoiselle,
Le dirò con due parole…	Et je vais vous dire en deux mots…

0'53 Rodolfo pense qu'il est temps, maintenant, de révéler les sentiments qu'il éprouve pour Mimi, comme vous pouvez l'entendre lorsqu'il laisse sa voix s'épanouir sur *chi son* (qui je suis). C'est un grand moment d'émotion.

Chi son, e che faccio,	Qui je suis, et ce que je fais,
Come vivo…	Comment je vis…
Vuole ?	Voulez-vous le savoir ?

(Mimi se tait. Rodolfo lui lâche la main. En reculant, elle trouve une chaise sur laquelle elle se laisse tomber, étreinte par l'émotion.)

1'26 Inutile d'être expert en musique pour se rendre compte du changement dans l'expression qui intervient ici. Avant de se présenter, Rodolfo dit *Chi son ?* deux fois, d'abord simplement (comme s'il attendait une réponse) puis de manière plus intense. Il continue sur le même ton avec *Sono un poeta* (« Je suis poète »). Être poète n'est pas un métier ordinaire, et Rodolfo semble en tirer quelque fierté.

Chi son ? Chi son ? Sono un poeta.	Qui suis-je ? Qui je suis-je ? Je suis poète.
Che cosa faccio ? Scrivo.	Ce que je fais ? J'écris.
E come vivo ? Vivo.	Et comment je vis ? Je vis.

1'51 Rodolfo se présente comme un homme riche quant à l'inspiration et à l'esprit (mais pauvre au sens de l'impôt sur le revenu). Il constate sa pauvreté avec simplicité et quiétude, mais sa voix et l'orchestre enflent lorsqu'il dit que son âme est millionnaire.

In povertà mia lieta	Dans ma pauvreté joyeuse,
Scialo da gran signore	Je gaspille en grand seigneur.
Rime ed inni d'amore.	Les rimes et les hymnes d'amour
Per sogni e per chimere	Pour ce qui est des rêves, des chimères
E per castelli in aria,	Et des châteaux en Espagne
L'anima ho millionaria.	Mon âme est millionnaire.

2'25 Vient maintenant le second thème accrocheur de cet air, celui qui est cause de son succès mondial. D'ici jusqu'à la fin, Puccini a indiqué au chanteur sur la partition de « soutenir largement », de « ralentir », de « chanter extrêmement doucement », d'« élargir » puis de « ralentir encore ». Toutes indications que Gedda respecte scrupuleusement.

Talor dal mie forziere	Parfois, deux larrons
Ruban tutti i gioielli	Dérobent tous les joyaux

Due ladri: gli occhi belli.	de mon coffret : deux beaux yeux.
V'entrar con voi pur ora,	Ils sont venus avec vous tout à l'heure,
Ed i miei sogni usati,	Et mes rêves usés,
E i bei sogni miei	Et mes beaux rêves
Tosto si dileguar!	Se sont envolés !

3'14 Le vers suivant est chanté avec chaleur, librement, avec une grande joie que souligne une ponctuation orchestrale très sensuelle.

Ma il furto non m'accora,	Mais le vol ne m'a pas blessé.

3'25 Après cette pause, le ténor reprend et, avec une grande émotion, chante son fameux contre-*ut* (une note incroyablement élevée pour un homme et spécialement difficile à bien chanter).

À propos de ce contre-*ut*: *ce n'est pas Puccini qui l'a écrit.* Depuis des générations, les ténors l'ont ajouté à cet endroit pour faire étalage de leurs qualités vocales et l'auditoire s'est habitué à l'entendre. Ce qui, bien entendu, pose un problème pour les ténors qui ne peuvent pas atteindre cette note. En fait, cette attente de LA note conduit certains ténors un peu courts dans l'aigu à transposer l'air un demi-ton ou un ton plus bas – juste pour le plaisir de pouvoir pousser cette note que Puccini n'a pas écrite. Dans cet enregistrement, l'air est chanté dans sa tonalité originale et Gedda tient le contre-*ut* pendant six secondes.

Poichè… poichè v'ha preso stanza	Parce que… parce qu'ils ont été remplacés
La speranza!	Par l'espérance.

3'45 L'orchestre revient au calme, la vague d'émotion est passée. Rodolfo ayant dit ce qu'il avait à dire invite Mimi à faire de même. Il commence très doucement puis sa voix s'enfle lorsqu'il insiste pour qu'elle se raconte à son tour. Il termine dans un murmure sur *Vi piaccia dir?* (« Vous plaît-il de le dire? »)

Or che mi conoscete,	Maintenant que vous me connaissez,
Parlate voi, deh! parlate!	Parlez à votre tour, ah! parlez!
Chi siete? Vi piaccia dir?	Qui êtes-vous? Vous plaît-il de le dire?

C'est maintenant au tour de Mimi de se présenter. Mais pour connaître sa réponse, vous avez le choix entre entendre l'opéra en entier, ou vous précipiter au chapitre 9.

8 Puccini : Tosca – Scène finale

Attention, nous sommes sur le point de vous révéler le dénouement le plus bouleversant de tout l'opéra.

À la différence du *bel canto,* à la mode dans la première moitié du XIXe siècle, les opéras italiens plus tardifs n'ont pas pour préoccupation première de magnifier la voix, mais de traduire au plus juste l'émotion et le drame. Ce que notre exemple illustre parfaitement.

Vous pourrez prendre connaissance du scénario de *Tosca* au chapitre 9. Pour l'instant, qu'il vous suffise de savoir que Floria Tosca est amoureuse du peintre Mario Cavaradossi, lequel a été emprisonné par l'abominable baron Scarpia, chef de la police, et condamné à la peine capitale en raison de ses prises de position politiques. Scarpia promet à Tosca que Mario aura la vie sauve si elle accepte de coucher avec lui. (Pour cela, les fusils du peloton d'exécution seront chargés à blanc.) À peine Scarpia a-t-il signé le sauf-conduit que Tosca le poignarde.

Personne ne connaît encore la mort de Scarpia. Au moment où commence notre extrait, la fausse exécution doit avoir lieu sur l'esplanade du château Saint-Ange, forteresse qui domine Rome. Tosca a expliqué son plan à Mario et lui a dit de feindre la mort après avoir entendu la salve pour que personne ne suspecte la supercherie. Ensuite, lui dit-elle, ils seront libres de mener une existence commune longue et heureuse.

(L'esplanade du château Saint-Ange. Il fait encore nuit. La scène est baignée de la lumière incertaine qui précède l'aube. Mario est prêt à faire face au peloton d'exécution et Tosca lui explique qu'il devra feindre d'être mort.)

0'00 L'extrait commence par une marche lente jouée par les cordes, auxquelles viennent se joindre des flûtes jouant très doucement. Cette musique presque lugubre se poursuit durant l'action qui suit.

(Mario suit l'officier après avoir fait ses adieux à Tosca, laquelle se place de manière à pouvoir observer la scène. Elle voit l'officier et le sergent conduire Mario devant le mur d'exécution. Le sergent propose à Mario de lui bander les yeux mais il refuse avec un sourire. Ces sinistres préparatifs énervent Tosca.)

0'22 Tosca chante sur l'air de la marche que l'orchestre continue de jouer.

Com'è lunga l'attesa!	Quelle attente!
Perchè indugiano ancor?	Pourquoi ce retard?
Già sorge il sole.	Le soleil est déjà haut.
Perché indugiano ancora?	Pourquoi ce retard?
È una commedia, lo so...	C'est un faux-semblant, je le sais...
Ma questa angoscia eterna pare!	Mais cette angoisse me semble éternelle!

0'56 La marche se fait plus insistante, pesante, scandée, suivant la progression de l'action.

(L'officier et le sergent disposent le peloton d'exécution et donnent les ordres appropriés.)

L'orchestre joue de plus en plus fort. Les cuivres font entendre un accord sinistre au moment où Tosca prononce le mot *armi* (« armes »).

Ecco!... apprestano l'armi...	Voilà!... Ils apprêtent leurs armes...

1'20 Un roulement de timbales annonce les coups de feu.

Com'è bello il mio Mario!	Comme il est beau, mon Mario!

1'22 Nous entendons le tir des fusils

Là! Muori!	C'est cela! Meurs!

(Le voyant à terre, elle lui envoie un baiser.)

Ecco un artista!	Quel artiste!

1'28 Au moment où elle chante *artista*, un coup de cymbales retentit. La marche lugubre réapparaît mais, à la place des flûtes, ce sont les cors que nous entendons reprendre la mélodie à pleine force. Ce qui n'était auparavant qu'angoissant devient maintenant tout à fait terrifiant.

(Maintenant le sergent s'avance vers le corps étendu à terre pour l'examiner. Spoletta qui l'a suivi, l'empêche de donner le coup de grâce et recouvre Mario d'un manteau. L'officier aligne ses hommes, le sergent rappelle la sentinelle et tous descendent les escaliers, conduits par Spoletta.)

1'47 La musique reprend alors la version plus calme de la marche pendant que Tosca, en parlant plus qu'elle ne chante, enjoint à Mario, par la pensée, de ne pas encore bouger.

O Mario, non ti muovere…	Ô Mario, ne bouge pas…
S'avviano, taci!	Ils s'éloignent, ne parle pas!
Vanno, scendono,	Ils s'en vont, ils descendent,
Scendono…	Ils descendent…

L'orchestre joue de plus en plus doucement, accompagnant la sortie des soldats.

Ancora non ti muovere.	Ne bouge pas encore.

(Elle écoute. Tout le monde s'en est allé. Elle se précipite vers Mario.)

2'22 Encore deux notes à l'orchestre et tous les soldats sont partis. Tosca chante sans orchestre presque en parlant.

Su, presto, andiamo!	Debout, vite, partons!
Su! Su! Mario! Mario!	Debout! Debout! Mario! Mario!

(Elle se penche sur Mario pour l'aider à se relever. Soudain, elle pousse un cri d'horreur.)

Morto!... Morto!	Mort!... Mort!

(Prononçant des mots inarticulés, en sanglots, elle se jette sur le corps de Mario.)

O Mario, morto? Tu? Così?	Ô Mario, mort? Toi? Ainsi?
Finire così?	Mourir ainsi?
Povera Floria tua!	Ta pauvre Floria!

(Entre-temps, dans la cour en dessous du parapet et du petit escalier, on entend les voix confuses de Spoletta, de Sciarrone et de soldats qui s'approchent.)

2'47 Au milieu de la confusion des voix, la musique se change en un courant fortement scandé. On a du mal à distinguer les voix mais vous pouvez facilement imaginer ce qui se passe. La police a découvert le corps de Scarpia et ils savent que c'est Tosca qui l'a tué. Ils cherchent à s'en emparer.

***Sciarrone** (voix off)*

Vi dico, pugnalato!	Je vous dis qu'elle l'a poignardé.

Des voix

Scarpia?	Scarpia?

Sciarrone (voix off)

Scarpia!	Scarpia!

***Spoletta** (voix off)*

La donna è Tosca!	Cette femme, c'est Tosca!

Voix (se rapprochant)

Che non sfugga!	Ne la laissez pas s'échapper!

Spoletta *(vois off mais se rapprochant)*

Attenti… agli sbocchi delle scale!	Regardez, en haut de l'escalier!

(On entend un grand bruit provenant de l'escalier)

2'57 La musique continue à s'enfler, parvenant à un point culminant en **3'02** sur un rythme trépidant, percutant.

(Spoletta apparaît en haut de l'escalier, tandis que, derrière lui, Sciarrone montre Tosca du doigt.)

Sciarrone

È lei!	C'est elle!

Spoletta *(se précipitant vers Tosca)*

Ah! Tosca, pagherai ben cara la sua vita!	Tu vas payer très cher pour sa vie!

(Tosca bondit sur ses pieds et, au lieu de s'éloigner de Spoletta, le repousse violemment, et lui répond:)

Tosca

Colla mia!	Avec la mienne!

(Spoletta chancelle sous le choc pendant qu'elle se précipite vers le parapet.)

3'00 L'orchestre fait entendre à quatre reprises un court motif musical, dans quatre tonalités ascendantes ; et s'arrête juste avant le cri que va pousser Tosca.

O Scarpia, avanti a Dio!	Ô Scarpia, devant Dieu!

(Tosca escalade le parapet et se jette dans le vide. Sciarrone et quelques soldats émergent de l'escalier et se précipitent vers le parapet, regardant vers le bas. Spoletta reste abasourdi, frappé d'horreur. Rideau!)

3'24 Dans un grand fracas, l'orchestre fait entendre alors une rapide conclusion. Ce motif poignant est emprunté à l'air d'amour que chante Mario dans son cachot et correspond à l'évocation des baisers de Tosca. Puccini demande qu'il soit joué « *Tutta forza con grande slancio* » (« À pleine force, avec un grand élan »).

9 Wagner : Tristan et Isolde – Mort d'amour d'Isolde

Aucun opéra ne peut être aussi différent de *Tosca* que *Tristan et Isolde* de Richard Wagner et nulle héroïne aussi dissemblable de Tosca qu'Isolde. Lorsque Tosca voit son bien-aimé mourir, elle se suicide en se jetant d'un parapet ; lorsque Isolde voit le sien mort, elle perd le sens des réalités au point de le croire toujours vivant et chante pour lui pendant sept minutes, incarnant l'amour sous sa forme la plus pure avant de mourir elle-même.

À l'inverse de Puccini, Wagner ne recherchait pas le réalisme. Comme vous pouvez le lire au chapitre 6, il voulait faire de ses opéras une forme d'art total unissant musique, histoire ou mythologie, drame et mise en scène dans un tout glorieux. Il choisissait souvent des sujets légendaires se prêtant bien à un traitement grandiose. *Tristan et Isolde* ne parle pas d'amour : c'est l'Amour fait opéra.

Cet extrait illustre parfaitement le style habituel de Wagner, sa « marque de fabrique ». La musique se construit peu à peu, semblant constamment approcher un apogée, l'évitant *in extremis* pour mieux repartir vers l'avant, et ainsi jusqu'à ce que… vous verrez bien à l'écoute.

Le scénario de l'opéra est détaillé au chapitre 9. Voici quelques mots pour situer ce que vous allez entendre, le fameux *Liebestod* (« Mort d'amour ») qui clôt l'opéra. Vous n'y entendrez qu'un seul personnage : Isolde. Son bien-aimé Tristan vient de mourir mais elle si perturbée par son chagrin et si profondément amoureuse qu'elle s'imagine le voir vivant. Et cette vision fait monter en elle une extase qui, finalement, aura raison de sa vie.

0'00 L'orchestre joue très calmement lorsque Isolde (ici interprétée par Helga Dernesch) commence à chanter. Notez les quatre premières notes qu'elle chante sur *mild und leise* que nous appellerons « motif cyclique ». Elle chante à nouveau ce motif, mais plus haut, sur les mots *wie das Auge*.

Mild und leise wie er lächelt,	Comme il sourit, doucement, tendrement,
Wie das Auge hold er öffnet!	Comme il ouvre doucement les yeux!

0'30 Maintenant, Isolde chante une autre mélodie mais, écoutez! Sous les paroles, le cor continue à faire entendre les quatre notes du motif cyclique. La musique atteint un premier sommet sur le mot *leuchtet* (« brille »).

Seht ihr, Freunde, seh't ihr's nicht?	Ne voyez-vous pas, mes amis, ne voyez-vous pas?
Immer lichter wie er leuchtet,	Comme il brille, toujours plus radieux,

0'57 La musique enfle encore lorsque Isolde chante la phrase suivante:

Sternumstrahlt hoch sich hebt?	S'élevant haut dans le scintillement des étoiles?

1'14 L'orchestre prend du recul, avant de recommencer une autre ascension. Le motif cyclique passe d'instrument en instrument, jusqu'à ce qu'Isolde la chante elle-même sur *mutig schwillt*.

Seht ihr's nicht?	Ne voyez-vous pas?
Wie das Herz ihm mutig schwillt,	Comme son cœur se gonfle de courage
Voll und hehr im Busen ihm quillt?	Et bat, plein et vaillant, dans sa poitrine?

1'46 L'orchestre repart pour une nouvelle montée, avec une variante au motif cyclique : Wagner y ajoute un ornement suave qu'on entend d'abord à la clarinette à **1'52**.

Wie den Lippen, wonnig mild	Comme de ses lèvres s'échappe doucement
Süßer Atem sanft entweht.	Un souffle délicieux et suave.
Freunde ! Seht !	Amis ! Voyez !
Fühlt und seht ihr's nicht ?	Ne sentez-vous pas ? Ne voyez-vous pas ?

2'44 Nouvelle vague ascensionnelle de l'orchestre, qui soutient Isolde au son du motif cyclique. À **3'10**, la voix chante l'ornement présenté par la clarinette à **1'52**, tandis que la musique descend par degrés (mais ce sera pour mieux remonter).

Höre ich nur diese Weise,	Suis-je seule à entendre cet air
Die so wundervoll und leise,	Qui, si merveilleux, si doux,
Wonne klagend, alles sagend,	Soupirant de bonheur, chantant chaque chose,
Mild versöhnend aus ihm tönend,	S'échappe de lui, pardonnant avec tendresse,

3'32 Isolde et les violons modulent (changent de tonalité) en montant la gamme chromatique degré par degré. Cet artifice provoque une tension intense.

In mich dringet, auf sich schwinget,	M'envahit, se déploie
Hold erhallend um mich klinget ?	Et résonne mélodieusement autour de moi ?

3'53 Voici le premier apogée véritable de l'extrait.

Heller schallend, mich umwallend,	Résonnant d'un timbre plus clair, m'entourant,

4'04 Nous entendons maintenant une phrase wagnérienne typique, longue, aux lignes ascendantes, dans laquelle la tension monte progressivement en direction d'un point culminant sans cesse retardé. Chant et accompagnement orchestral sont superbes mais c'est leur intensité dramatique qui nous prend. Dans cette phrase, on trouve Wagner tout entier et on comprend ce qui fait la beauté de sa musique.

Slnd es Wellen sanfter Lüfte ?	Sont-ce les ondes d'une brise légère ?
Sind es Wolken wonniger Düfte ?	Sont-ce les nuages de parfum délicieux ?
Wie sie schwellen, mich umrauschen !	Comme ils gonflent, comme ils m'enivrent !
Soll ich atmen, soll ich lauschen ?	Dois-je les respirer, dois-je les entendre ?

4'35 Soudain, l'orchestre s'estompe. Wagner utilise ce moment de silence relatif pour préparer le cheminement vers l'apogée final. Écoutez la profondeur que la voix de Helga Dernesch donne à ces mots : *soll ich schlürfen*. Vous imaginez facilement Isolde, jeune et belle, voulant à toute force ressusciter Tristan.

Soll ich schlürfen, untertauchen,	Dois-je les boire, m'y plonger ;
Süss in Duften mich verhauchen ?	M'évaporer doucement dans ces fragrances ?
In dem wogenden Schwall,	Dans leurs vagues déferlantes,
In dem tönendem Schall,	Dans l'éclat de leur tonnerre,

5'01 Nous y voici. C'est le paroxysme de l'air et de l'opéra lui-même.

In des Welt Atems wehendem All	Dans le Tout respirant par le souffle du monde

L'exaltation de l'orchestre semble ne plus devoir finir et – à la vérité – submerge presque complètement Helga Dernesch. Il est difficile de contenir un orchestre à un tel moment. D'abord, il n'est pas facile d'entendre un chanteur lorsque plus de cent instruments jouent ensemble, ensuite, cette musique-là *doit* être jouée *forte*. Ne vous étonnez pas que ce *Liebestod* soit souvent joué en concert sans chanteur.

5'26 Maintenant la musique s'évanouit peu à peu. L'orchestre évoque plusieurs images dans ses derniers soubresauts : un coucher de soleil, des oiseaux chantant et la transformation d'Isolde en un son pur. Nous nous sentons presque heureux pour ces deux amants unis dans la mort.

5'59 La note finale d'Isolde – sur le mot *Lust* (« volupté ») – est éthérée et semble provenir du paradis.

Ertrinken, versinken, unbewußt,	Me noyer, sombrer, perdant conscience –
Höchste Lust!	Volupté suprême!

(Isolde, transfigurée, s'effondre doucement sur le corps de Tristan.)

Les dernières mesures de l'orchestre referment l'air et l'opéra sur une sensation de résignation et de sérénité.

10 Wagner : Les Maîtres chanteurs de Nuremberg – Monologue final et chœur

Si Wagner a glorifié l'amour dans *Tristan und Isolde*, ce sont les vieilles traditions germaniques qui sont à l'honneur dans sa comédie *Les Maîtres chanteurs de Nuremberg* (*Die Meistersinger von Nürnberg*). Cette œuvre est l'opéra le plus long qui soit régulièrement représenté de nos jours (Mais un ouvrage plus rarement donné comme *Les Troyens* de Berlioz le bat à plate couture !). L'ouvrage raconte l'histoire d'un jeune musicien inexpérimenté, Walther, qui espère obtenir la main de la belle Eva en remportant un concours de chant. (Pour plus de détails, consultez le chapitre 9.) Malgré quelques embûches, il finit par triompher, et on l'invite à faire partie de la Guilde sacrée des maîtres chanteurs. Il commence par refuser cet honneur, irrité par le rude traitement que certains membres lui avaient fait subir quand il n'était qu'un novice. Mais Hans Sachs, cordonnier et extraordinaire maître chanteur lui-même, lui fait comprendre la grandeur de la tradition germanique du chant. Finalement, Walther accepte et tout le monde se réjouit.

0'00 Le finale de l'opéra commence avec une mélodie fortement marquée jouée par l'ensemble de l'orchestre. Hans Sachs commence par déclamer quelques recommandations à Walther :

Sachs (*prenant Walther par la main*) **:**

Verachtet mir die Meister nicht,	Ne dédaignez pas ainsi les maîtres
Und ehrt mir ihre Kunst!	Et honorez leur art.

0'24 L'orchestre joue maintenant une douce mélodie entendue dans l'ouverture de l'opéra et Sachs commence à raconter son histoire dans un style quelque peu déclamatoire. Il explique à Walther qu'il a gagné le respect de ses concitoyens pas la qualité de sa poésie et de son chant et non par sa richesse ou sa force physique. En outre, continue-t-il, Walther devrait éprouver de la reconnaissance envers les maîtres qui lui ont appris cet art.

Was ihnen hoch zum Lobe spricht,	Ce que l'on loue en eux,
Fiel reichlich euch zur Gunst.	Vous a largement profité.
Nicht euren Ahnen, noch so wert,	Ce n'est pas à vos aïeux, si louables soient-ils,
Nicht euren Wappen, Speen noch Schwert,	Ni à vos armes, votre lance ou votre épée
Daß ihr ein Dichter seid;	Que vous devez votre talent de poète.
Ein Meister euch gefreit,	Un maître vous a libéré.
Dem dankt ihr heut' eu'r höchstes Gluck.	C'est à lui que vous devez ce grand bonheur.

1'01 Dans les phrases qui suivent, la musique de Sachs devient plus songeuse :

Drum, denkt mit Dank ihr d'ran zurück,	Pensez-y avec reconnaissance :
Wie kann die Kunst wohl unwert sein,	Comment un art peut-il être dénué de valeur
Die solche Preise schließet ein ?	Quand il vous apporte une si noble récompense ?

1'21 L'orchestre ralentit brièvement, son accompagnement prenant une allure plus martiale. Puis, à **1'41**, il reprend sa mélodie lyrique. Comme vous l'aurez peut-être remarqué, c'est l'orchestre qui joue la mélodie et le chanteur qui « l'accompagne », faisant ainsi exactement le contraire de ce qu'aurait écrit un compositeur d'opéra italien.

Daß uns're Meister sie gepflegt,	Nos maîtres ont conservé cet art
Grad' recht nach ihrer Art,	À leur manière, du mieux qu'ils pouvaient,
Nach ihrem Sinne treu gehegt,	Restant fidèles à son esprit,
Das hat sie echt bewahrt :	Ce qui l'a conservé dans sa pureté :
Blieb sie nicht adlig, wie zur Zeit,	Et même lorsqu'il n'était pas honoré comme au temps
Wo Höf' und Fürsten sie geweiht,	Où les cours et les princes s'y consacraient,
Im Drang der schlimmen Jahr'	Victime d'années difficiles
Blieb sie doch deutsch und wahr.	Il restait allemand et vrai.

2'04 L'orchestre poursuit son accompagnement mélodieux, le soliste ayant la tâche difficile de prononcer une foule de consonnes dans un court laps de temps. Des phrases telles que celles-ci constituent une véritable épreuve pour le chanteur qui doit conserver sa ligne de chant tout en transmettant une palanquée d'informations.

Und wär' sie anders nicht geglückt,	Et bien que notre art ait été hors d'ici moins honoré
Als wie wo alles drängt und drückt,	Alors que tout n'était que tempêtes et épreuves,
Ihr seht, wie hoch sie blieb in Ehr' !	Vous voyez comme on continue de l'honorer !
Was wollt ihr von den Meistern mehr ?	Que pourrais-tu demander de plus aux Maîtres ?

2'22 L'orchestre monte jusqu'à un accord tonitruant. Sachs parvient maintenant au point culminant de son monologue. L'orchestre met en valeur l'importance de ce passage par un trémolo aux cordes et souligne les points essentiels par des accords marqués.

Habt Acht ! Uns drohen üble Streich' ;	Prenez garde ! Une menace pèse sur nous
Zerfällt erst deutsches Volk und Reich,	Et si nous devions encore reculer
In falscher welscher Majestät	Devant la majesté de faux souverains étrangers
Kein Fürst dann mehr sein Volk versteht;	Aucun prince alors ne comprendrait plus son peuple ;
Und welschen Dunst mit welschen Tand	Et les brumes étrangères et les futilités étrangères
Sie pflanzen uns in deutsches Land.	Seraient implantées dans notre pays.

3'12 La partition d'orchestre s'éclaircit de plus en plus au fur et à mesure que le chant de Sachs s'adoucit, lorsqu'il évoque cet art qu'il craint de voir perdu.

Was deutsch und echt wüßt' keiner mehr,	Ce qui est réellement allemand sera bientôt oublié
Lebt's nicht in deutscher Meister Ehr'.	S'il ne vit pas grâce aux maîtres allemands.

3'29 Pendant les quelques secondes qui suivent, l'orchestre adopte un nouveau rythme. Écoutez la voix de Sachs sur le mot *Meister* (à **3'43**) : il souligne la force de sa pensée par un grand saut d'une note à l'autre.

Drum sag' ich Euch :	C'est pourquoi je vous le dis :
Ehrt eure deutschen Meister;	Honorez vos maîtres allemands ;

3'44 L'orchestre retrouve son ample mélodie. Les bois et les cordes virevoltent autour de la phrase principale.

Dann bannt ihr gute Geister!	Aussi conserverez-vous le soutien des esprits bénéfiques !
Und gebt ihr ihrem Wirken Gunst,	Et si vous les soutenez dans leur action
Zerging' in Dunst	Même si le Saint Empire romain
Das heil'ge röm'sche Reich,	Devait se dissoudre en poussière
Uns bliebe gleich	Nous conserverions par-devers nous
Die heil'ge deutsche Kunst!	Le saint art allemand !

4'23 Sur le mot *Kunst* (« art »), l'orchestre parvient à un point culminant et c'est l'entrée du chœur. Cette mélodie majestueuse a elle aussi été entendue au cours de l'ouverture de l'opéra, quelque cinq heures plus tôt. La musique prend ici une ferveur religieuse et sonne comme une glorieuse péroraison de la déclamation que nous venons d'entendre.

(Au cours du finale, Eva s'empare de la couronne qui se trouve sur la tête de Walther et la place sur la tête de Sachs. Celui-ci prend la chaîne que porte Pogner, le père d'Eva, et l'accroche au cou de Walther. Après que Sachs les a tous deux embrassés, Walther et Eva se placent de chaque côté de lui, s'appuyant sur ses épaules. Pogner s'agenouille comme s'il rendait hommage à

Sachs. Les maîtres chanteurs acclament Sachs comme leur chef spirituel.

Avant que retentissent les derniers vivat, à **5'45**, on entend une grandiose fanfare, issue elle aussi tout droit de l'ouverture.

Dann bannt ihr gute Geister!	Aussi conserverez-vous le soutien des esprits bénéfiques!
Und gebt ihr ihrem Wirken Gunst,	Et si vous les soutenez dans leur action
Zerging' in Dunst	Même si le Saint Empire romain
Das heil'ge röm'sche Reich,	Devait se dissoudre en poussière
Uns bliebe gleich	Nous conserverions par-devers nous
Die heil'ge deutsche Kunst!	Le saint art allemand!
Heil Sachs! Hans Sachs!	Vive Sachs! Hans Sachs!
Heil Nürnbergs teurem Sachs!	Vive Sachs, si cher à Nuremberg!

11 Richard Strauss : Arabella – Duo d'Arabella et Zdenka

Arabella est l'un des derniers opéras de Richard Strauss, et il y abandonne les sonorités rugueuses d'ouvrages antérieurs comme *Salomé* et *Elektra*. Ce duo est typique de la dernière manière de Strauss, et c'est l'un des morceaux les plus ravissants qu'il ait écrit.

Voici un résumé de l'action au moment où est chanté le duo entre Arabella et Zdenka. La jeune Arabella espère la venue d'un prétendant et rêve à ce que pourrait être leur première entrevue. Entre-temps, sa sœur Zdenka que leurs parents ont élevé comme un garçon (parce qu'ils n'ont pas les moyens de doter deux filles) exprime son affection pour son aînée et sa tristesse d'être tenue à l'écart de tout projet sentimental.

0'00 La chanteuse qui incarne ici Arabella est Elisabeth Schwarzkopf, qui fut l'une des plus grandes interprètes de Richard Strauss. Vous pouvez admirer la pureté de son timbre, la beauté de son *legato* (l'art que les notes se succèdent sans heurts au fil de la ligne vocale, elle commence à chanter avec simplicité, presque en parlant, les deux premières phrases d'une voix haletante, en décrivant l'homme qu'elle sait devoir rencontrer un jour.

Dès le début, Richard Strauss peint la plénitude d'une amoureuse en pleine maturité, avec des lignes vocales qui s'élèvent et redescendent avec mesure et élégance.

Arabella

Aber der Richtige, wenn's einen gibt	Mais s'il y a un homme qui me soit destiné
für mich auf dieser Welt,	sur cette terre,
der wird einmal dastehn, da vor mir,	il apparaîtra un jour devant moi,
und wird mich anschaun und ich ihn,	il me regardera et je le regarderai,
und keine Zweifel werden sein	et il n'y aura nul doute,
und keine Fragen,	nulle question,

0'37 Sur le mot *selig* (« comblée »), la voix de Schwarzkopf prend son envol, tournoyant sur la mélodie. C'est du Strauss, et du meilleur !

und selig, und selig werd' ich sein	Et je serai comblée, comblée,
und gehörsam wie ein Kind.	Et aussi obéissante qu'un enfant.

1'16 C'est maintenant au tour de la petite sœur, Zdenka, de chanter. Sa musique est très différente : plus rapide et moins éthérée. Paroles et musique se précipitent lorsqu'elle tente de comprendre ce qu'exprime Arabella. (Zdenka ne comprend pas encore bien ce que sont le désir et la tristesse inséparables de l'amour.) Sur le mot *helfen* (« aider ») à **1'45**, sa mélodie fait écho à certains envols d'Arabella.

Zdenka

Ich weiss nicht, wie du bist;	Je ne te connais pas vraiment ;
ich weiss nicht, ob du Recht hast;	je ne sais pas si tu as raison ;
dazu hab' ich dich viel zu lieb!	je t'aime trop pour cela !
Ich will nun das du glücklich wirst	Tout ce que je veux pour toi, c'est que tu sois heureuse
Mit einem, der's verdient!	avec quelqu'un qui en vaille la peine.
Und helfen will ich	Et je veux t'aider
dir dazu.	à y parvenir.

1'52 Maintenant Zdenka se parle à elle-même et Strauss traduits certains de ses mots par des figuralismes musicaux. Sur le mot *Licht* (« lumière », à **2'05**), la voix, puis les violons s'élèvent haut dans l'aigu, tandis que sur *hinab ins Dunkel* (« en bas, dans la pénombre »), la musique retombe en un chuchotement que recouvre un orchestre sombre.

(se parlant à elle-même plutôt qu'à sa sœur)

So hat ja die Prophetin es gesehn:	C'est ce que m'a dit la tireuse de cartes,
sie ganz im Licht,	Elle, en haut, dans la lumière
und ich hinab ins Dunkel.	Et moi, en bas, dans la pénombre.

2'25 Mais tout cela n'était qu'un rapide aparté. C'est maintenant le retour de la mélodie et du texte initiaux d'Arabella.

Arabella

Aber der Richtige, wenn's einen gibt	S'il y a un homme qui me soit destiné
für mich, (etc.)	sur cette terre (etc.)

2'31 Zdenka rejoint sa sœur une ligne mélodique similaire. Les deux voix de sopranos s'enroulent l'une autour de l'autre.

Zdenka

Sie ist so schön und so lieb…	Elle est si belle et si aimable
Ich werde gehn,	je vais partir,

3'00 Ici, comme un peu plus haut, la voix d'Arabella prend son envol sur le mot *selig*, rejointe cette fois par celle de Zdenka sur le mot *segnen* (« bénir »). S'il existe une musique plus paradisiaque, nous ne l'avons jamais entendue.

3'26 À la fin du duo, Zdenka nous fait frissonner avec un contre-*ut*, juste avant les deux sœurs terminent sur la même note, un *fa*.

und noch im Gehn werd' ich dich segnen,	Et même en partant, je te bénirai,
meine Schwester!	ma sœur !

À DÉCOUVRIR

Très peu de compositeurs ont écrit pour une telle association de voix. Strauss aimait particulièrement le timbre de soprano, et plus encore faire chanter deux sopranos ensemble. Il a écrit plusieurs duos et trios de sopranos dans ses opéras, tel le trio final du *Chevalier à la rose*. Si vous avez aimé *Arabella*, nous vous conseillons vivement de l'écouter.

12 Bizet : Carmen – Habanera

Aucune introduction à l'opéra ne serait complète sans *Carmen*, de Georges Bizet, et aucune représentation de *Carmen* ne serait complète sans la Habanera, un des airs les plus célèbres de l'ouvrage. Une *habanera* est une danse cubaine (de La Havane, pour être exact) dont les chaloupements ne sont pas sans rappeler le tango.

Ce morceau montre la sensualité de la langue française, surtout lorsqu'elle est pratiquée par une chanteuse de talent. Carmen est ici Victoria de Los Angeles qui associe à une prononciation parfaite du français une âme fière de Catalane.

Vous trouverez le scénario complet de *Carmen* au chapitre 9. Voici où en est l'action au moment où débute cet extrait. À l'extérieur d'une fabrique de cigares, à Séville, des soldats tuent le temps avec quelques dames aimables. Arrive l'une des ouvrières, une séductrice qui se met à émoustiller les hommes, en particulier le brigadier don José.

La structure de cette pièce est simple : une brève introduction suivie d'un couplet, un refrain, un autre couplet et la reprise du refrain.

0'02 L'introduction est un court récitatif – paroles presque parlées – chanté sur un rythme assez libre, destiné à faire avancer l'action. L'orchestre fait entendre quelques accords aux moments opportuns.

Quand je vous aimerais ? ma foi, je ne sais pas…

0'10 Maintenant, Carmen chante le début d'une véritable mélodie, se moquant des espoirs qu'elle fait naître.

Peut-être jamais !... peut-être demain !

0'24 Retour au style du récitatif.

Mais pas aujourd'hui, c'est certain.

0'31 C'est maintenant que commence véritablement la habanera. L'orchestre prélude pendant quelques secondes avant que Carmen ne commence (à **0'35**). Écoutez de quelle façon Victoria de Los Angeles prend une voie sensuelle et coquette pour prononcer les paroles. Elle y parvient en partie en usant d'un timbre de voix particulier, en partie en glissant malicieusement entre chaque note.

Premier couplet

L'amour est un oiseau rebelle

Que nul ne peut apprivoiser,

Et c'est bien en vain qu'on l'appelle,

S'il lui convient de refuser !

Rien n'y fait, menace ou prière,

L'un parle bien, l'autre se tait,

Et c'est l'autre que je préfère,

Il n'a rien dit, mais il me plaît.

1’07 Au moment où Carmen termine le couplet, les jeunes gens et les cigarières interviennent. Ils reprennent doucement le couplet que vient de chanter Carmen, pendant que celle-ci répète à plusieurs reprises sur cet « accompagnement » : *l’amour.*

1’23 Voici maintenant le refrain que Carmen va chanter seule avec le même accompagnement de habanera par l’orchestre.

Refrain

L’amour est enfant de Bohème,

Il n’a jamais, jamais connu de loi,

Si tu ne m’aimes pas, je t’aime ;

Mais si je t’aime, prends garde à toi !

1’40 À ce moment, le chœur accompagné par l’orchestre au complet souligne *Prends garde a toi !*

Maintenant, Carmen répète les deux derniers vers. Remarquez avec quelle sensualité elle prononce les mots *je t’aime* (**1’50**). Nouvelle intervention du chœur, plus fort cette fois. Carmen termine seule, d’une voix de poitrine, un peu rauque, gourmande. (Écoutez en particulier à **2’05**.)

Le chœur et Carmen reprennent le refrain. À **2’39**, Carmen tient une notre élevée (*fa* dièse) que le compositeur a surmontée d’un point d’orgue (sur le « gar » de « prends garde à toi »), indiquant par là que la chanteuse peut la prolonger à sa convenance. Victoria de Los Angeles tient cette note pendant à peu près cinq secondes.

2’44 L’orchestre introduit le second couplet. Pouvez-vous discerner le passage du mode majeur au mode mineur ? (Il a lieu précisément à **2’50**, au moment où Carmen recommence à chanter, de façon encore plus sensuelle que dans le premier couplet.) Si les paroles changent, la mélodie reste identique.

Second couplet

L’oiseau que tu croyais surprendre

Battit de l’aile et s’envola :

L’amour est loin, tu peux l’attendre ;

Tu ne l'attends plus… il est là.

Tout autour de toi, vite, vite,

Il vient, s'en va, puis il revient;

Tu crois le tenir il t'évite;

Et maintenant, écoutez comment Victoria de Los Angeles se sert de sa vois de poitrine, délicieuse, langoureuse et séduisante, au moment où elle ralentit pour attaquer le mot *tient*.

Tu crois l'éviter, il te tient.

3'26 À nouveau, doucement, avec légèreté, hommes et femmes répètent le couplet pendant que Carmen chante *l'amour* quatre fois de suite.

À **3'41**, le refrain reprend et Carmen termine sur un triomphant *Prends garde à toi!*

13 Gershwin : Porgy and Bess – « It Ain't Necessarily So »

Le plus connu des opéras américains, et de loin, est *Porgy and Bess*, de George Gershwin. L'extrait que nous allons vous présenter ici vous en fera comprendre la raison. Comme vous pouvez le lire au chapitre 8, Gershwin avait un pied dans le jazz et l'autre dans le classique. Son génie a été de savoir fondre ces deux styles en un style complètement nouveau, profondément américain.

Vous trouverez le résumé complet de l'action au chapitre 9. Voici ce qui se passe au moment de l'extrait ici présenté. La plupart des résidents du quartier pauvre de Catfish Row, en Caroline du Sud, se sont rendus à un pique-nique sur l'île de Kittawah. Là-bas, le dénommé Sportin' Life (qui, plus tard, détournera Bess du droit chemin) fait une parodie de sermon. Les gens se rassemblent autour de lui en l'acclamant.

Dans cet enregistrement, le ténor Damon Evans traduit parfaitement l'irrévérence de Sportin' Life. Bien que ce soit un chanteur de métier, il n'essaie pas de jouer comme à l'opéra car les paroles que prononce Sportin' Life sonneraient alors faux.

Ici, Gershwin composé un air dans le style des gospels. Au début de chaque vers, Sportin' Life aboie le texte que le chœur répète. Fidèle au style des gospels, Evans improvise librement, modifiant les notes écrites par Gershwin çà et là, au gré de son inspiration. Le chef d'orchestre, Simon Rattle, a bien compris ce style et a demandé au chœur de répéter ce que dirait Evans, quoiqu'il chante. Il en résulte que l'enregistrement a tout à fait l'apparence d'une improvisation, à la différence du reste du CD.

L'extrait commence chaleureusement sur des rires et des claquements de doigts. L'orchestre joue un motif tranquille et répété pendant plusieurs secondes avant que Sportin' Life ne commence à chanter.

0'09 Evans a une voix nerveuse, précise et quelque peu nasillarde. Lorsque le chœur reprend ses paroles, il imite son timbre de voix.

Sportin' Life (joyeusement)

It ain't necessarily so,	C'est pas forcément comme ça,
De t'ings dat yo' li'ble to read in de Bible,	C'que vous lisez dans la Bible,
It ain't necessarily so,	C'est pas forcément comme ça,
L'il David was small but, oh my!	Le p'tit David, l'était pas grand mais, sacré nom!
He fought big Goliath who lay down	Y s'est battu avec l'énorme Goliath, l'a fichu par terre
And dieth!	Et l'a tué,
L'il David was small but, oh my!	Le p'tit David, l'était pas grand mais, sacré nom!

0'48 Soudain, tout l'orchestre attaque un air rythmé, jazzy, très scandé, sur lequel Sportin' Life s'emballe. Ce passage est un peu l'équivalent de la cadence d'un air d'opéra classique dans lequel le chanteur montre ses capacités vocales. Mais dans un style différent, bien sûr. Ensuite, le chœur reprend les mêmes vocalises en l'imitant.

Wadoo,

Zim bam boddle-oo,

Hoodle ah da wa da,

Scatty wah..

Yeah!

1'02 Et maintenant, l'orchestre revient au thème original, au rythme lent et décontracté. À nouveau, le chœur reprend les paroles du « prédicateur » de la même façon qu'il les chante.

Oh, Jonah, he lived in de whale,	Oh, Jonas, y vivait dans la baleine,
Fo'he made his home in dat fish's abdomen.	À cause qu'c'était dans son ventre qu'il habitait.
Oh, Jonah he lived in de whale,	Oh, Jonas, y vivait dans la baleine.
L'il Moses was found in a stream,	Le p'tit Moïse, on l'a trouvé dans un ruisseau,
He floated on water tiltole	Y flottait sur l'eau jusqu'à c'que
Pharaoh's daughter	La fille du vieux Pharaon
She fished him, she says, from that stream.	L'repêche – qu'elle a dit – dans c'ruisseau.

1'42 À nouveau, grand éclat rapide de l'orchestre au moment où Sportin' Life s'enflamme.

Wadoo, (etc.)

1'49 Notez la durée pendant laquelle Evans tient le *Yeah!* Gershwin a indiqué un point d'orgue sur la note correspondante, de la même façon que Bizet l'avait fait avant lui pour Carmen à la fin de sa Habanera, qui figure à la plage précédente. Evans en profite pour mettre sa voix et son charisme en valeur, tenant la note pendant onze secondes. Le chœur montre qu'il a apprécié. Lorsque Sportin' Life continue, l'orchestre revient au calme du thème premier.

It ain't necessarily so,	C'est pas forcément comme ça,
Dey tells all you chillun de debble's a villun,	Y vous racontent que l'Diable est un méchant,
But 'tain't necessarily so.	Mais c'est pas forcément comme ça.

2'19 Maintenant, Sportin' Life chante une mélodie contrastée, sorte de pont musical qui va nous ramener à la répétition du thème principal à **2'37**.

To get into Hebben don'snap for a sebben!	Pour aller au Paradis, fais gaffe aux sept.
Live dean! Don' have no fault.	Vis, mon vieux, évite le péché.
Oh, I takes dat gospel whenever it's pos'ble,	Je suis c'dicton chaque fois que j'peux
But wid a grain of salt.	Mais avec un grain d'sel.
Methus'lah lived 900 years,	Mathusalem a vécu 900 ans,
But who calls dat livin' when no gal'll give in	Mais qui peut appeler ça vivre quand pas une fille
To no man what's 900 years ?	Ne vient voir un gars qu'a 900 ans ?

2'57 Sportin' Life conclut son numéro par une petite recommandation reprise allégrement par le chœur.

I'm preaching dis sermon to show	Si j'vous raconte tout ça, c'est pour montrer
It ain't nessa, ain't nessa, ain't nessa,	Qu'c'est pas forcé, forcé, forcé, forcé,
ain't nessa ain't necessarily so.	Qu'c'est pas forcément comme ça.

À DÉCOUVRIR

Si cette musique vous plaît, écoutez l'intégralité de *Porgy and Bess*. Tout l'opéra est rempli de ce genre de musique, fraîche, joyeuse, et cent pour cent américaine.

Quatrième partie

La partie des Dix

Dans cette partie...

Si vous avez docilement feuilleté tous les chapitres de ce livre depuis le début, félicitations car vous venez d'ingurgiter bon nombre de notions réellement complexes. Et si vous avez réellement *lu* tout le texte, vous voilà en bonne condition pour affronter sans crainte le monde de l'opéra.

Cette quatrième partie est destinée à combler les moments où votre attention faiblit, quand vous avez besoin d'une pause pour échapper aux rigueurs de... *Pour les Nuls*.

Chapitre 11

Les dix idées fausses les plus répandues sur l'opéra

Si vous avez lu un tant soit peu ce livre, vous savez que l'opéra n'a rien à voir avec ce gros machin ennuyeux, poussiéreux et accablant que certains imaginent. Mais pour que vous en soyez bien persuadé, voici quelques-uns des mythes que nous espérons avoir dégonflés.

L'opéra, c'est pour les snobs

Dans toute forme d'art, vous rencontrez des gens qui se considèrent comme supérieurs parce qu'ils en savent davantage. Ils emploient leur propre jargon et s'en servent comme d'un mot de passe commandant l'accès à un club très fermé.

Mais, ô ironie, les grands compositeurs ont écrit leurs œuvres pour les masses populaires. C'était l'équivalent des films, avant que le cinéma existe. L'opéra n'est pas plus réservé à une élite que le cinéma.

Les chanteuses d'opéra sont de grosses dames qui portent des casques avec des cornes

Le stéréotype de la grosse dame chanteuse d'opéra a commencé à trépasser lorsque la télé s'est mise à diffuser des opéras. Lorsque la célèbre cantatrice Renata Scotto s'est vue à la télévision dans *La Bohème*, elle a été horrifiée et, dès le lendemain, s'est mise au régime, fermement décidée à perdre une vingtaine de kilos. La grande Jessye Norman a, elle, perdu cinquante kilos et Deborah Voigt, trente-cinq. Même la Callas s'est imposé un régime draconien (mais il lui a coûté sa voix...) La télévision et la médiatisation ont modifié les règles concernant le recrutement des chanteurs et des chanteuses. Certes, parmi les grandes vedettes de l'opéra, il en reste quelques-unes dont la carrure est « exceptionnellement large ».

Cela n'empêche pas que nous connaissions nombre de chanteurs de premier plan dont l'apparence ne le cède en rien à celle de reines de beauté ou de jeunes premiers : Angela Gheorgiu, Karita Mattila, Waltraud Meier, Anna Netrebko, Angelika Kirchschlager, Véronique Gens, Roberto Alagna, Dimitri Hvorostovsky... et bien d'autres. En vérité, l'époque de la Castafiore est bien révolue.

Et en ce qui concerne les casques de Vikings pourvus de cornes, on ne les rencontre que dans un unique opéra de Wagner : *La Walkyrie*. Les Walkyries sont des déesses guerrières chargées de ramasser les corps des guerriers jonchant les champs de bataille pour les emmener au Walhalla. On les montre le plus souvent habillées d'une cuirasse et coiffées de ce fameux casque. En dehors du monde de l'opéra wagnérien, vous n'avez guère de chances d'en voir.

Les opéras durent longtemps

Autre simplification héritée de l'opéra wagnérien. Certes, certains opéras de ce compositeur durent toute une soirée, quatre ou même cinq heures en comptant les entractes. Mais il existe des kyrielles d'opéras dont la durée n'excède pas deux ou trois heures. Moins de temps qu'il en faut pour voir *Le Patient anglais* ou *La Liste de Schindler*.

En fait, il existe même des opéras si courts qu'on a l'habitude de les représenter par paire au cours d'une même soirée : *Cavalleria rusticana* de Pietro Mascagni et *Paillasse* de Ruggiero Leoncavallo sont presque toujours joués l'un derrière l'autre pour cette raison, car ni l'un ni l'autre ne suffirait à remplir seul une soirée entière. Giacomo Puccini, sans doute l'un des compositeurs d'opéra les plus populaires, a même composé trois opéras très courts (*Il tabarro, Suor Angelica* et *Gianni*

Schicchi), conçus pour être donnés l'un après l'autre au cours du même spectacle.

À propos, selon le *Livre Guinness des records*, l'opéra le plus court jamais écrit serait *La Délivrance de Thésée* de Darius Milhaud, qui dure 7 minutes et 37 secondes. (Il fait partie d'un groupe de trois opéras écrits en 1928 et que le compositeur a baptisés « opéras minute ».) Pour tout dire, l'un de nous deux a même écrit un opéra encore plus court mais Guinness ne l'a pas encore découvert.

Les personnages d'un opéra mettent au moins dix minutes à mourir

Cliché habituel : le ténor a été poignardé vers la fin du troisième acte. Il cherche sa respiration. Il va exhaler son dernier soupir. Mais avant cela, il va chanter pendant une dizaine de minutes, n'oubliant pas de lancer son fameux contre-*ut*.

Voici deux raisons prouvant qu'il s'agit là d'une idée reçue :

- D'abord, ce que le ténor chante avant de mourir est un *air* (forme particulière de chant dans lequel il est censé exprimer ses sentiments). Du point de vue de la mise en scène, pendant un air, il ne se passe rien : l'action s'arrête, le temps s'éternise. Un air est juste une petite parenthèse temporelle, un fragment de temps dilaté pour permettre d'exprimer toutes sortes d'émotions. Alors, même si le ténor semble avoir besoin de dix minutes pour s'exprimer avant de mourir, cela ne représente qu'un bref instant dans le fil de l'intrigue.

  Vous ne vous plaignez pas quand, dans un film, l'action se déroule au ralenti, n'est-ce pas ?
- D'autre part, un grand nombre d'opéras peignent des événements un peu à la façon d'un documentaire réaliste. Lorsque, dans un tel opéra, un personnage est poignardé, il ne chante pas du tout. Il se contente de crier et de mourir. Pièces à conviction 1 et 2 : Scarpia dans *Tosca* et Carmen dans l'opéra homonyme de Bizet.

Vous avez besoin de connaître des langues étrangères pour bien saisir ce qui se passe dans un opéra

Il faut vous rendre à l'évidence : la plupart des opéras ne sont pas écrits en français. Auparavant, si vous assistiez à un opéra représenté dans sa langue originale, vous deviez en avoir étudié le livret à l'avance ou emporter avec vous une traduction et une lampe de poche pour pouvoir suivre l'action. Aucune de ces solutions n'était réellement pratique.

De nos jours, la plupart des salles d'opéra sont équipées d'un système de surtitres, l'équivalent des sous-titres ajoutés au bas de l'image dans les films étrangers projetés en V.O. Quant aux opéras diffusés à la télévision ou sur DVD, ils sont pourvus de sous-titres. Donc, rien ne vous empêche plus de profiter de la musique tout en ne perdant rien de l'intrigue.

L'opéra est ennuyeux

Si vous assistez à un opéra sans comprendre ce qui se passe, alors, oui, l'opéra est ennuyeux. Les surtitres ou la lecture préalable du livret ont mis fin à cet inconvénient.

Toutefois, force nous est d'admettre que certains moments (de brefs moments, seulement) sont réellement ennuyeux. Quitte à nous mettre à dos des milliers de fans de Wagner, nous croyons que certaines scènes de la *Tétralogie* subiraient sans mal une petite cure d'amaigrissement.

SUR LE CD

Mais ne vous laissez pas égarer par ces rares moments. L'opéra est, par-dessus tout, une des formes d'art les plus intéressantes. Écoutez le dernier acte de l'opéra de Puccini *Tosca* (vous en trouverez les dernières minutes à la plage 8 du CD d'accompagnement). La musique est puissante et passionnée, les mélodies sont somptueuses et on peut les fredonner facilement, l'histoire est à la fois tragique et humaine, l'ambiance y est intense. Nous sommes convaincus qu'écouter cet opéra aura une influence réelle et mesurable sur votre rythme cardiaque, sur votre humeur du moment et sur votre attitude générale envers l'opéra.

Il faut s'habiller pour aller à l'opéra

Par « s'habiller », nous entendons revêtir un uniforme de pingouin du genre smoking. C'est l'une des méprises les plus attristantes parce c'est elle qui freine le plus les amateurs potentiels d'entrer dans un opéra.

Croyez-le ou non mais vous pouvez vous vêtir comme vous l'entendez pour aller à l'opéra. Il y aura toujours des gens qui s'habilleront pour aller au spectacle et c'est d'ailleurs là une partie de leur plaisir. Si certaines personnes pensent nécessaire de s'habiller pour aller à la poste, ça ne vous oblige pas d'en faire autant.

Les intrigues d'opéra sont complètement farfelues

Vous entendrez toujours les gens prétendre que l'opéra est absolument en dehors de la réalité et qu'il n'a rien de commun avec la vie quotidienne. Mais, en y réfléchissant bien, vous n'y voyez rien d'autre que ce que vous pouvez lire dans vos journaux tous les jours.

L'histoire d'O.J. Simpson (qui a fait grand bruit aux États-Unis, beaucoup moins chez nous) est totalement opératique. C'est à peu près la même que celle de *Paillasse*, l'opéra de Ruggero Leoncavallo. L'affaire du meurtre des frères Menendez semble inspirée d'*Elektra*, opéra dans lequel on voit un frère et une sœur s'entendre pour assassiner leurs parents.

Les sujets principaux de l'opéra sont l'amour et le désir, la jalousie et la cupidité, la religion et la trahison, la justice et l'injustice. Les sujets des opéras que vous pouvez voir de nos jours sont aussi réalistes que le jour où ils ont été écrits. Il ne s'agit le plus souvent que d'une réalité à peine exacerbée.

Le prix des places est trop élevé

Un bon fauteuil d'opéra peut coûter jusqu'à 150 ou 200 euros. Est-ce qu'on en a pour son argent ?

À cette question nous répondrons : oui et non.

Ce qui fait le prix d'un billet, ce sont les moyens que la production doit mettre en œuvre, particulièrement dans les réalisations à grand spectacle. Regardez ce que vous allez avoir sous les yeux : une distribution de chanteurs de haute volée (dont le cachet peut atteindre quelques milliers ou dizaines de milliers d'euros par soirée), des décors somptueux qui peuvent transformer la scène et vous transporter en Égypte ou aux Indes (galantes), de merveilleux effets de lumière, parfois des éléphants, à d'autres moments des Walkyries chevauchant des destriers ailés (mais rarement les deux ensemble), un énorme chœur de serfs, de marins ou de guerriers, un bal avec des invités en grande tenue ou des soldats romains portant leur lance, un orchestre de renommée mondiale, des dizaines de machinistes, électriciens, éclairagistes… le tout dans une bâtisse de taille suffisante pour tout contenir.

Par ailleurs, il est clair que le jeu n'en vaut pas la chandelle si vous ne prenez pas plaisir au spectacle. Mais nous espérons qu'une fois que vous aurez lu ce livre, vous aurez compris tout ce qui se passe autour et alentour d'une représentation d'opéra et que vous serez capable de l'apprécier en connaissance de cause. De toute manière, il y a des places à tous les prix (à partir de moins de 15 euros dans les grandes salles parisiennes).

Les chanteurs d'opéra ont la vie belle

Rendez-vous compte : trois heures de boulot, 10 000 euros et c'est fini pour la journée. Ah, la belle vie !

En réalité, la représentation proprement dite, l'encaissement du cachet et la journée terminée, tout ça, c'est facile. Mais chanter et, surtout, bien chanter, ça l'est beaucoup moins.

Comme vous pouvez l'apprendre au chapitre 2, aucun art n'est plus difficile et plus ardu que l'opéra. Les chanteurs d'opéra doivent chanter, parfois à pleins poumons, sans s'arrêter, pendant plusieurs heures de suite. Certains opéras durent trois heures et même cinq chez Wagner.

Pour être capables d'accomplir de tels exploits, les chanteurs d'opéra doivent être des surhommes. Ils doivent être en pleine possession de leurs moyens vocaux, ce qui suppose des heures d'exercices et d'échauffement comparables à l'entraînement d'un coureur olympique de décathlon. Pour pouvoir être entendu du fond d'une salle d'opéra, il faut être capable de coordonner ses poumons, son diaphragme et ses cordes vocales.

De nos jours, ce travail est encore plus difficile que par le passé. Il y a d'abord le stress des voyages continuels. Un chanteur peut fort bien chanter *Aida* en soirée à Milan et répéter *Tosca* le lendemain à New York. Il y a ensuite une terrible recherche de la perfection. Beaucoup de spectateurs connaissent l'opéra pour l'avoir entendu sur CD d'après un enregistrement fait en studio avec toutes les possibilités de fractionnement, de reprises et de montage qui existent. Sans compter la proximité des micros qui dispense le chanteur de donner toute sa puissance vocale. Ils s'attendent alors à retrouver sur scène le même genre de performance, soit alors que le chanteur se trouve dans un contexte totalement différent.

Les grands chanteurs d'opéra donnent l'impression de parvenir sans effort à la perfection. Cela fait partie de leur art. C'est pour cela que nous les adorons. Mais n'oubliez pas qu'ils font seulement semblant.

Chapitre 12

Les lieux mythiques

Les dix plus belles salles d'opéra en France

Théâtre impérial de Compiègne

En 1866, l'empereur Napoléon III décide la construction d'un théâtre qui, à l'instar de celui de Versailles, divertira la cour durant les séjours du souverain à Compiègne. Les travaux sont confiés à Auguste-Gabriel Ancelet. Mais la guerre de 1870 et la défaite de Sedan mettent un terme au Second Empire et à la construction du bâtiment. Particulièrement moderne et audacieux pour l'époque, exceptionnel par ses dimensions autant que par son acoustique, le bâtiment d'Ancelet reste donc inachevé. En 1987 naît une association pour sa réhabilitation. Renaud Bardon est chargé de la restauration. L'inauguration officielle a lieu en septembre 1991, au son d'une œuvre de Camille Saint-Saëns : *Henry VIII.*

Opéra national de Lyon

Il y a deux siècles et demi que Lyon abrite un opéra. Le premier théâtre permanent a été édifié en 1756 par Jacques-Germain Soufflot, l'architecte du Panthéon à Paris. Mal entretenu, ce bâtiment a laissé place en 1831 à un nouvel opéra, dessiné par Chenavard et Pollet. C'est là que sont données les premières auditions françaises de deux chefs-d'œuvre de Wagner, *Les Maîtres chanteurs* (1896) et le *Ring* (1904), ce qui vaut à la capitale des Gaules une réputation de wagnérisme. Après guerre, sous la direction de Paul Camerlo, un renouveau s'annonce. Cette politique d'ouverture et d'excellence se confirme dans les années quatre-vingt, sous la direction de Louis Erlo, puis de Jean-Pierre Brossmann. En 1983, l'Opéra de Lyon est doté de son propre orchestre, ce qui permet à l'Orchestre national de Lyon de se consacrer au répertoire symphonique. Le bâtiment néoclassique de Chenavard et Pollet ne suffit plus aux activités de l'Opéra. La Ville lance un concours pour sa rénovation, remporté en 1986 par Jean Nouvel. Le nouvel Opéra de Lyon est inauguré en mai 1993. L'immense verrière qui le coiffe désormais est un repère au cœur de la cité, entre le Rhône et l'hôtel de ville.

Opéra de Nancy

Fleuron de ce que les Nancéens (et bien d'autres) considèrent comme la plus belle place du monde, la place Stanislas, l'Opéra de Nancy et de Lorraine occupe un bâtiment qui, depuis la construction de cet ensemble architectural en 1755, abrita toutes sortes d'administrations. C'est en 1919 seulement que l'architecte Hornecker lui offrit sa destination actuelle, ce qui en fait le contemporain exact du Théâtre des Champs-Élysées à Paris, construit par les frères Perret. Le Grand Théâtre (comme les Nancéens continuent de l'appeler) a été rénové en 1994. Sous la direction de Laurent Spielmann, l'Opéra de Nancy et de Lorraine n'a de cesse que de diversifier sa programmation pour ouvrir ses portes à un public toujours plus varié. Les représentations sont confiées à l'Orchestre symphonique et lyrique de Nancy, dont Paolo Olmi assure aujourd'hui la direction musicale.

Opéra-Bastille (Paris)

Le président François Mitterrand décide, en 1982, la construction d'un nouvel opéra à Paris. Il veut un opéra « moderne et populaire » afin de démocratiser la musique classique. Avec le palais Garnier, l'Opéra-Bastille devient l'un des deux sites de l'Opéra national de Paris. Carlos Ott, un architecte canadiano-uruguayen, en signe la conception. Les travaux débutent en 1984 avec la démolition de la gare de Paris-Bastille. L'Opéra-Bastille est inauguré le 13 juillet 1989. Grande salle (2 700 places) au plafond lumineux, Bastille se réservait au départ à l'opéra, laissant au palais Garnier la danse. Depuis la saison 1991-1992, on réentend des opéras à Garnier et l'on danse aussi à Bastille !

Théâtre du Châtelet (Paris)

Sis en plein cœur de Paris, entre la rue de Rivoli et les quais de Seine, le Théâtre du Châtelet occupe l'emplacement d'une ancienne forteresse. Il fait face, sur la place du même nom, à un autre bâtiment construit comme lui par Davioud, à la demande du baron Haussmann : le Théâtre de la Ville. C'est au Châtelet qu'a été fondé, en 1874, l'un des orchestres français les plus prestigieux de son temps : l'Association des Concerts Colonne, dirigée par Édouard Colonne, qui a fait découvrir au public parisien un nombre considérable de chefs-d'œuvre. Le bâtiment abrite ensuite les Ballets russes de Serge Diaghilev, révèle Luis Mariano et devient un temple de l'opérette, avant de perdre de son prestige. La Ville, propriétaire depuis 1966, en confie les rênes à Jean-Albert Cartier en 1979, auquel succèdent Stéphane Lissner en 1988, puis Jean-Luc Choplin depuis 2006. Sous le nom officiel de Théâtre musical de Paris, le Châtelet propose une programmation d'excellence, où l'opéra (et notamment l'opéra du XXe siècle) tient une place de choix.

Palais Garnier (Paris)

Commande de Napoléon III, achevé sous la présidence de Mac-Mahon en 1875, le palais Garnier a été construit dans le cadre des transformations de Paris menées à bien par le baron Haussmann. Sa construction, sous la direction de l'architecte Charles Garnier, s'est étalée sur quinze ans. Son architecture est typique du style éclectique du XIXe siècle. Inauguré sous le nom d'Académie nationale de musique, il a longtemps été l'unique salle de l'Opéra de Paris, jusqu'à la construction de l'Opéra-Bastille en 1989. Il occupe une surface de 11 000 mètres carrés ; sa scène peut accueillir jusqu'à 450 artistes et sa salle, 1 991 spectateurs. Le plafond de la salle a été repeint en 1964 par Marc Chagall, selon les vœux d'André Malraux. Aujourd'hui, il est principalement dévolu à la représentation de ballets et d'opéras baroques et classiques.

Signalons que Charles Garnier a construit un autre opéra : celui de Monte-Carlo, un bâtiment somptueux qu'une rénovation profonde a rendu, en 2005, à sa splendeur initiale.

Opéra du Rhin (Strasbourg/Colmar/ Mulhouse)

La tradition lyrique de Strasbourg remonte au milieu du XVIe siècle et c'est en 1603 qu'y a été édifié le premier théâtre, le *Zimmerhof*. L'actuel opéra, place Broglie, a été inauguré en 1821. Incendié en 1873 (un sort commun à de nombreuses salles), il a été reconstruit à l'identique. Depuis 1972, le Théâtre de Strasbourg s'inscrit dans une structure unique en France, l'Opéra national du Rhin. Trois villes en assurent conjointement la gestion, apportant chacune sa spécificité : l'opéra se déroule principalement à Strasbourg, le ballet a son siège à Mulhouse et Colmar abrite le centre de formation vocale, Les Jeunes Voix du Rhin. En novembre 1997, le label « Opéra national » est venu saluer cette réussite exemplaire. L'Opéra national du Rhin travaille en étroite collaboration avec l'Orchestre philharmonique de Strasbourg et l'Orchestre symphonique de Mulhouse, qui assurent les productions lyriques et chorégraphiques. Il est également lié pour trois productions annuelles au Concert d'Astrée.

Théâtre national du Capitole (Toulouse)

Avec près de trois siècles d'histoire, le Théâtre du Capitole est l'un des plus anciens de France. Mais du bâtiment construit en 1736, il ne reste plus rien : un nouveau théâtre a été bâti en 1880, qui a brûlé en 1917. Seule la façade a été sauvée, abritant une salle complètement rénovée en 1974. Scène prestigieuse, réputé pour son aptitude à dénicher les talents de demain, le Capitole est dirigé actuellement par Nicolas Joël. Il est indissociable de l'Orchestre national du Capitole. Longtemps placé sous la baguette de Michel Plasson, aujourd'hui dirigé par le jeune chef ossète Tugan Sokhiev, l'Orchestre du Capitole se partage entre le théâtre (spectacles lyriques) et la Halle au Grains (concerts symphoniques), l'autre salle de musique mythique de la Ville rose.

Opéra royal de Versailles

L'idée de construire un opéra royal à l'intérieur même du château de Versailles remonte au milieu du XVIIIe siècle et prend racine dans l'amour de Louis XIV pour la musique et la danse. Un projet est établi par le célèbre architecte Jacques-Ange Gabriel, mais il n'aboutit pas, faute de place et de moyens financiers. Il faudra pour qu'il se concrétise un événement important : le mariage du Dauphin – futur Louis XVI – avec l'archiduchesse Marie-Antoinette d'Autriche. Gabriel et l'ingénieur Arnoult mènent les travaux à bien en deux ans. Avec ses 712 places, l'Opéra royal est le plus vaste et le plus bel opéra de cour de l'époque. Une machinerie très perfectionnée permet des effets spectaculaires sur la vaste scène. La salle est en bois (pour des raisons d'économie et de rapidité des travaux) et le parterre peut être monté pour prolonger la scène à l'occasion de grands bals. La loge royale est pourvue d'une grille dorée amovible qui permet au souverain de suivre le spectacle à l'abri des regards. Les couleurs s'harmonisent en une admirable symphonie : bleu roi des tissus (le rideau de scène est parsemé de fleurs de lys), bois dorés, faux marbres rose et vert.

Opéra de Vichy

Inauguré en 1902, l'Opéra de Vichy est un chef-d'œuvre unique de l'Art nouveau et, à ce titre, est classé monument historique. Il est l'œuvre commune de l'architecte Charles Lecœur, assisté de Lucien Woog, du sculpteur d'ornement Pierre Seguin, du ferronnier d'art Émile Robert et du peintre décorateur Léon Rudnicki. La salle, dotée de plus de 1 400 places, est magnifiquement décorée de masques, de harpes et de lyres, de visages d'artistes et de fleurs, déclinés dans une harmonie d'ors, d'ivoire, de jaunes et de vert pâle. L'Opéra de Vichy a connu son heure de gloire entre les deux guerres. Un orchestre de cent musiciens, une troupe de chanteurs, danseurs et comédiens y résidaient à la belle saison, donnant en moyenne quatre-vingt-dix représentations chaque été, en plus des spectacles de ballet, d'art dramatique et de variétés. Rénové à l'identique en 1995, l'Opéra a renoué avec la tradition d'une saison estivale riche en spectacles lyriques, et accueille désormais aussi une saison culturelle d'hiver.

Les dix plus belles salles d'opéra à l'étranger

Gran Teatre del Liceu (Barcelone)

À l'instar de la Fenice de Venise, le Liceu a une histoire parsemée d'incendies. L'illustre théâtre barcelonais a été la victime des flammes à deux reprises depuis son inauguration en 1847 : en 1861 et en 1994. Reconstruit entre 1995 et 1999, il compte aujourd'hui 2300 places, contre près de 3000 auparavant. L'incendie de 1994, qui a ravagé la salle et la scène, a marqué la société catalane et a induit une réflexion profonde sur le rôle de l'établissement et son mode de financement et de fonctionnement. Le théâtre a conservé l'apparence qu'il avait auparavant mais a gagné, dans cette funeste aventure, des équipements techniques flambant neufs et, surtout, une nouvelle fierté.

Teatro Colón (Buenos Aires)

Avec ses 4000 places, le Teatro Colón est le plus vaste opéra au monde. Inauguré en 1908 avec *Aida* de Verdi, il a dû, pour faire face à son éloignement des autres grands centres lyriques mondiaux, adopter un système de fonctionnement original : pour l'entièreté de sa saison, qui dure aujourd'hui d'avril à novembre, il fait appel à une équipe de chanteurs européens et nord-américains qui s'installent durablement et, en quelque sorte, forment une troupe annuelle. Jusqu'en 1948, l'orchestre du Colón était le seul de la ville. Il a trouvé à l'époque, en Erich Kleiber et Fritz Busch, deux baguettes aussi fidèles que géniales.

Royal Opera House, Covent Garden (Londres)

L'actuel Opéra royal est le troisième théâtre à se dresser sur le site de Covent Garden. Le succès de l'opéra populaire de John Gay, *L'Opéra des gueux*, rapporta suffisamment d'argent pour qu'ouvre, en 1732, un premier bâtiment, dévolu à l'art dramatique. Toutefois, Haendel y présenta de nombreux ouvrages. Détruit par les flammes en 1808, ce théâtre laissa place à un second édifice, inauguré en 1809, où le théâtre parlé laissa place en 1846 à l'opéra et à la danse, jusque-là représentés au Her Majesty's Theatre, à Haymarket. Dix ans plus tard, en 1856, un nouvel incendie réduisit le bâtiment à néant. Le théâtre que l'on connaît aujourd'hui fut inauguré en 1858 au son des *Huguenots* de Meyerbeer. Il reçut en 1892 le titre de Royal Opera House. Son histoire n'en fut pas moins semée d'embûches : durant la Première Guerre mondiale, il fut transformé en dépôt de munitions, et durant la Seconde en salle de bal. À sa réouverture en 1946, l'Opéra royal s'imposa rapidement comme une scène d'importance mondiale. D'immenses chanteurs, tels Joan Sutherland, Jon Vickers, Geraint Evans ou Gwyneth Jones, y ont été en troupe, avant de s'imposer comme des stars internationales. Une rénovation profonde lui a offert, en 1999, une nouvelle jeunesse.

Teatro alla Scala (Milan)

Construit en deux ans par l'architecte Giuseppe Piermarini sur la commande de Marie-Thérèse d'Autriche, le Teatro alla Scala (littéralement le « Théâtre de l'Escalier ») a été inauguré en 1778. C'est à la Scala, berceau mythique de l'art lyrique italien, que furent présentés au XIXe siècle et au début du XXe les opéras de Rossini, Bellini, Donizetti, Puccini, et surtout Verdi. Arturo Toscanini en a été le chef d'orchestre le plus fameux, conférant à cette salle une dimension internationale. Plus près de nous, la Scala (dont le *Sovrintendente*, le directeur général, est aujourd'hui le Français Stéphane Lissner) a connu avec Claudio Abbado puis Riccardo Muti deux époques très prestigieuses. Après plusieurs années de travaux de rénovation, l'illustre théâtre a rouvert ses portes en 2001, à l'occasion du centenaire de la mort de Verdi. Son directeur musical actuel est Daniel Barenboim.

Metropolitan Opera (New York)

L'actuel Metropolitan Opera, sis dans le Lincoln Center, a été inauguré en 1966 avec la création mondiale d'*Anthony and*

Cleopatra de Samuel Barber. Avec pas loin de 4000 places, une scène ultramoderne et une façade illuminée de cinq grandes arches vitrées, le « New Met » n'a plus grand-chose à voir avec la salle inaugurée quelques rues plus loin en 1883, avec *Faust* de Gounod. Dès ses premières heures, les plus grands artistes (et les plus chers) s'y sont produits, et c'est toujours vrai aujourd'hui. Les directeurs musicaux et premiers chefs invités du Met ont également toujours été choisis parmi les plus grands : Gustav Mahler, Arturo Toscanini, Rafael Kubelik, Fritz Reiner, George Szell… L'actuel directeur musical est James Levine, et le premier chef invité Valery Gergiev. Si la qualité musicale est toujours irréprochable, les mises en scène semblent en revanche souvent d'un classicisme frisant l'académisme à nos yeux d'Européens.

Teatro Massimo (Palerme)

Avec 3500 places, le Teatro Massimo (« Très Grand Théâtre ») de Palerme est un des plus vastes au monde. Sa construction, commencée en 1864, s'acheva trente-trois ans plus tard. Entre-temps, l'architecte, Giambattista Filippo Basile, avait rejoint l'autre monde et c'est son fils Ernesto qui acheva l'œuvre paternelle. L'énorme bâtisse néoclassique couvre 7700 mètres carrés, et sa construction n'a été rendue possible que par la destruction de tout un quartier, et notamment d'un monastère et d'une église baroque. L'impressionnante salle ne vous est peut-être pas inconnue : c'est là que fut tournée la scène finale du *Parrain III*. En 1974, le théâtre ferma ses portes pour une rénovation qui, pour toute une série de raisons obscures connues des seuls Palermitains, dura plus de trois décennies. L'illustre édifice put rouvrir ses portes à temps pour son centenaire, reprenant illico une place centrale dans la vie culturelle sicilienne.

Théâtre Mariinski (Saint-Pétersbourg)

Inauguré en 1860 sur l'emplacement d'un premier théâtre construit en 1757, le Théâtre Mariinski fut ainsi nommé en l'honneur de l'impératrice Maria Alexandrovna, épouse du tsar Alexandre II. La liste des opéras créés dans cette illustre maison est impressionnante : à de rares exceptions près, tous les grands ouvrages de Glinka, Moussorgski, Rimski-Korsakov et Tchaïkovski y ont vu le jour, ainsi que *La Force du destin* de Verdi et de nombreux autres ouvrages. Le Mariinski se distingue également dans le domaine chorégraphique. La notoriété du corps de ballet remonte au XIXe siècle, lorsqu'il était placé sous la direction de Marius Petipa. Il a créé des ouvrages comme *Casse-Noisette* et *La Belle au bois dormant* de Tchaïkovski, *Gayaneh* et *Spartacus* de Khatchatourian et *Roméo et Juliette* de Prokofiev. De 1935 à la chute du régime communiste en 1991, le Mariinski a porté le nom de Théâtre Kirov. Les plus grands chefs d'orchestre russes se sont succédé à sa direction musicale, aujourd'hui assurée par Valery Gergiev. Le Mariinski subit actuellement une cure de jouvence, menée par Dominique Perrault, l'architecte de la nouvelle Bibliothèque nationale de France. Il rouvrira ses portes en 2007.

Australian Opera (Sydney)

Lorsque brûle en 1970 le théâtre de Sydney, Her Majesty's Theatre, décision est prise de ne pas le reconstruire à l'identique. Chef-d'œuvre de l'architecte danois Jorn Utzon, le nouvel opéra de Sydney est devenu l'emblème de la ville. Son architecture originale (voilier pour les uns, coquillage pour les autres) se dresse dans le port au bout d'un parc arboré, sur un promontoire entouré d'eau. Le bâtiment abrite plusieurs salles de concert et de répétitions. La plus grande, avec 2500 places, sert aux concerts de l'Orchestre symphonique de Sydney. Les représentations lyriques ont lieu dans la plus petite salle, de 1500 places. Depuis 1998, l'Australian Opera de Sydney a fusionné avec le Victoria State Opera de Melbourne pour former l'Opera Australia. Les représentations ont lieu à Sydney en hiver et en été, à Melbourne le reste de l'année.

Teatro La Fenice (Venise)

Aller à l'Opéra en gondole, n'est-ce pas le commencement du bonheur ? Pourtant, même s'il est entouré d'eau, l'illustre théâtre vénitien a souvent eu maille à partir avec les flammes. C'est même de là qu'il tire son nom, le Phénix, l'oiseau qui renaît de ses cendres. En 1792, il se dresse sur les ruines calcinées du Teatro San Benedetto, le premier opéra payant de l'histoire. Il brûle en 1836, mais est aussitôt reconstruit. Modernisé en 1854, puis en 1938, il est à nouveau annihilé par les flammes en 1996. Quelques embrouilles, pots-de-vin et procès plus tard, le splendide édifice reconstruit à l'identique rouvre ses portes en 2003, au son de *La traviata* de Verdi dans sa version originale, telle qu'elle avait été entendue pour la première fois, dans le même théâtre, cent cinquante ans plus tôt.

Staatsoper de Vienne

À Vienne, plus qu'ailleurs, la musique semble couler de source. La capitale autrichienne regorge de lieux de concert vénérables où flotte un parfum d'histoire. De multiples bâtiments ont été construits, au fil des siècles, pour accueillir les spectacles lyriques. Le plus prestigieux d'entre eux, la Staatsoper (l'Opéra d'État), est l'un des plus récents puisque son édification remonte à 1869. La Staatsoper se dresse sur le monumental Ring, le boulevard circulaire qui entoure le cœur historique de Vienne. Elle y est bien entourée, puisque cet anneau accueille entre autres les principaux musées, les deux principales salles de concert (le Konzerthaus et le Musikverein), la Hofburg (le Château de la cour), le Parlement, l'hôtel de ville et l'université. Bombardé en 1945, rouvert dix ans plus tard à l'identique, le grandiose bâtiment offre près de 2300 places, dont 500 environ, debout, sont vendues à un prix très modique. La Staatsoper entretient une troupe excellente et bénéficie du concours du remarquable Orchestre philharmonique de Vienne, ainsi que des chefs les plus prestigieux. C'est actuellement le Japonais Seiji Ozawa qui en est le directeur musical.

Glossaire

Accessible : Qualifie une musique facile à écouter et à comprendre.

Air : Solo vocal d'opéra mesuré et en vers rimés, accompagné par l'orchestre et construit selon un schéma défini, destiné à traduire les émotions des protagonistes ; il s'oppose au récitatif. Certains airs portent un nom particulier à cause de leur rôle dans l'opéra ou d'après le nom du personnage qui les chante : *Air du catalogue* de Leporello dans *Don Giovanni*, *Air des bijoux* de Marguerite dans *Faust*, airs de la Reine de la Nuit dans *La Flûte enchantée*.

Alto : Voir *Contralto*.

Atonal : Privé de tonalité. La musique atonale, née au XXe siècle, n'a pas de note ou d'accord servant de pôle d'attraction. L'oreille y perd ses repères habituels, si bien que la musique atonale semble rébarbative à la plupart des oreilles profanes (et même souvent aux autres).

Baroque : Qualifie la période de l'histoire de la musique qui va du milieu du XVIIe siècle à celui du XVIIIe siècle. Cette époque est caractérisée par une musique chargée d'émotion mais très ornementée à l'intérieur d'une forme stricte.

Baryton : Voix d'homme plus grave que celle d'un ténor mais plus élevée que celle d'une basse. En France, on disait autrefois *basse-taille*.

Baryton-basse : Voix d'homme à cheval entre les registres de baryton et de basse. Ils conviennent à des personnages particulièrement virils.

Basse : Voix d'homme la plus grave. Bien que s'appliquant à un homme, ce mot s'emploie au féminin : Samuel Ramey est une basse américaine très admirée dans les opéras de Rossini. On lui confie généralement des rôles de prêtre, de roi ou de père noble. Il existe plusieurs catégories de basses qui diffèrent selon le pays où est appliquée cette classification.

Basse bouffe : Catégorie particulière de basse à laquelle on confie des rôles de valets ou de vieux barbons ridicules. Les airs contiennent souvent des notes répétées produisant un effet comique. On en trouve deux bons exemples dans l'Air du catalogue de Leporello (*Don Giovanni* de Mozart) et dans l'air de Don Pasquale dans l'opéra homonyme de Donizetti.

Basse chantante : Voix de basse aux aigus développés et capable d'un chant lyrique, voire suave.

Basse profonde : Catégorie de basse la plus grave, à laquelle on confie des rôles de premier plan comme celui du Diable. On dit aussi *basse noble*.

Basse-taille : Terme désignant, dans l'opéra baroque français et notamment chez Lully et Rameau, les voix d'hommes intermédiaires, correspondant à une tessiture de baryton.

Bel canto : Expression italienne signifiant littéralement *beau chant*. Style d'opéra dans lequel une place plus importante est accordée à la mise en valeur des qualités vocales d'un artiste au détriment des paroles ou même de l'action. Illustré notamment par Rossini, Bellini, Donizetti et le premier Verdi.

Cadence : Passage près de la fin d'un morceau où l'orchestre s'arrête et où le chanteur continue seul une improvisation (souvent soigneusement préparée) de forme assez libre destinée à montrer ses prouesses vocales.

Castrat : Chanteur chez lequel une « petite opération », pratiquée alors qu'il était enfant, avait évité la mue de la voix au moment de la puberté, ce qui lui donnait une voix de soprano d'une grande puissance.

Chœur : Groupe de chanteurs jouant les rôles de joyeux villageois ou de guerriers victorieux, voire de bohémiens à leur campement. Le chœur peut intervenir seul ou en fond sonore.

Classique : Qualifie une période de l'histoire de la musique s'étendant approximativement du milieu du XVIIIe siècle au tout début du XIXe siècle. La musique de cette époque se caractérise par un souci d'élégance, de clarté, d'équilibre.

Colorature : terme désignant les ornements d'une ligne vocale particulièrement fleurie, et par extension la voix des chanteurs (et surtout des chanteuses !) capables de réaliser de telles prouesses, dont l'exemple le plus fameux est la Reine de la Nuit, dans *La Flûte enchantée* de Mozart.

Comédie-ballet : Genre typiquement français, né à la cour de Louis XIV de la collaboration entre Molière et Lully et mêlant drame parlé, musique chantée et instrumentale et danse. *Le Bourgeois gentilhomme* (1670) en représente l'exemple le plus fameux.

Contralto (ou Alto) : Le registre le plus grave (et le plus rare) de la voix féminine. Dans les notes basses, sa voix ressemble à celle d'un homme. L'une des plus célèbres contraltos a été Kathleen Ferrier (1912-1953). (Ce substantif est masculin lorsqu'il désigne la voix, féminin lorsqu'il désigne la chanteuse.)

Contrepoint : Technique d'écriture musicale permettant de superposer plusieurs voix (deux, trois, quatre ou davantage) qui doivent être jouées simultanément mais qui ont chacune sa propre vie, tout en formant bien sûr un tout harmonieux. Lorsque vous chantez *Frère Jacques* en canon, c'est-à-dire avec des entrées décalées, vous faites du contrepoint comme Monsieur Jourdain faisait de la prose.

Contre-ténor : Chanteur masculin faisant usage d'une technique de falsettiste, c'est-à-dire faisant usage de sa voix de tête. Les contre-ténors se spécialisent souvent dans les rôles confiés à l'origine à des castrats.

Couleur : Ce terme est utilisé pour décrire le timbre d'une voix. Les voix d'opéra se répartissent en deux grandes catégories : les voix lyriques (douces) et les voix dramatiques (fortes ou très fortes).

Crescendo (italien) : Indication placée sur une partition et qui commande de jouer progressivement plus fort.

Dissonant : Accord ou mélodie qui semble comporter des fausses notes, généralement pour créer un effet de stupeur, de tension ou d'effroi.

Diva (littéralement « déesse ») : Chanteuse étoile d'opéra. Peut désigner également une cantatrice capricieuse, faiseuse d'embrouilles.

Dramma giocoso (italien, « drame joyeux ») : terme caractéristique de l'opéra italien du XVIIIe siècle, mêlant le rire et les larmes. Lorenzo Da Ponte désigna ainsi le livret de *Don Giovanni* de Mozart.

Dramma per musica : Nom donné à l'opéra baroque italien jusque vers 1730. Genre complexe mêlant éléments tragiques et comiques dans un contexte mythologique, avec une débauche de machines, de décors et de costumes, il fut recentré par le poète Métastase sur des sujets historiques et sérieux, prenant progressivement le nom d'*opera seria* tandis que les éléments comiques étaient isolés dans des intermèdes, puis des ouvrages autonomes appelés *opera buffa*.

Dugazon : Catégorie particulière de mezzo-sopranos légers spécialistes des rôles de soubrettes ou de travestis. Ce substantif est du masculin.

Duo : Morceau chanté à deux voix, dans lequel deux personnages expriment leurs sentiments l'un à l'autre ou à destination de l'auditoire. Le duo est souvent d'amour, mais il peut également être un terrible affrontement, comme ceux entre Elektra et Clytemnestre chez Richard Strauss, Parsifal et Kundry chez Wagner ou Tosca et Scarpia chez Puccini.

Dynamique : Rapport des intensités sonores entre les passages les plus doux et les passages les plus fort d'un fragment musical.

Ensemble : Passage ou numéro rassemblant plusieurs chanteurs solistes. Verdi révéla un talent particulier dans l'art de faire chanter simultanément plusieurs personnages, sans qu'aucune des lignes ne perde en intelligibilité ; en témoignent notamment le quatuor de *Rigoletto*, le trio Jago/Cassio/Otello d'*Otello* ou le nonet (neuf personnes) avec chœur de *Falstaff*. On peut également citer par exemple le sextuor de *Così fan tutte* de Mozart, le quintette de *Carmen* de Bizet ou le sextuor de *Lucia di Lammermoor* de Donizetti.

Entracte : « Vide les baignoires et remplit les lavabos », selon la célèbre définition de mots croisés de l'humoriste Tristan Bernard (1866-1947). Plus sérieusement, intervalle d'une durée comprise entre 20 et 30 minutes entre deux actes d'un opéra permettant aux spectateurs de reposer leurs oreilles.

Entrée : Terme désignant l'apparition en scène d'un personnage d'opéra, ou les différents actes d'un opéra-ballet baroque français.

Finale : Dernière partie d'un acte ou d'un opéra. Le finale forme souvent un long morceau dans lequel on distingue plusieurs sections au tempo différent, s'achevant par un ensemble. Ce type de finale est une des grandes spécialités de Verdi, qui a l'art de vous tirer les larmes dans les dernières pages d'un acte (auparavant également, d'ailleurs). On trouve aussi des finales grandioses dans les opéras écrits en collaboration par Mozart et Da Ponte, avec une mention particulière pour le puissant finale de l'acte II (et dernier) de *Don Giovanni*.

Forte (italien) : Passage devant être exécuté avec force, puissance.

Fortissimo (italien) : Très fort (*forte* : fort).

Fosse d'orchestre : Excavation située entre la scène et les premiers fauteuils d'orchestre dans laquelle viennent prendre place les musiciens de l'orchestre.

Générale : Voir *Répétition générale*.

Grand opéra : Genre lyrique en vogue en France au XIXe siècle ; il comporte le plus souvent cinq actes et repose sur un sujet historique permettant des scènes de foule grandioses, des coups de théâtre spectaculaires et un ballet. Les grands représentants du genre furent le librettiste Eugène Scribe et le compositeur Giacomo Meyerbeer, qui collaborèrent notamment à *Robert le diable* (1831) et aux *Huguenots* (1836).

Haute-contre : Voix masculine la plus aiguë du répertoire français, plus vaillante qu'un ténor léger mais recourant, pour s'élever dans des tessitures aussi élevées, à la voix de fausset (voir *Falsetto*). Elle est typique des tragédies en musique de Lully et Rameau et des opéras français de Gluck.

Heldentenor (allemand, « ténor héroïque ») : Voix de ténor de caractère héroïque que l'on rencontre tout spécialement dans l'opéra wagnérien.

Interlude : Musique intercalée entre les actes et les scènes, accompagnant généralement un changement de décor.

Intermezzo : Le terme désignait à l'origine les intermèdes comiques insérés entre les actes d'un *opera seria*. Il apparaît dans le sens d'interlude dans les opéras (*Manon Lescaut* de Puccini, *Cavalleria rusticana* de Mascagni).

Leitmotiv (allemand, « motif conducteur ») : Thèmes ou motifs musicaux assignés, dans les opéras de Wagner, à un personnage, une idée, un objet ou un événement (les motifs du Regard, du Désir, du Philtre, de l'Aveu dans *Tristan et Isolde*) et dont les diverses transformations constituent une part essentielle de la construction des ouvrages.

Livret (de l'italien *libretto*, « petit livre ») : Texte d'un opéra, que l'on avait autrefois l'habitude d'imprimer à part sous forme de petit livre. L'auteur d'un livret est appelé *librettiste*.

Melodramma : Terme italien souvent utilisé au XIXe siècle pour désigner l'opéra tragique.

Mezzo-soprano : Voix féminine intermédiaire entre le soprano et le contralto. Il en existe plusieurs types, selon la couleur, la puissance et l'agilité de la voix. Ce substantif est du masculin lorsqu'il désigne la voix, du féminin lorsqu'il désigne la chanteuse. On dit souvent *mezzo*, tout court.

Motif : Élément thématique repérable, ou groupe de notes à caractère thématique, moins long qu'un thème et plus long qu'une cellule, le plus petit élément que l'on puisse discerner.

Numéro (italien *pezzo chiuso*, « morceau clos ») : Numéros indépendants et structurés selon des normes strictes, dont la répartition répond à un équilibre soigneusement pesé entre les exigences des chanteurs, du public et d'une cohérence dramatique minimale : arias, duos, ensembles, finales, chœurs… qui se suffisent à eux-mêmes. La composition en numéros clos s'estompa au fil de la carrière de Verdi, pour arriver à un tissu musical presque continu dans *Otello* et *Falstaff*. Les opéras de la *Tétralogie* et *Parsifal* de Wagner, tout comme *Pelléas et Mélisande* de Debussy sont écrits d'un seul tenant, et l'on n'y distingue pour ainsi dire aucun numéro.

Opéra-ballet : Genre scénique typiquement français faisant alterner chant et danse, en vogue dans la dernière décennie du XVIIe siècle et la première moitié du XVIIIe, et représenté par exemple par *les Indes galantes* de Rameau, créé à Paris en 1735.

Opéra bouffe : Terme désignant en France, au XIXe siècle, des œuvres lyriques légères recourant souvent à la parodie, plus complexes et ambitieuses que l'opérette. Offenbach en est le principal représentant. Ce genre a connu un renouveau au XXe siècle avec par exemple *Les Mamelles de Tirésias* de Francis Poulenc et *Les Aventures du roi Pausole* d'Arthur Honegger (un Suisse vivant à Paris).

Opera buffa (italien, « opéra bouffon ») : Genre issu, dans l'opéra italien, des *intermezzi* comiques qui entrecoupaient les actes sérieux du *dramma per musica.* L'*opera buffa* prit son essor à Naples, gagnant ensuite Rome et Venise, et doit beaucoup au dramaturge et librettiste Carlo Goldoni. Au début du XIXe siècle, la tradition se poursuivit avec notamment *Le Barbier de Séville* de Rossini et *L'Élixir d'amour* et *Don Pasquale* de Donizetti. Il tomba ensuite en désuétude, avec les exceptions notables de *Falstaff* de Verdi et *Gianni Schicchi* de Puccini (qui toutefois ne sont pas désignés ainsi).

Opéra-comique : Genre typiquement français désignant des ouvrages lyriques dans lesquels les parties chantées sont entrecoupées de dialogues. *Carmen*, de Georges Bizet, est un opéra-comique, ce qui ne signifie aucunement qu'il soit drôle. C'est même tout l'inverse. L'opéra-comique était le nom de la troupe qui développa ce genre, et siégea dans diverses salles parisiennes, la plus célèbre et la dernière étant la salle Favart, dont la façade se trouve place Boieldieu.

Opera seria (italien, « opéra sérieux ») : Contrairement à ce qu'on pourrait penser, ce terme ne désigne pas des œuvres écrites en série mais des œuvres *sérieuses* (sens du mot *seria*) généralement inspirées de sujets mythologiques. Il naquit au début du XVIIIe siècle, en réaction contre les excès du *dramma per musica* de la fin du siècle précédent où se mêlaient éléments sérieux et comiques, personnages d'extraction élevée ou basse, au mépris des principes aristotéliciens. L'un des derniers représentants du genre (certes largement amélioré par le compositeur) fut en 1791 *La clemenza di Tito* (« La Clémence de Titus ») de Mozart, qui accompagnait le couronnement des souverains autrichiens à Prague. Peu reconnaissante, la nouvelle impératrice qualifia le chef-d'œuvre mozartien de *porcheria tedesca* (« porcherie allemande »).

Opérette : Diminutif d'*opéra*. Depuis le XIXe siècle, ce terme désigne une pièce lyrique de caractère léger, mêlant dialogues parlés, airs chantés et danses à la mode. Florimond Hervé (*Mamzelle Nitouche*), Léo Delibes (*Deux sous de charbon*) et André Messager (*Véronique, Monsieur Beaucaire*) se sont particulièrement illustrés dans ce genre. La vogue de l'opérette atteignit rapidement l'Autriche, avec Franz von Suppé, Johann Strauss fils, puis les Hongrois Franz Lehár et Imre Kálmán.

Oratorio (italien) : Pièce musicale dramatique (mais non mise en scène) pour solistes, chœurs et orchestre, reposant le plus souvent sur des histoires tirées de la Bible.

Ouverture : Morceau introductif d'un opéra qui, au contraire du prélude, ne s'enchaîne pas directement au début de l'acte. L'ouverture à la française, fixée par Lully à la fin du XVIIe, s'articule en trois parties : une section lente et solennelle au rythme martial, une section vive fuguée et une partie conclusive à nouveau lente, qui pouvait être une reprise de la section initiale. Certaines ouvertures d'opéras, de Mozart, Rossini, Weber, Verdi et Wagner notamment, se sont imposées comme des morceaux de concert indépendants. On y trouve souvent quelques-uns des thèmes qui réapparaîtront dans l'opéra.

Point d'orgue : Indication placée sur une partition et qui signifie que l'on peut tenir une note ou un accord aussi longtemps qu'on veut (dans la limite du raisonnable et de l'asphyxie, bien sûr).

Prélude : Morceau instrumental introduisant un opéra ou un acte d'opéra, généralement plus court et moins formel que l'ouverture et s'enchaînant le plus souvent directement avec ce qui suit : l'ouverture se présente souvent comme un pot-pourri d'airs de l'ouvrage, tandis que le prélude a plus comme fonction de préparer psychologiquement l'auditeur. Certains auteurs comme Wagner, cependant, ne distinguent pas véritablement les deux termes. Un prélude peut intervenir avant n'importe quel acte, au contraire de l'ouverture, cantonnée au premier.

Prima donna (italien, « première dame ») : Rôle principal féminin dans l'opéra italien, auquel est dévolu un nombre minimum d'arias et d'ensembles. Un opéra peut ne mettre en scène qu'une *prima donna*, qui se trouve alors souvent (mais pas nécessairement) être une soprano. Mais *Un ballo in maschera* (Un bal masqué) de Verdi rassemble par exemple trois *prime donne* : Amelia (*prima donna soprano*), la diseuse de bonne aventure Ulrica (*prima donna contralto*) et le page Oscar (*prima donna soprano leggiero*). Le terme s'applique également à une chanteuse convaincue qu'elle est le nombril du monde.

Primo uomo (italien, « premier homme ») : Rôle principal masculin dans l'opéra italien. S'il arrive, dans l'opéra italien du XIXe siècle, que le plateau féminin se réduise à une seule *prima donna*, il est bien rare que l'on n'ait pas affaire à au moins deux premiers rôles masculins, la rivalité amoureuse étant l'un des principaux moteurs du genre. Dans ses ouvrages napolitains, tels *Otello*, Rossini multiplia même les premiers rôles de ténor, afin de mettre en valeur le réservoir vocal impressionnant de la ville.

Récitatif : Style de chant au rythme et à la versification libres, où les voix se succèdent et ne se superposent pas, et qui tend à reproduire les inflexions de la voix parlée. À l'origine, le récitatif était ponctué de quelques accords de basse continue (un clavecin plus un instrument mélodique grave comme le violoncelle). Cette forme de récitatif est appelée *recitativo secco* (« récitatif sec ») ou *recitativo semplice* (« récitatif simple »). En France ou plus tard en Italie, on préféra l'accompagner à l'orchestre pour former le *recitativo accompagnato* (« récitatif accompagné »). Lieu de l'action, le récitatif s'oppose à l'aria, lieu du sentiment, caractérisé par des vers rimés et une forme plus stricte.

Registre : Hauteur d'une voix.

Renaissance : Période de l'histoire musicale s'étendant d'environ 1500 à 1650.

Répétition générale : Dernière répétition d'un spectacle se déroulant sans interruption, en costumes, comme s'il s'agissait d'une véritable représentation.

Respiration (contrôle de la) : Art de maîtriser la respiration pour chanter sans (trop de) difficulté de longs fragments sans avoir besoin de reprendre son souffle, et pour bien poser sa voix.

Respiration (marque de) : Indication placée sur une partition par le compositeur servant à indiquer au chanteur le meilleur endroit pour reprendre sa respiration.

Romantisme : Période de l'histoire musicale couvrant les trois derniers quarts du XIXe siècle, caractérisée par une expressivité marquée et une libération des émotions. S'applique également aux arts et à la littérature.

Rondò : Dans l'opéra italien de la fin du XVIIIe siècle et du début du XIXe, type d'aria réservé généralement à la sortie de l'héroïne (*rondò finale*).

Scena : Extension du récitatif qui, dans l'opéra italien du XIXe siècle, désigne l'introduction à un air, un duo ou toute autre forme close. Comme le poète, le compositeur y a entière liberté, du *parlando* (« en parlant ») à l'*arioso* ; il peut même y glisser un bref *cantabile*, faire intervenir d'autres personnages ou un chœur, multiplier les tonalités et les péripéties. Dans la seconde moitié du siècle, la séparation entre ces deux volets s'estompa, et de nombreux monologues ou ensembles de cette époque (par exemple chez Verdi le monologue de Philippe II dans *Don Carlos* ou le *Credo* de Iago dans *Otello*) ne sont en fait que de longues *scene* aux contours souples, que ne viennent pas couronner des arias ou ensembles aux formes plus strictes.

Scène de folie : La folie a trouvé très tôt sa place au sein de l'opéra, notamment grâce au sujet d'*Orlando furioso* (Roland furieux) de l'Arioste. Mais c'est surtout l'opéra romantique qui l'a exploitée, le plus souvent auprès de ses héroïnes et de manière temporaire. Donizetti était particulièrement friand de cet état d'excitation intense, magnifié par *Lucia di Lammermoor*. Bellini (*La straniera*, *Les Puritains*), Erkel (*Bánk bán*) ou Meyerbeer (*L'Étoile du Nord*), pour ne citer qu'eux, ont eux aussi sacrifié à cette mode. Ces scènes assez stéréotypées, avec la plupart du temps vocalises insensées et solo de flûte, n'ont pas grand-chose à voir avec l'exploration beaucoup plus clinique de la folie menée par certains opéras du XXe siècle, à partir du *Wozzeck* de Berg, à la lumière de la psychanalyse.

Semi-opéra : Forme typique de la musique anglaise du XVIIe siècle, dans laquelle un drame parlé est agrémenté de larges passages musicaux, souvent magiques ou exotiques et indépendants par rapport à l'intrigue principale. *King*

Arthur (« Le Roi Arthur »), de Dryden et Purcell, en est l'un des exemples les plus marquants.

Sérénade : À l'opéra, air léger et amoureux, accompagné généralement d'une guitare ou d'une mandoline, que l'amant chante le soir sous le balcon de sa bien-aimée. Elle prend souvent un caractère ironique, comme dans *Don Giovanni* de Mozart, *Le Barbier de Séville* de Rossini ou *Falstaff* de Verdi.

Singspiel (allemand) : Forme d'opéra allemand contenant des dialogues parlés au lieu de récitatifs entre les airs. *La Flûte enchantée* et *L'Enlèvement au sérail* de Mozart, ou encore *Fidelio* de Beethoven, appartiennent à ce genre.

Soprano : Le terme désigne la voix féminine la plus aiguë, à laquelle sont confiés de nombreux premiers rôles féminins d'opéra. Cette appellation revêt tout un éventail de réalités, du soprano léger colorature, capable de plier sa voix aux vocalises les plus aériennes, au soprano dramatique wagnérien, privilégiant au contraire une puissance sonore assise sur le registre grave, en passant par les catégories intermédiaires rattachées au soprano lyrique.

Spinto (italien, « poussé ») : terme désignant des voix de ténor ou de soprano lyriques capables à la fois de demi-teintes et de puissants éclats dramatiques.

Surtitres : Système d'affichage placé au-dessus de la scène et affichant les paroles en synchronisme avec le chant des personnages de façon à permettre, comme les sous-titres des films projetés en V.O., de suivre à peu près correctement le déroulement de l'action.

Taille : Ténor grave typique du répertoire baroque français, proche du baryton Martin moderne. À l'opéra, on lui confiait généralement des rôles secondaires, les rôles masculins principaux étant réservés normalement aux voix de hautes-contre, plus aiguës. Le rôle-titre de *Thésée*, de Lully, est une exception notable.

Ténor : Catégorie de voix masculine la plus élevée, à l'exception des voix recourant à la technique du *falsetto*. Plusieurs types de ténors coexistent, du ténor léger aux différentes catégories de ténors dramatiques (fort-ténor français, *tenore robusto* italien, *Heldentenor* wagnérien), en passant par toute la gamme des ténors lyriques.

Tessiture : Étendue des notes confiées à un personnage d'opéra.

Thème : Mélodie revêtant une importance fondamentale dans la structure d'un morceau de musique. Le thème est plus développé que le motif.

Tonal : Désigne une œuvre musicale écrite dans une tonalité identifiable.

Tonalité (ou Ton) : Gamme de base utilisée pour écrire un morceau de musique, définissant une note principale, la *tonique*, qui sert de pôle d'attraction sur lequel finit ce morceau.

Tragédie en musique (ou Tragédie lyrique) : Ces deux expressions désignent l'opéra sérieux français établi par Lully et repris par Rameau, bien que la seconde n'ait pas eu cours du vivant de ces deux compositeurs. Ce genre se développa parallèlement à la tragédie classique française et s'en inspira. Les exigences du spectacle lyrique obligèrent toutefois les librettistes à renoncer au principe fondamental de la tragédie classique, la règle aristotélicienne des trois unités (lieu, temps et action). La tragédie en musique était cependant régie par des lois strictes ; chaque acte devait en particulier comporter des éléments de danse et de spectacle liés à l'intrigue, et le chant restait très inféodé aux règles de la déclamation. Gluck introduisit des changements dans le but d'un réalisme et d'une simplicité accrus. La Révolution mit un terme définitif à ce genre, longtemps seul à résister aux assauts de l'*opera seria*, qui avait gagné tout le reste de l'Europe.

Travesti : Rôle masculin interprété par une femme, ou l'inverse. Pour plus de frayeur, les trois Parques d'*Hippolyte et Aricie* de Rameau sont confiées à des voix masculines. Mais les rôles d'hommes, surtout jeunes, tenus par des femmes sont beaucoup plus nombreux : on citera par exemple Cherubino des *Noces de Figaro*, Oscar dans *Un bal masqué* de Verdi ou, chez Richard Strauss, Octavian dans *Le Chevalier à la rose* et le Compositeur dans *Ariane à Naxos*.

Trille : Rapide alternance de deux notes voisines.

Vaudeville : Forme de chanson en vogue à la fin du XVIIe siècle, reprenant un air connu de tous dont les paroles étaient remplacées par d'autres généralement politiques ou satiriques. Par extension, spectacle de théâtre populaire incluant ces chansons, donné notamment sur les foires de Paris. Ces spectacles donnèrent naissance à l'opéra-comique.

Vérisme (italien *verismo*, « réalisme ») : Courant de l'opéra italien, né autour de 1900 dans le sillage du courant littéraire homonyme, dont les sujets reposent sur des personnages simples du Sud de l'Italie, mus par des passions élémentaires mais exacerbées (amour, haine, vengeance, jalousie, etc.). Le premier opéra du genre fut *Cavalleria rusticana* de Mascagni (1890), suivi en particulier par *Pagliacci* de Leoncavallo (1892).

Voix de poitrine : Technique d'émission vocale dans laquelle la cavité pulmonaire sert de résonateur.

Voix de tête : Technique d'émission vocale dans laquelle ce sont les os de la boîte crânienne qui servent de résonateur. Une voix de tête est généralement plus aiguë, plus ronde et plus douce que la voix de poitrine.

Voix dramatique : Voix à l'éclat métallique qui domine plus facilement l'accompagnement orchestral qu'une voix lyrique.

Voix lyrique : Voix plus chantante et souple qu'une voix dramatique, moins puissante également.

Zarzuela : Équivalent espagnol de l'opéra-comique français ou du *Singspiel* allemand, comportant des passages récités et chantés. La *zarzuela* remonte au milieu du XVIIe siècle et connut son apogée au XIXe siècle et au début du XXe, avec l'ouverture à Madrid du Théâtre de la Zarzuela (1856).

Index

F

G

H

I

J

K

T

U

V

W

X

Z